CHATEAUBRIAND.

ŒUVRES COMPLÈTES.

Douzième Livraison.

DE LA LIBERTÉ DE LA PRESSE.

On souscrit également :

A BRUXELLES, MÊME MAISON,
Montagne de la Cour, n°. 731;

ET A PARIS,
CHEZ LENORMANT, RUE DE SEINE, N°. 8.

PARIS.—IMPRIMERIE DE RIGNOUX,
RUE DES FRANCS-BOURGEOIS-S.-MICHEL, N°. 8.

ŒUVRES COMPLÈTES
De M. le Vicomte
DE
CHATEAUBRIAND
PAIR DE FRANCE,
MEMBRE DE L'ACADÉMIE FRANÇOISE.

TOME XXVII.

Paris.

LADVOCAT, LIBRAIRE
DE S. A. R. LE DUC DE CHARTRES.

M DCCC XXVIII.

PRÉFACE.

ÉDITION DES OEUVRES COMPLÈTES.

L'Éditeur-Propriétaire de mes OEuvres, désiroit donner trois volumes à la fois dans la prochaine livraison : deux volumes sur des matières politiques, un volume contenant les *Poésies* et quelques *ouvrages en prose* inédits. Il falloit encore un mois ou six semaines pour achever le remaniement et la révision des épreuves, le tirage et le brochage des bonnes feuilles : tout à coup le bruit s'est répandu que le Gouvernement songeoit à présenter une loi relative à la liberté de la presse.

PRÉFACE.

Alors il a paru convenable de publier sans retard celui des trois volumes de la livraison projetée, qui avoit un rapport direct avec la chose du moment.

Ce volume est, dans l'ordre des nombres, le 28e et dernier de mes OEuvres complètes : le prospectus ne promettoit que 27 volumes; mais tandis que je travaillois à leur émission, j'ai été appelé à parler et à écrire en faveur de la première de nos libertés. Ces discours et ces écrits se sont multipliés au point de former le fond d'un volume nouveau : c'est ce volume que je publie.

J'ai pourtant hésité avant de me déterminer à dépasser le nombre des tomes annoncés ; je craignois de surcharger les souscripteurs : on m'a représenté que le sujet traité dans ce 28e volume avoit une liaison intime avec nos institutions, et pouvoit être, sous ce rapport, de quelque intérêt : cette considération a vaincu mes scrupules.

J'ai donc pris, quoiqu'à regret, le parti

PRÉFACE.

d'introduire dans le monde mon dernier né, ce fils sérieux enfanté dans mon âge mûr; je lui ai imposé un nom qui le distingue de ses frères, avec lesquels toutefois il a un grand air de famille. Ce volume est intitulé *de la Liberté de la presse*. C'est en effet une sorte de code complet de la matière; les arguments qu'on peut avancer en faveur de cette liberté y sont recueillis, les objections combattues. Dans cet arsenal on trouvera des armes appropriées aux divers genres d'attaque et de défense, comme aux différentes espèces d'ennemis.

Si l'on réunit à ce volume ce que j'ai dit de la liberté de la presse dans la *Monarchie selon la Charte*[1], dans mes anciens *Discours et Opinions*[2], et jusque dans ma *Polémique*[3], on sera forcé de convenir qu'aucun homme n'a plus souvent et plus constamment que moi, réclamé la liberté sur laquelle repose

[1] Tome xxv, *Mélanges politiques*, OEuv. comp.
[2] Tome xxiii, pages 196, 263, 350, OEuv. comp.
[3] Tome xxvii, pages 292, 320, 362, 383, OEuv. comp.

le gouvernement constitutionnel. J'ai quelque droit à m'en regarder comme un des fondateurs parmi nous, car je ne l'ai trahie dans aucun temps. Je l'ai demandée dans les premiers jours de la restauration, je l'ai voulue à Gand[1] comme à Paris; prêchée par un royaliste, elle cessoit d'être suspecte à des yeux qui s'en effrayoient, à des esprits qui n'en vouloient pas, à un parti qui ne l'aimoit guère. Que ce parti la répudie de nouveau aujourd'hui, cela peut être; mais il ne la détruira plus. Quand je n'aurois rendu que ce service à mon pays, je n'aurois pas été tout-à-fait inutile dans mon passage sur la terre.

La liberté de la presse a été presque l'unique affaire de ma vie politique; j'y ai sacrifié tout ce que je pouvois y sacrifier : temps, travail ou repos. J'ai toujours considéré cette liberté comme une constitution entière; les infractions à la Charte m'ont

[1] Voyez le Rapport fait au Roi dans son conseil à Gand, tome XXIV, page 300, OEuv. comp.

PRÉFACE.

paru peu de chose tant que nous conservions la faculté d'écrire. Si la Charte étoit perdue, la liberté de la presse la retrouveroit et nous la rendroit; si la censure existoit, c'est en vain qu'il y auroit une Charte. N'allons pas chicaner sur le plus ou moins de perfection de la loi qu'on doit soumettre aux Chambres; elle abolit, dit-on, la censure : eh bien ! tout est là. C'est par la liberté de la presse que les droits des citoyens sont conservés, que justice est faite à chacun selon son mérite; c'est la liberté de la presse, quoi qu'on en puisse dire, qui, à l'époque de la société où nous vivons, est le plus ferme appui du trône et de l'autel. Charles X nous délivra de la censure en prenant la couronne; pour affermir cette couronne, il ne veut pas même que les ministres à venir trouvent dans la loi un moyen de violer la plus *vitale de nos libertés* [1]. Cette noble et salutaire résolution doit rendre

---

[1] Belle expression de M. Villemain.

tous les cœurs profondément reconnoissants; elle suffiroit seule pour immortaliser le règne d'un prince aussi loyal que généreux.

Si donc le gouvernement se détermine, comme il y a tout lieu de le croire, à apporter une loi pour l'abolition de la censure facultative, pour la suppression de la poursuite en tendance, et pour l'établissement des journaux sans autorisation préalable, je verrai s'accomplir ce que je n'ai cessé de solliciter depuis quatorze ans.

Sous l'empire, j'ai cherché, par le *Génie du Christianisme*, à contribuer au rétablissement des principes religieux; lors de la restauration, j'ai promulgué dans *la Monarchie selon la Charte* les vérités qui doivent désormais servir de fondement à notre croyance politique. J'ose quelquefois me flatter que ce double effort n'a pas été vain, puisque les doctrines que j'ai déduites ont été peu à peu adoptées : descendues dans la nation, elles sont remontées au pouvoir. Les obstacles que j'avais signalés dans les hommes et dans les choses ont été graduellement écartés; mes prévisions funestes, réalisées comme mes espérances, ont montré qu'en mal et en bien je ne m'étois pas tout-à-fait trompé sur les caractères, les préjugés, les passions et les vertus de l'ancienne et de la nouvelle France. Ainsi mon rôle, comme défenseur de nos libertés publiques, touche à son terme; la censure va disparoître pour toujours; un triomphe fécond en résultats heureux se trouve placé au bout de ma carrière constitutionnelle; je n'en réclame pas les palmes; *tulit alter honores :* peu importe; il ne s'agit pas de moi, mais de la France.

Toutefois un retour sur le passé me sera-t-il un moment permis? que de haines et de calomnies entassées sur ma tête depuis quatorze années, pour en venir à faire ce qui m'a attiré ces haines et ces calomnies! S'évanouiront-elles? je le souhaite plus que je ne l'espère ; on m'en voudra peut-être en secret d'avoir eu raison si long-temps contre des autorités successives. D'un autre côté, de quelle prospérité nous jouirions aujourd'hui si, dès le point de départ, on eût marché dans les voies de la Charte comme je ne cessois d'y inviter! Mais apparemment qu'il en est des vérités comme des fruits : ceux-ci ne tombent que quand ils sont mûrs.

Mille cris s'élevèrent lorsque j'entrai une dernière fois dans les rangs de l'opposition; on auroit trouvé plus prudent et plus sage que j'eusse attendu à l'écart et en silence l'occasion de me glisser de nouveau au ministère. Sans doute, comme calcul d'ambition personnelle, cela eût valu beaucoup mieux; mais les libertés publiques, que deviendroient-elles, si chacun pour les défendre ne consultoit que son intérêt? Dans une monarchie représentative, les convenances des salons et la politique des courtisans sont-elles admissibles? Que celui qui ne peut rien quand il est tombé se taise ; qu'il se mette en embuscade dans une antichambre, et qu'il guette le pouvoir au passage, pour le reprendre par une intrigue, à la bonne heure ; mais que celui dont la voix a été quelquefois entendue avec bienveillance, se range parmi les muets, rien de plus absurde dans un gouvernement constitutionnel. N'est-il pas clair aujourd'hui que j'ai suivi la vraie route pour arriver à ce qui me paroissoit être le bien de mon pays?

Il n'y a guère plus de dix-huit à vingt mois que la première livraison des *OEuvres* a été mise en vente ; vingt-quatre volumes sont déja publiés ; il n'en reste plus que quatre à paroître pour compléter l'édition : on n'a donc pas perdu de temps. Revoir mes anciens ouvrages, ajouter à ces ouvrages des notes et des préfaces qui sont quelquefois elles-mêmes des ouvrages nouveaux, achever ou plutôt refondre et récrire presqu'en entier mes ouvrages inédits, voilà ce qu'il m'a fallu faire. Ce travail se trouvoit mêlé pour moi aux combats de la tribune, à la polémique du jour, à tous les tracas de la politique, à toutes ces affaires casuelles dont les hommes un peu connus sont assaillis. Dans l'âge où les forces diminuent, j'ai été obligé de me livrer à l'étude avec cette ténacité de volonté que je possédois dans ma jeunesse. Ma santé s'en est ressentie, mais enfin j'approche du port. Avec quelle joie je verrai arriver le jour où je jetterai la plume pour ne plus la reprendre ! Voyageur fatigué, ce n'est pas trop abuser des miséricordes de la Providence, que de lui demander quelques heures de repos avant d'achever ma course.

Sur les quatre volumes qui me restent à publier, trois se composeront entièrement d'ouvrages inédits : l'un renfermera, comme je l'ai déja annoncé, mes *Poésies* avec quelques opuscules en prose; les deux autres contiendront *les discours servant d'Introduction à l'Histoire de France*. Ces trois

PRÉFACE.

volumes ranimeront peut-être la curiosité des lecteurs; ils m'y verront placé sur un terrain nouveau, dans des champs que je n'ai point encore défrichés, du moins sous les yeux du public. J'ai dit ailleurs que j'avois fait des vers long-temps avant d'avoir écrit en prose; et quant à l'histoire, elle a été l'objet de mes constantes recherches. Mon premier ouvrage, l'*Essai sur les révolutions*, est un ouvrage historique; à la suite de la partie *publiée* de cet *Essai*, j'avois en *manuscrit* les révolutions de l'Italie au moyen âge, celles des Pays-Bas, celles de l'Angleterre, celles de la France sous le roi Jean, Charles VI, Henri III et Henri IV. J'avois commencé et poussé assez loin la traduction des *rerum gallicarum et francicarum scriptores* de la collection des Bénédictins. Que fait tout cela au public et à moi qui *m'emparerai bientôt de mon dernier gîte?* Rien du tout : mais j'ai cru ma conscience engagée devant les lecteurs; j'ai cru qu'il étoit bon que l'on sût, pour l'acquit de cette conscience, que si je faisois de méchants vers et de mauvaises histoires, ce seroit chez moi affaire de nature, non d'ignorance.

DE LA PRESSE.

DE LA CENSURE

QUE L'ON VIENT D'ÉTABLIR

EN VERTU

DE L'ARTICLE 4 DE LA LOI DU 17 MARS 1822.

AVERTISSEMENT

DE LA PREMIÈRE ÉDITION.

La censure n'a pas permis qu'on annonçât cette brochure dans les journaux; cependant le titre de ce petit écrit n'a rien de séditieux : *De la censure que l'on vient d'établir.* Y a-t-il là quelque chose contre le Roi et la loi ? Ce titre même fait-il connoître si l'auteur de l'ouvrage est pour ou contre la censure ? Quel instinct dans les censeurs! quelle merveilleuse sagacité! Mais je ne dis pas tout : mon nom est imprimé en tête de la brochure! Pourroit-on croire que nous en soyons là sous le ministère de MM. Corbière et de Villèle ?

AVERTISSEMENT

DE LA SECONDE ÉDITION.

Le public a enlevé la première édition de cette brochure plus rapidement encore que je ne l'ai écrite, bien que la censure n'ait pas permis de l'annoncer, et qu'à la poste on ait refusé d'expédier les exemplaires destinés aux départements. Cela ne prouve rien pour le mérite de l'ouvrage, mais cela montre à quel point l'opinion s'est prononcée en faveur des tribunaux, avec quelle ardeur elle réclame les libertés publiques et repousse le système ministériel.

J'ai à peine eu le temps de faire disparoître quelques incorrections de style, échappées à ce que je pourrois appeler une improvisation écrite. J'ai ajouté peu de chose au texte, mais je veux consigner ici un nouveau fait de la censure actuelle.

La censure, avoit mutilé, dans le *Journal des Débats*, un article relatif à monseigneur le duc d'Orléans : elle a été plus rigoureuse envers le *Constitutionnel*, qui s'est avisé de parler de monseigneur le duc d'Angoulême.

La chose m'avoit paru si improbable que pour le croire j'ai voulu voir l'article supprimé, supposant qu'il y avoit au moins à cette témérité censoriale une ombre, une apparence de prétexte. On en va juger ; voici l'article :

« Nous publions avec un vrai plaisir l'avis suivant, qui nous est adressé du cabinet de S. A. R. le duc d'Angoulême :

« Messieurs les membres de la Société royale des

» prisons sont invités à se trouver jeudi 19 de ce mois,
» à une heure, à la séance de la Société, présidée par
» Son Altesse Royale, et qui se réunira chez Monsei-
» gneur. »

» Puissent tous les abus qui sont si malheureusement enracinés dans le régime des prisons, et qui
excitent depuis si long-temps la sollicitude de tous les
vrais amis de l'humanité et de la religion, être connus
du prince! Puisse l'administration, docile à sa voix,
réformer des scandales affligeants pour toutes les
âmes sensibles! Puisse-t-elle purifier le séjour infect
où tant de victimes diverses sont si malheureusement
confondues! Ce que nous désirons surtout, c'est que
l'intéressant ouvrage que vient de publier M. Appert
soit mis sous les yeux du prince, et qu'on ne lui cache
aucun de ceux qui sont de nature à l'éclairer sur un
objet si digne de sa bienfaisance et de son humanité. »

Il ne s'agit pas des doctrines du *Constitutionnel*, qui sous tant de rapports ne sont pas les miennes; cette feuille d'ailleurs m'épargne trop peu pour qu'on puisse me soupçonner d'avoir un grand penchant pour elle; mais il s'agit de la raison, de la bonne foi, de l'équité, des principes. Y a-t-il rien dans l'article précité qui ait pu mériter la colère des rogneurs de phrases? Il ne sera donc plus permis de parler d'humanité, ni même de *religion*, car le mot se trouve dans l'article; ainsi le nom d'un prince restaurateur de notre armée, ce nom que l'Europe respecte, que la France a inscrit dans les fastes de sa gloire, est rayé par quelques censeurs obscurs dans un bureau de la police! Il est vrai que ce prince, tout chrétien qu'il est, est soupçonné d'aimer la Charte; il est vrai qu'en Espagne tous les partis ont trouvé un abri derrière son épée; qu'il a prêché la concorde au milieu des divisions; qu'il a réprimé les écarts de la liberté comme les fantaisies de l'arbitraire; qu'il s'est opposé aux réactions et aux vengeances; qu'il n'a pas souffert que des proscriptions déshonorassent ses armes, et que les bûchers de l'inquisition devinssent les autels élevés à ses victoires.

Paris, le 20 août 1824.

AVERTISSEMENT

DE LA TROISIÈME ÉDITION.

Je voulois laisser passer cette troisième édition sans un nouvel avertissement. J'avois vu, il est vrai, dans un journal, une espèce d'amende honorable, une explication par laquelle un écrivain officieux prétendoit prouver que ses maîtres, en établissant la censure, n'avoient pas voulu attaquer les tribunaux : ce misérable désaveu d'un fait patent ne peut inspirer que de la pitié [1].

Je n'aurois donc pas songé à grossir ce petit ouvrage de quelques lignes, si un autre article, d'une toute autre gravité, n'avoit attiré mon attention.

Lorsque j'ai dit que les ministres seroient obligés, pour prolonger leur existence politique, de pousser leurs systèmes jusqu'aux dernières conséquences;

---

[1] On m'écrit de toutes parts pour me signaler de nouvelles vexations de la censure. *Le Courrier françois*, par exemple, avoit annoncé que M. Michaud, qui vient de perdre sa place à l'Imprimerie royale, étoit frère de M. Michaud, rédacteur de *la Quotidienne*. La censure a rayé cette annonce factieuse, disant qu'elle avoit permis au *Journal des Débats* de dire que M. Michaud le renvoyé étoit frère de M. Michaud de l'*Académie françoise*. On sent tout ce qu'il y a d'ingénieux et de profond dans cette distinction faite par la censure entre M. Michaud de l'*Académie* et M. Michaud de *la Quotidienne*.

Dans un petit journal littéraire, on a retranché un passage du sermon de Bossuet sur l'*Honneur :* on ignore quel est le docteur de Sorbonne à la police qui a mis à l'*index* le dernier Père de l'Église. Je suis honteux de descendre dans le détail de ces platitudes ; mais il est nécessaire de livrer la censure à l'opinion, afin qu'elle soit méprisée comme elle mérite de l'être. Quand voudra-t-on se persuader enfin que nous vivons au 19ᵉ siècle?

lorsque j'ai demandé quel seroit le parti qu'ils prendroient en cas d'opposition de la part des Chambres législatives, je n'ai rien exagéré, et l'on ne m'a pas fait attendre long-temps la réponse à mes questions.

Un article inséré dans *le Drapeau blanc* a été répété par *l'Étoile :* la censure, en le laissant passer dans d'autres journaux, a achevé de lui donner un caractère semi-officiel : il mérite la peine d'être transcrit et commenté, le voici :

« Les conseils-généraux de département s'assemblent;
» appelés par la loi fondamentale à donner leur avis
» sur tout ce qui intéresse la prospérité du commerce
» et de l'agriculture, vue à la vérité d'une manière lo-
» cale, *il ne leur est pas interdit pour cela de traiter les*
» *plus hautes considérations législatives lorsqu'elles se*
» *rattachent aux besoins particuliers des subdivisions*
» *territoriales. Ne sont-ce pas les cahiers des conseils-*
» *généraux qui, les premiers, ont indiqué la nécessité*
» *d'une loi sur la voirie vicinale, et qui ont posé le prin-*
» *cipe de la double prestation ?* Les modifications ap-
» portées aux tarifs de l'enregistrement n'avoient-elles
» pas été invoquées par les mêmes organes ? La plupart
» des grandes améliorations n'ont-elles pas pris leur
» source dans ces assemblées qui, par la manière dont
» elles ont été composées depuis la restauration, offrent
» toutes les garanties désirables de dévouement, de
» sagesse, de lumières, d'indépendance et de bonne
» foi ?

AVERTISSEMENTS. 11

» Aux yeux du gouvernement, comme pour tous les
» hommes éclairés, les vrais organes de l'opinion pu-
» blique sont les conseillers choisis par le Roi sous le
» titre de *Pairs*, et ceux envoyés devers lui par la na-
» tion, sous le nom de *Députés*. Mais, dans une cir-
» constance aussi, où l'une des Chambres a cru devoir
» rejeter ce qu'une autre avoit adopté, où même celle
» qui a voté négativement a offert un partage à peu près
» égal d'opinions, où enfin le rejet n'a été qu'une sorte
» de *plus ample informé*, il nous paroît non-seulement
» convenable, mais encore de toute justice, que le mi-
» nistère accueille ce que les conseils d'arrondissement
» et de département croiront devoir exprimer au sujet
» de la loi des rentes. Ces conseils, composé de pro-
» priétaires, de négociants, de magistrats, enfin de ce
» que nos provinces ont de plus honorable, ne peuvent
» que jeter une grande lumière sur un objet qui touche
» aussi essentiellement à la fortune publique. C'est sous
» de tels auspices que la grande question débattue
» pendant la dernière session pourra se représenter,
» forte d'un assentiment presque unanime; ou bien, si
» elle est proscrite dans le sein de ces assemblées, le
» gouvernement sera autorisé à mettre fin à une incer-
» titude qui ne sauroit se prolonger sans inconvé-
» nient. »

Examinons cette pièce curieuse.

Comparer d'abord les conseils-généraux d'aujour-
d'hui aux bailliages, aux sénéchaussées d'autrefois, aux

anciennes communes des villes et des campagnes, à tout ce qui formoit le régime municipal de la France, c'est une étrange ignorance, ou une bizarre aberration d'esprit.

Quand on nous parle de *cahiers des conseils-généraux*, ne s'aperçoit-on pas de la confusion des mots, des idées et des doctrines, qui se trouve dans cette seule phrase? Des cahiers! Il y a donc des *mandataires?* Sont-ce les membres des conseils-généraux qui sont *les mandataires du peuple*, lequel pourtant ne les a pas nommés? Sont-ce les députés qui doivent être regardés comme les mandataires des conseils-généraux, quoiqu'ils ne soient pas élus par ces conseils? Enfin seroient-ce les ministres qui se trouveroient chargés des pleins pouvoirs de ces conseils? Et néanmoins tous les jours, à la tribune, le ministère s'élève contre le système des *mandataires*, et soutient qu'il n'y a point de *représentants*. Quelle tour de Babel! Je ne parle pas des députés, dont on ne fait plus que des *conseillers* de la couronne; singuliers conseillers qui peuvent voter ou refuser l'impôt, mettre les ministres en accusation, etc. On voit bien où tout cela tend, et où l'on en veut venir. Mais, sans trop nous arrêter, tâchons de trouver ce qui sort des ténèbres de l'article.

Ce qui en sort, c'est la loi sur la réduction des rentes. Tout ce galimatias est pour nous dire qu'on n'a point abandonné l'ancien projet; que les cent trente boules noires de la Chambre des Députés, que la majorité de vingt-trois voix contre la loi dans la Chambre des Pairs, que les nombreux écrits publiés contre cette loi, que l'opinion presque générale des hommes instruits dans la matière, n'ont pu ébranler l'obstination d'un ministre; qu'on se tienne pour averti qu'un seul homme en France a le privilége d'avoir toujours raison.

Et comment un esprit si sûr de son fait semble-t-il avoir besoin de se faire appuyer? On nous parle des vœux que les conseils-généraux pourront émettre; mais lorsque les Chambres ont rejeté, ou qu'une des Chambres a refusé l'adoption d'une loi, à quel titre les conseils-généraux interviendroient-ils ? Auroit-on le dessein de les faire sortir du cercle de leurs attributions? Voudroit-on créer dans l'État un nouveau pouvoir politique? Auroit-on déjà quelques inquiétudes sur la disposition de la Chambre élective; et, pour la rendre favorable à la loi renouvelée, le ministère viendroit-il présenter cette loi, non plus comme son ouvrage, mais comme le vœu des départements? La sagesse des conseils-généraux nous rassure; mais l'imprudence des hommes qui pourroient agir sur eux nous effraie.

On a souvent fait entendre dans les discussions de la loi que si Paris repoussoit le projet, les départements le désiroient, bien qu'on ait cent fois prouvé que cette réduction de la rente, loin de faire refluer les capitaux dans les provinces, les attireroit à Paris.

Est-ce l'œuvre d'un bon François de chercher à rappeler dans des articles censurés la prétendue différence d'intérêts que l'on suppose faussement devoir exister entre Paris et le reste de la France?

Venons au dernier paragraphe de l'article:

« Ces conseils (les conseils-généraux), composés de
» propriétaires, de négociants, de magistrats, enfin
» de ce que nos provinces ont de plus honorable, ne
» peuvent que jeter une grande lumière sur un objet
» qui touche aussi essentiellement à la fortune pu-
» blique. C'est sous de tels auspices que la grande ques-
» tion débattue pendant la dernière session pourra se
» présenter, forte d'un assentiment presque unanime;
» ou bien, si elle est proscrite dans le sein de ces
» assemblées, le gouvernement sera autorisé à mettre
» fin à une incertitude qui ne sauroit se prolonger
» sans inconvénient. »

Qu'est-ce que cela signifie?

Cela veut-il dire qui si les conseils-généraux sont d'avis du projet de loi, on le présentera de nouveau aux Chambres, sans égard au changement d'opinion qui pourroit être survenu dans la Chambre élective, sans considération pour le vote négatif de la Chambre héréditaire? Mais les Chambres, tout en respectant l'opinion des conseils-généraux, ont une volonté; elles écoutent leurs consciences, elles consultent leurs lumières, et ne règlent point le vote d'après des délibérations étrangères à leurs séances.

On nous fait entrevoir que les conseils-généraux pourroient bien être unanimes dans leur opinion. Auroit-on fait menacer de destitution les membres de ces conseils qui occupent des places dans le gouvernement, s'ils n'opinoient pas pour la loi des rentes? Monsieur le ministre de l'intérieur nous a fait connoître ses principes sur la liberté des votes; et comme les membres des conseils-généraux sont révocables, il ne peut manquer d'avoir action sur des corps qu'il peut faire composer, décomposer et recomposer, selon l'inspiration de son patriotisme.

Mais si les conseils-généraux sont d'un avis, et les Chambres d'un autre, comment arrivera-t-il, selon la phrase ministérielle, *que le gouvernement sera autorisé à mettre fin à une incertitude qui ne sauroit se prolonger sans inconvénient?* Qu'entend-on par là, et de quelle manière mettra-t-on fin à cette incertitude?

Comment y sera-t-on encore autorisé, si la *grande question débattue pendant la dernière session est proscrite dans le sein de ces assemblées,* c'est-à-dire dans le sein des *conseils-généraux,* en supposant que l'on parle françois? Ou ces phrases sont de purs *non-sens,* ou elles renferment une menace. Quand on considère tout ce que l'on a déjà entrepris contre nos libertés, on est trop disposé à penser que le ministère tenteroit les choses les plus étranges, plutôt que d'abandonner son système. Un pareil article n'a pu être publié que sous le régime de la censure ; il n'a d'importance que parce que les journaux sont censurés ; autrement, la liberté de la presse périodique en auroit fait bonne justice.

Puisque ma voix est encore entendue malgré ce qu'on fait pour l'étouffer, sentinelle vigilante je ne cesserai d'avertir du danger. Je suis loin d'être tranquille sur nos institutions, non que je croie que les mains qui les menacent soient capables de les renverser ; mais elles peuvent faire beaucoup de mal au trône et à la patrie, parce que le mal est une chose facile, à l'usage des intelligences communes : le bien seul qui vient de Dieu a besoin des talents qui viennent du Ciel pour être mis en œuvre.

Paris, le 26 août 1824.

DE LA PRESSE.

DE
LA CENSURE
QUE L'ON VIENT D'ÉTABLIR.

D ans la séance de la Chambre des Pairs du 13 mars 1823, je disois, en répondant à un orateur :

« Un noble baron a présenté pour résultat
» de l'expédition d'Espagne la France envahie,
» toutes nos libertés détruites. Quant à l'inva-
» sion de la France et à la perte de nos libertés
» publiques, une chose servira du moins à me
» consoler : c'est qu'elles n'auront jamais lieu
» tandis que moi et mes collègues serons mi-
» nistres. Le noble baron, qui professe avec ta-
» lent des sentiments généreux, me pardonnera

» cette assertion : elle sort de la conscience d'un
» François. »

Ces paroles et l'établissement de la censure expliquent assez les raisons pour lesquelles j'ai cessé d'être ministre, et les causes du traitement que j'ai éprouvé de mes collègues. Je les avois associés à mes sentiments; ils les renient aujourd'hui. Il a donc fallu qu'ils se séparassent de moi, quand ils ont médité de suspendre la plus importante de nos libertés.

Laissons ma personne : parlons de la France.

Je ne répéterai pas ce que j'ai dit cent fois à la tribune dans mes discours, ce que j'ai imprimé cent fois dans mes ouvrages : point de gouvernement représentatif sans la liberté de la presse.

Avec la censure des journaux, la monarchie constitutionnelle devient ou beaucoup plus foible ou beaucoup plus violente que la monarchie absolue : c'est une languissante machine, ou une machine désordonnée, qui s'arrête par l'embrouillement des roues, ou se brise par l'énergie de son mouvement. Je ne dis rien de ce commerce de mensonges qui s'établit au profit de quelques hommes dans les feuilles sans liberté, et des diverses espèces de turpitudes, suite inévitable de la censure.

Pourquoi m'étendrois-je sur tout cela? Il s'agit

bien de principes! On n'en est pas à ces niaiseries. On reconnoît sans doute qu'on a dépensé en vain des sommes considérables pour s'emparer de l'opinion des journaux : il faut donc achever par la violence ce qu'on avoit commencé par la corruption. On prend l'entêtement pour du caractère, l'irritation de l'amour-propre pour de la grandeur d'esprit, sans songer que l'homme le plus débile peut, dans un accès de fièvre, mettre le feu à sa maison. Cet état de démence est-il une preuve de force?

L'article 4 de la loi du 17 mars 1822 est ainsi conçu :

« Si, dans l'intervalle des sessions des Cham-
» bres, des circonstances *graves* rendoient mo-
» mentanément insuffisantes les mesures de ga-
» rantie et de répression établies, les lois du
» 31 mars 1820 et 26 juillet 1821 pourront être
» remises immédiatement en vigueur, en vertu
» d'une ordonnance du Roi, délibérée en con-
» seil et contresignée par trois ministres. »

Je me demande si le cas prévu par la loi est arrivé. Des armées étrangères sont-elles à nos portes? Quelque complot dans l'intérieur a-t-il éclaté? La fortune publique est-elle ébranlée? Le Ciel a-t-il déchaîné quelques-uns de ses fléaux sur la France? Le trône est-il menacé? Un de nos princes chéris est-il tombé sous le fer d'un nouveau Louvel? Non! heureusement non!

Qu'est-il donc advenu? Que le ministère a fait des fautes; qu'il a perdu la majorité dans la Chambre des Pairs; qu'il s'est vu mettre en scène devant les tribunaux, pour avoir été mêlé à de honteuses négociations dont le but étoit d'acheter des opinions; qu'il a gâté la plupart des résultats de l'expédition d'Espagne; qu'il s'est séparé des royalistes; en un mot, qu'il paroît peu capable, et qu'on le lui dit. Voilà les *circonstances graves* qui l'obligent à nous ravir la liberté fondamentale des institutions que nous devons à la sagesse du Roi! Si les circonstances étoient graves, il les auroit faites; c'est donc contre lui-même qu'il auroit établi la censure.

L'expédition d'Espagne a été commencée, poursuivie, achevée en présence de la liberté de la presse: une fausse nouvelle pouvoit compromettre l'existence de Mgr le duc d'Angoulême et le salut de son armée; elle pouvoit occasionner la chute des fonds publics, exciter des troubles dans quelques départements, faire faire un mouvement aux puissances de l'Europe: ces circonstances n'étoient pas assez *graves* pour motiver la suppression de la liberté de la presse périodique. Mais on ose dire la vérité à des ministres; le François, né moqueur, se permet quelquefois de rire de ses ministres : vite la censure, ou la France est perdue! Quelle pitié!

Il ne manquoit au couronnement de l'œuvre que la raison alléguée pour l'établissement de la censure. On auroit pu avoir recours aux lieux communs contre la liberté de la presse, parler de ses excès, de ses dangers, en affectant de la confondre avec la licence; on auroit pu dire que les lois actuelles de répression ne suffisent pas, bien qu'elles soient extrêmement dures, bien qu'elles aient obligé par le fait tous les journaux à se renfermer dans de justes limites. Ce n'est pas cela : on ne se plaint pas des *journaux*, on se plaint des *tribunaux!* La censure est nécessaire parce que de vrais, de dignes magistrats ont défendu la liberté de la presse, parce qu'ils ont rendu un arrêt dans l'intégrité de leur conscience et l'indépendance de leur caractère, parce qu'ils ont admis pour les journaux une existence de *droit*, indépendante de leur existence de *fait*. Et le moyen du droit paroît peu pertinent sous la monarchie légitime, après le fait de la révolution, après le fait des cent-jours! Un ministre de la justice s'expose à blâmer par sa signature la sentence d'un tribunal! il se prononce indirectement contre la *chose jugée!* Quel exemple donné aux peuples! Trois ministres osent mettre, pour ainsi dire, en accusation devant l'opinion publique les deux premières Cours du royaume, la Cour de cassation, la Cour royale et le Tribunal de première instance; car ces trois tribunaux ont prononcé tous trois dans la même cause! On attaque ainsi le monde judiciaire tout entier, depuis le sommet jusqu'à la base : même le ministère public à la Cour de cassation a opiné dans le sens de l'arrêt de cette Cour.

Tous les ministres étoient-ils présents au conseil lorsque cette dangereuse résolution a été prise? Si l'un d'eux étoit absent, comme on le dit, il doit bien se repentir d'avoir été privé de l'honneur de se retirer.

Les Cours de justice, direz-vous, se sont trompées! Qui vous le prouve? Êtes-vous plus sages, plus éclairés qu'elles? Y a-t-il eu à peu près partage égal des voix entre les magistrats dans ces Cours? Je n'en sais rien. On assure toutefois que la Cour de cassation, dont le savoir est si connu, a prononcé à la presque unanimité dans l'affaire de *l'Aristarque*.

Mais la résurrection de ce journal alloit faire renaître plusieurs autres journaux. Pourquoi pas, s'ils ont réellement le droit de reparoître? Pourquoi la loi, pourquoi la justice, ne seroient-elles pas égales pour tous? Les faits ne sont pas même exacts: il est douteux qu'il y ait d'autres journaux dans le cas précis de *l'Aristarque*.

N'existe-t-il pas, d'ailleurs, une loi redoutable qui a suffi pour réprimer les excès de la presse? Les tribunaux, dont on blâme la jurisprudence, n'ont-ils pas souvent porté des sentences de condamnation contre des journalistes? Si l'on additionnoit les sommes exigées pour les amendes, les jours, les mois et les années fixés pour les emprisonnements, on trouveroit un total de peines qui satisferoit les esprits les plus sévères. La rigueur que les magistrats ont déployée dans leurs premiers jugements prouve que la douceur de leurs derniers arrêts est l'œuvre de la plus impartiale justice.

Et pouvoient-ils, par exemple, sans se déshonorer, ces magistrats, ne pas juger comme ils ont jugé dans l'affaire de *la Quotidienne ?* Pourquoi le ministère ne s'est-il pas opposé à ce que cette cause, où il jouoit un rôle, fut portée devant les Cours de justice? Inconcevable imprévoyance! car on ne doit pas supposer qu'on se fît illusion sur des choses honteuses ou sur la conscience des juges.

On dit que la jurisprudence des Cours fournit un moyen d'éluder la suspension, la suppression des journaux. Ainsi, ce n'étoit pas la *répression* des délits qu'on cherchoit; c'étoit la *suspension*, la *suppression* des journaux, c'est-à-dire la suppression de la liberté de la presse périodique. Votre secret vous échappe. Voilà ce que vous voyez dans la loi; voilà comme vous comprenez le gouvernement constitutionnel. Nous savions déjà ce que vous en pensiez; nous avions lu votre brochure.

La justice est le pain du peuple : il en est affamé, surtout en France. Les corps politiques avoient depuis long-temps disparu dans ce pays; ils avoient été remplacés par les corps judiciaires, leurs contemporains, et presque leurs devanciers. Nos Cours souveraines se rattachoient par les liens de la civilisation, par les besoins de la société, par la tradition de la sagesse des âges, par l'étude des Codes de l'antiquité, se rattachoient, dis-je, au berceau du monde. La nation, vivement frappée des vertus de nos magistrats, s'étoit accoutumée à les aimer comme l'ordre, à les respecter comme la loi vivante. Les Harlay, les Lamoignon, les Molé, les Séguier, dominent encore nos souvenirs : nous les voyons toujours protecteurs comme le trône, incorruptibles comme la religion, sévères comme la liberté, probes comme l'honneur, dont ils étoient les appuis, les défenseurs et les organes.

Et ce sont les successeurs de ces magistrats immortels que des hommes d'un jour osent attaquer! des hommes soumis à toutes les chances de la fortune, des hommes qui rentreront demain dans leur néant, si la faveur royale se retire; ces hommes viennent gourmander des juges inamovibles qui parcourent honorablement une carrière fermée à toute ambition, et consacrée aux plus pénibles travaux!

Vous vous tenez pour offensés lorsque les Chambres n'accueillent pas vos lois; vous vous irritez quand les tribunaux jugent d'après leurs lumières. Vous ne voulez donc rien dans l'État que votre volonté, que vous seuls, que vos personnes?

Mais si vous parveniez à ébranler chez les peuples la confiance qu'ils doivent avoir dans leurs juges; si vous déclariez, comme vous le faites réellement, que la jurisprudence des tribunaux est dangereuse sur un point, n'en résulte-t-il pas qu'elle peut l'être sur d'autres? Dites-nous alors, que deviendroit la société où vous auriez semé de pareils soupçons, vous, autorité, vous, pouvoir ministériel? Tous les jours ces tribunaux prononcent sur la fortune et la vie des citoyens; vous m'exposez donc à soupçonner tous les jours qu'un bien a peut-être été injustement ravi, qu'un innocent a peut-être péri sur l'échafaud.

Imprudents qui ne voyez pas le désordre que

vous jetez dans les esprits par de pareils actes! et quelle est votre valeur morale pour condamner d'un trait de plume des Cours entières, pour substituer vos ignorances ministérielles à la science des magistrats qui tiennent de l'auteur de toute justice la balance pour peser, le glaive pour punir?

Pourquoi tant d'humeur contre *l'Aristarque?* seroit-ce qu'il a pour propriétaires trois députés de l'opposition? Le ministère est plus riche que cela : n'a-t-il pas pour lui tous ces journaux achetés sur la place, plus ou moins cher, selon la hausse ou la baisse du prix des consciences?

Mais est-il permis à des ministres de n'avoir pas étudié les lois qu'ils sont chargés de faire exécuter? S'ils s'étoient un peu plus occupés de celles qui doivent réprimer les délits de la presse, ils auroient vu que la censure n'y étoit placée qu'éventuellement pour un cas si rare, pour un cas si grave, que, dans tous les cas ordinaires, l'exercice de cette censure rendoit impraticables quelques articles de ces mêmes lois : tant il avoit été loin de la pensée du législateur de faire de cette censure l'ordre commun, le droit coutumier!

Aux termes de l'article 11 de la loi du 25 mars 1822, j'ai le droit de répondre à tout ce qu'on peut me dire dans un journal : mais si le censeur a permis l'attaque et s'il ne permet pas la défense; s'il trouve dans ma réponse quelque chose qui mérite d'être marqué du signe de sa proscription, de son encre rouge, voilà donc un article de la loi qui ne sera pas exécuté? Que ferai-je? poursuivrai-je l'éditeur responsable? l'éditeur me renverra au censeur, et le censeur au gouvernement. Je ne puis mettre un ministre en cause que par un arrêté du Conseil d'État. Il résulte de tout cela que je suis calomnié sans pouvoir confondre la calomnie, que la loi est violée, que je ne puis avoir recours aux tribunaux, lesquels eux-mêmes se trouvent paralysés par l'exercice d'un pouvoir extra-légal en matière judiciaire.

Le fait de la censure est par lui-même destructif de tout gouvernement constitutionnel. Mais outre le *fond*, il y a la *forme*; et la forme est quelque chose entre gens bien élevés, quoiqu'on sache que nous n'y tenons pas beaucoup.

Comme on a été vite, on n'avoit pas le temps de nommer une commission; et comme une vérité pouvoit échapper dans vingt-quatre heures, au grand péril de la monarchie, il a fallu envoyer provisoirement à la police tous les journaux pris en flagrant délit de liberté.

Jugez quel malheur si on les avoit laissés écrire un seul mot contre la mesure de la censure! Ils ont donc été mystérieusement censurés à l'hôtel de la direction de la police : une main invisible, peut-être celle d'un valet de chambre, Caton inconnu, a mutilé le soir la pensée du maître qu'il avoit servi le matin, et cela pour la plus grande sûreté des ministres. On ignorera à jamais comment étoit provisoirement composé ce Saint-Office d'espions, chargé de décider de l'orthodoxie des doctrines constitutionnelles.

Mais encore ici les choses sont-elles légales?

L'article 1ᵉʳ du Code civil porte : « Les lois seront exécutées dans chaque partie du royaume, du moment où la promulgation pourra en être connue.

» La promulgation faite par le Roi sera réputée connue dans le département de la résidence royale, un jour après celui de la promulgation. »

Or, les journaux ont reçu l'ordre de se soumettre à la censure, douze heures seulement après la publication de l'ordonnance dans le *Moniteur*.

Et ce censeur qui a signé les premières censures étoit-il légalement connu lorsqu'il a exercé ses fonctions? L'ordonnance qui le nommoit avoit-elle été communiquée aux journalistes?

Tout cela est très attaquable devant les tribunaux; et il n'est pas permis, lorsqu'on est ministre, et surtout lorsqu'on a appartenu à des corps judiciaires, de se montrer aussi despote, aussi ignorant.

Une commission est maintenant ordonnée, sous la présidence du directeur de la police, à l'honneur des lumières et des lettres. On avoit été jusqu'à dire que des hommes choisis dans les deux Chambres législatives composeroient le conseil de censure. Nous eussions plaint la foiblesse de ces hommes honorables: les pairs et les députés sont faits pour être les gardiens et non les geôliers des libertés publiques.

La censure, depuis la restauration, n'a sauvé personne : tous les anciens ministres qui ont voulu l'établir ont péri; et pourtant ils avoient une sorte d'excuse; ils étoient plus près de l'événement des cent-jours; il y avoit des troubles et des conspirations dans l'État: le duc de Berry avoit succombé.

De plus, ces ministres avoient une certaine force : ils appartenoient à un parti; ils ne s'étoient pas mis en guerre avec toute la société; ils ne s'étoient pas élevés contre l'autorité des tribunaux. On connoissoit moins le gouvernement représentatif, et par cette raison il étoit plus facile de s'en écarter.

Le ministère actuel ne peut argumenter ni

d'une grande catastrophe, ni de l'ignorance des principes de la Charte, mis aujourd'hui à la portée de tous. Il est sans puissance, car il lui a plu de s'isoler de toutes les opinions. Il a renié ses propres doctrines; et aujourd'hui qu'il établit la censure, pouroit-il relire sans rougir les discours qu'il prononçoit contre la même censure à la tribune? Sorti des rangs royalistes, il a cessé d'être royaliste. Il n'a pas mieux traité l'antique honneur que la liberté nouvelle : il s'est placé entre deux Frances, dans une troisième France, composée des déserteurs des deux autres, et qui ne durera pas plus que lui.

Pour vivre, il sera forcé de pousser ses systèmes à leurs dernières conséquences. C'est une vérité triviale, qu'une erreur en entraîne une autre. Une vérité moins connue, c'est que le ministère se trompe sur deux qualités de force; il prend la force physique pour la force morale : or, dans la société, la première détruit, la seconde édifie.

Voyez l'enchaînement des choses :

On veut acheter des journaux; on n'y réussit pas complétement. S'arrête-t-on, ce qui valoit mieux? Non : il faut aller devant les tribunaux, où l'on est condamné.

On apporte une loi relative à la fortune publique; elle est rejetée. S'arrête-t-on, ce qui étoit incontestablement plus sage? Avec de la modération, tout pouvoit encore se réparer. L'irritation de la vanité l'emporte : on cherche des victimes, on frappe au hasard, sans s'inquiéter des résultats, sans prévoir l'effet de cette violence sur l'opinion.

L'opinion se prononce. S'arrête-t-on ? Non : il faut une nouvelle violence, il faut la censure.

Que le ministre trouve maintenant d'autres résistances, comme il en trouvera indubitablement, il sera contraint de devenir persécuteur. Quand il aura destitué ses adversaires, comblé de faveurs ses créatures, il n'aura rien fait; il faudra qu'il trouve un moyen d'empêcher les écrits périodiques de paroître, de modifier la jurisprudence des tribunaux, puisqu'il s'en plaint; de ces tribunaux si puissants aujourd'hui par l'injure même qu'on leur a faite, si populaires en devenant les défenseurs de nos libertés.

Qu'imaginera le ministère pour ces Cours de justice, dans le cas où elles continuent, comme elles le feront, à maintenir leur doctrine indépendante ? Ces Cours sont établies par des lois; sans doute on ne songe pas à violer ces lois, et le temps des jugements par commission est passé.

Et à l'égard des Chambres, quel parti prendra-t-on? Comment viendroit-on leur déclarer qu'on a établi la censure, n'ayant d'autre raison à leur donner que celle dont on a eu l'inconcevable naïveté de nous faire part? Oseroit-on leur dire : « Nous avons supprimé la liberté de la » presse périodique, parce que les magistrats » ont rendu un arrêt qu'ils avoient le droit de » rendre ! »

On fera des pairs, soit: mais ces pairs seront-ils soumis aux caprices des ministres? Cette première magistrature n'est-elle pas aussi indépendante que l'autre? Ces nouveaux pairs viendroient-ils prendre leur siége uniquement pour approuver la censure, ou voter la loi des rentes renouvelée? Je ne vous dis pas que ces créations multipliées dans un intérêt personnel tueroient à la longue l'institution de la pairie; mais songez au moins à votre chute que précipitent tant de mesures funestes.

Et la Chambre des Députés, qu'en fera-t-on ? Cette Chambre excellente n'a besoin que d'un peu d'expérience: elle peut revenir formidable pour les ministres : en demandera-t-on la dissolution? Voyez où cela mène ! et frémissez, car je veux bien supposer que vous n'avez pas vu tout cela, que vous aimez encore votre patrie.

La censure, considérée dans ses rapports avec l'état de notre société et de nos institutions, ne peut convenir à personne. Tout au plus charmera-t-elle l'antichambre et des valets qui dai-

DE LA PRESSE. 33

gneront nous transmettre dans leurs journaux les ordres de leurs maîtres. Eux seuls jouiront de la liberté, parce qu'on est sûr de leur servitude. Un journal du soir a déjà des priviléges : on lui accorde la faveur qu'on refuse à d'autres, de partir par la poste du jour où il paroît. Si l'on veut prendre quelques nouvelles dans ce journal, on ne le peut pas sans les avoir envoyées à la censure, quoiqu'il faille bien supposer que ces nouvelles aient déjà passé sous les yeux du censeur. Mais l'on permet à l'un ce que l'on ne permet pas à l'autre : ce qui est légal dans *l'Étoile* deviendroit illégal dans *les Débats* ou *la Quotidienne*, dans *le Constitutionnel* ou *le Courrier*. L'impudence de ces petites tyrannies s'explique pourtant : la puissance n'a rien de blessant quand elle marche avec le génie ; elle en est, pour ainsi dire, une qualité naturelle ; mais quand la médiocrité arrive aux premières places, le pouvoir qui l'accompagne a toute l'insolence d'un parvenu.

La liberté que l'on veut comprimer échappera aux mains débiles qui essaieront de la retenir ; elle leur échappe déjà. Voilà les *blancs*[1]

---

[1] Je me suis enquis des articles retranchés dans le *Journal des Débats* du mardi 17 août; ce sont : 1° Un second

revenus dans les journaux; vous verrez qu'il faudra sévir contre les *blancs* : le délit des pages blanches seroit singulier à porter devant les tribunaux! Les vexations aux messageries et à la poste ne réussiront pas davantage; quand l'opinion a pris son parti, rien ne l'arrête. La capitale, les provinces, vont être inondées de brochures. Le silence même deviendra une attaque, et le ministère sera accusé par la chose qu'on ne lui dira pas. Hé, grand Dieu! en étions-nous là à l'ouverture de la session?

Lorsque Buonaparte pouvoit faire fusiller en vingt-quatre heures un écrivain, on conçoit qu'il y avoit *répression*. La Terreur aussi étoit répressive; mais le ministère, qui le craint?

Ceux qui bravoient si fièrement l'opinion, pourquoi fuient-ils devant elle? Pourquoi cette censure, si ce n'est la peur de cette opinion qu'ils affectent de mépriser?

Je ne sais si l'on est frappé comme moi, mais

---

article de la revue de la session, terminant les travaux de la Chambre des députés;

2° L'annonce de la présente brochure;

3° Quelques lignes sur Mgr le duc d'Orléans, parlant de la sensibilité de ce prince lors de la distribution des *accessit* obtenus par M. le duc de Chartres : voilà les premiers exploits de la censure.

il me semble que tout ce que je vois est inexplicable, que cela tient à une espèce de folie. Je conçois des actes, tout bizarres qu'ils puissent être, lorsqu'ils tendent au même but, lorsqu'ils doivent amener un résultat dans l'intérêt de ceux qui les font; mais il m'est impossible de concevoir des hommes qui veulent se sauver et qui font évidemment ce qui les perdra. A quoi bon, je le demande, ces inutiles violences dont nous sommes les témoins depuis quelques mois, cette agitation au milieu du repos, cette soif de la dictature ministérielle quand personne ne dispute le pouvoir? Pourquoi corrompre les journaux, et ensuite les enchaîner lorsque la victoire d'un héritier du trône et la prospérité de la France avoient détruit toutes les oppositions révolutionnaires? Ce que le Roi avoit annoncé en ouvrant la session de 1823, la Providence l'avoit permis, et l'armée l'avoit fait. Qui ne sentoit le sol de la patrie raffermi sous ses pas? qui ne jouissoit de voir la France remonter à son rang parmi les puissances de l'Europe?

Quelque chose d'inconnu vient nous enlever soudain nos plus douces espérances. Nous rétrogradons tout à coup de huit années; nous nous replaçons au commencement de la restauration; nous nous armons de nouveau contre les libertés publiques, nous revenons à la censure, en

3.

aggravant le mal, par un acte sans précédent à l'égard des tribunaux. Nous imitons une conduite que nous avons stigmatisée; nous faisons des circulaires pour les élections : il nous faudroit des pairs pour briser une majorité; nous repoussons les royalistes, et cependant nous nous disons royalistes. Tout alloit au pouvoir ministériel; tout s'en retire : il reste isolé, en butte à mille ennemis, supporté seulement par une opinion qu'il dicte, par des journaux qu'il paye, et des flatteurs qu'il méprise.

Quelquefois on seroit tenté de croire, pour s'expliquer des choses inexplicables, ce que disent des esprits chagrins, savoir, que des sociétés mystérieuses poussent à la destruction de l'ordre établi. Et que mettroit-on à sa place ? l'arbitraire ministériel, le joug de quelques commis ? et c'est avec cela qu'on prétendroit mener la France, contrarier le mouvement de la société et du siècle !

Non, cela ne seroit pas possible; mais en repoussant ces craintes, il reste toujours celles qu'inspirent les fautes dont nous sommes les témoins et les victimes. En exagérant tout, en forçant tout, en abusant de tout, en gâtant d'avance les institutions, en compromettant les choses les plus sacrées, on détruit pour l'avenir tout moyen de gouvernement, on fatigue les caractères les plus forts, on dégoûte les honnêtes gens : et, entre un despotisme impossible et une liberté impraticable, on se retranche dans cette indifférence politique qui amène la mort de la société, comme l'indifférence religieuse conduit au néant.

Qui produit tant de mal ? quel génie funeste, mais puissant, a maîtrisé la fortune de la patrie ? Ce n'est point un génie : rien de plus triste que ce qui nous arrive ; c'est le triomphe d'un je ne sais quoi indéfinissable, le succès de petits savoir-faire réunis. Deux hommes se collent au pouvoir; et, pour y rester deux jours de plus, ils jouent la longue destinée de la France contre leur avenir d'un moment : voilà tout.

Il faut sortir promptement de la route où l'on s'est jeté, si l'on ne veut arriver à un abîme. On peut disposer de soi, on peut se perdre, si on le juge convenable ; mais on ne doit jamais compromettre son pays ; or, le ministère ébranle par son système la monarchie légitime : peu importe ses intentions ; elles ne répareront pas ses actes.

Le remède est facile si la maladie est prise à temps ; en la laissant aller, elle deviendra incurable. Je ne puis développer toute ma pensée dans ce petit écrit, rapide ouvrage de quelques heures, que je publie à la hâte pour l'intérêt de la circonstance. Il m'est dur, déjà avancé dans ma carrière, de rentrer dans les combats qui ont consumé ma vie; mais pair de France, mais investi d'une magistrature, je n'ai pu voir périr une liberté publique, je n'ai pu voir attaquer les tribunaux sans élever la voix, sans prêter mon secours, tout foible qu'il puisse être, à nos institutions menacées. Que le trône de notre sage monarque reste inébranlable; que la France soit heureuse et libre! Et quant à ma destinée, comme il plaira à Dieu!

DE L'ABOLITION
DE LA CENSURE.

DE L'ABOLITION
DE LA CENSURE.

Je comptois publier quelques autres écrits faisant suite à ma brochure contre la censure; brochure que cette même censure n'avoit pas permis d'annoncer dans les journaux. Combien je me trouve heureux de voir les armes brisées dans ma main, de changer mes remontrances, importunes aux ministres, en cantiques de louanges pour le Roi!

Nous devions tout attendre du principe de la vieille monarchie, de cet honneur assis sur le trône avec Charles X : notre espérance n'a point été vaine. La censure est abolie : l'honneur nous rend la liberté!

Puisse-t-il être récompensé du bonheur dont il nous fait jouir, notre excellent Monarque! Mettons aussi nos vœux aux pieds du Dauphin dont nous reconnoissons et la puissante influence et les sentiments généreux : c'est toujours le Prince libérateur!

La Charte est ce qu'il nous falloit; la Charte

est ce que nous pouvions avoir de meilleur au moment de la restauration. Une fois admise, il se faut bien persuader qu'elle est inexécutable avec la censure : il y a plus, la censure mêlée à la Charte produiroit tôt ou tard une révolution. Voici pourquoi :

Le gouvernement représentatif sans la liberté de la presse est le pire de tous : mieux vaudroit le divan de Constantinople. Lâche moquerie de ce qu'il y a de plus sacré parmi les hommes, ce gouvernement n'est alors qu'un gouvernement traître qui vous appelle à la liberté pour vous perdre, et qui fait de cette liberté un moyen terrible d'oppression.

Supposez, ce qui n'est pas impossible, qu'un ministère parvienne à corrompre les Chambres législatives ; ces deux énormes machines broieront tout dans leur mouvement, attirant sous leurs roues et vos enfants et vos fortunes. Et ne pensez pas qu'il faille un ministère de génie pour s'emparer ainsi des Chambres : il ne faut que le silence de la presse et la corruption que ce silence amène.

Dans l'ancienne monarchie absolue, les corps privilégiés et la haute magistrature arrêtoient et pouvoient renverser un ministère dangereux. Avez-vous ces ressources dans la monarchie représentative ? Si la presse se tait, qui fera justice d'un ministère appuyé sur la majorité des deux Chambres? Il opprimera également et le Roi, et les tribunaux, et la nation : sous le régime de la censure, il y a deux manières de vous perdre; il peut, selon le penchant de son système, vous entraîner à la démocratie ou au despotisme.

Avec la liberté de la presse, ce péril n'existe pas : cette liberté forme en dehors une opinion nationale qui remet bientôt les choses dans l'ordre. Si cette liberté avoit existé sous nos premières assemblées, Louis XVI n'auroit pas péri; mais alors les écrivains révolutionnaires parloient seuls, et on envoyoit à l'échafaud les écrivains royalistes. J'ai lu, il est vrai, dans une brochure en réponse à la mienne, que Sélim, Mustapha et Tippoo-Saëb étoient tombés victimes de la liberté de la presse : à cela je ne sais que répondre.

La liberté de la presse est donc le seul contre-poids des inconvénients du gouvernement représentatif; car ce gouvernement a ses imperfections comme tous les autres. Par la liberté de la presse, il faut entendre ici la liberté de la presse périodique, puisqu'il est prouvé que quand les journaux sont enchaînés, la presse est dépouillée de cette influence de tous les moments qui lui est nécessaire pour éclairer. Elle n'a jamais fait de mal à la probité et au talent; elle n'est redoutable qu'aux médiocrités et aux mauvaises consciences : or, on ne voit pas trop pourquoi celles-ci exigeroient des ménagements, et quel droit exclusif elles auroient à la conduite de l'État.

Cette nécessité de la liberté de la presse est d'autant plus grande parmi nous, que nous commençons la carrière constitutionnelle, que nous n'avons point encore d'existences sociales très-décidées, qu'il y a encore beaucoup de chercheurs de fortune, et que les ministres arrivent encore un peu au hasard. Il faut donc surveiller de près, pour le salut de la couronne, les hommes inconnus qui pourroient surgir au pouvoir, par un mouvement non encore régularisé.

On dit que la censure est favorable aux écrivains, qu'elle les décharge de la responsabilité, qu'elle les met à l'abri d'une loi sévère. Est-ce de l'intérêt particulier des écrivains qu'il s'agit, relativement à la liberté de la presse dans l'ordre politique? Cette liberté doit être considérée dans cet ordre par rapport aux intérêts généraux, par rapport aux citoyens, par rapport à la société tout entière : c'est une liberté qui assure toutes les autres dans les gouvernements constitutionnels. Quand donc vous venez nous entretenir d'ouvrages et d'auteurs, vous confondez la littérature et la politique, la critique et la censure, et vous ne comprenez pas un mot de la chose dont vous parlez.

D'autres, soulevés contre la manière brutale dont on exerçoit la censure, n'en admettoient pas moins le principe; ils auroient établi seulement une oppression douce et tempérée. On avoit mis la liberté de la presse au carcan; ils ne vouloient que l'étrangler avec un cordon de soie.

D'autres, cherchant des motifs à la censure, et n'en trouvant pas de raisonnables, prétendoient qu'ayant peut-être à examiner, à la session prochaine, les moyens propres à cicatriser les dernières plaies de l'État, la censure seroit nécessaire pour empêcher la voix des passions étrangères de se mêler à la discussion de la tribune.

Et moi, je demanderai comment on pourroit agiter de telles questions sans la liberté de la presse : faut-il se cacher pour être juste? vôtre cause ne deviendroit-elle pas suspecte, ne calomnieroit-on pas vos intentions, si vous croyiez devoir traiter dans l'ombre et comme à huis clos des affaires qui sont de la France entière? Ouvrez au contraire toutes les portes; appelez le public, comme un grand juri, à la connoissance du procès; vous verrez si nous rougirons de plaider la cause de la fidélité malheureuse, nous qui parlons franchement de liberté sans que ce mot nous blesse la bouche. Et depuis quand la religion et la justice auroient-elles cessé d'être les deux bases de la véritable liberté ? Soyons francs sur les principes de la Charte, et nous pourrons réclamer, sans qu'on nous suppose d'arrière-pensée, ce que l'ordre moral et religieux exige impérieusement d'une société qui veut vivre.

Le dernier essai que l'on vient de faire a heureusement prouvé qu'il n'étoit plus possible d'établir la censure parmi nous ; nous avons fait de tels progrès dans les institutions constitutionnelles, que les censeurs mêmes n'ont pas osé se nommer. D'un bout de la France à l'autre, toutes les opinions ont réclamé la liberté de la presse ; par la raison qu'on en avoit joui paisiblement deux années, et qu'il étoit démontré, d'après l'expérience tentée pendant la guerre d'Espagne, que cette liberté ne nuisant à rien, étoit propre à tout : c'étoit un droit acquis dont on ne sentoit pas le prix tandis qu'on le possédoit, mais dont on a connu la valeur aussitôt qu'on l'a perdu.

Désormais nos institutions sont à l'abri : nous allons marcher d'un pas ferme dans des routes battues. Dix années ont amené de grands changements dans les esprits : des préjugés se sont effacés, des haines se sont éteintes ; le temps a emporté des hommes, tandis que des générations nouvelles se sont formées sous nos nouvelles institutions. Chacun prend peu à peu sa place, et l'on détourne les yeux d'un passé affligeant pour les porter sur un riant avenir.

L'abolition de la censure a dans ce moment surtout un avantage qu'il est essentiel de signaler. Nous pouvons louer nos Princes sans entraves ; nous pouvons déclarer notre pensée, sans que l'on puisse dire que la manifestation de cette pensée n'est que l'expression des ordres de la police. Il faut que l'Europe sache que tout est vrai dans les sentiments de la France, que les opinions sont unanimes, que les oppositions même se rencontrent au pied du trône pour l'appuyer et le bénir. Louis XVIII étend ses bienfaits sur nous au delà de sa vie : il termina la révolution par la Charte ; il reprit le pouvoir par la guerre d'Espagne ; et sa mort, objet de si justes regrets, a pourtant consolidé la restauration, en mettant un règne entre les temps de l'usurpation et l'avénement de Charles X.

Depuis un mois cette restauration a avancé d'un siècle ; la monarchie a fait un pas de géant. Quel triomphe complet de la légitimité, et de ce qu'il y a d'excellent dans ce système ! Un Roi meurt, le premier Roi légitime qui s'étoit assis sur le trône après une révolution de trente années. Ce Roi gouverne avec sagesse; mais ceux qui ne comprenoient pas la force de la légitimité, mais les passions comprimées, mais les vanités déçues, mais les ambitions secrètes, mais les intérêts, les jalousies politiques murmuroient tout bas : « Cet état de choses pourra durer » pendant la vie de Louis XVIII; mais vous ver- » rez au changement de règne. »

Hé bien, *nous avons vu!* nous avons vu un frère succéder à un frère; de même qu'un fils remplace un père dans le plus tranquille héritage. A peine s'aperçoit-on qu'on a changé de souverain. Un des plus grands événements dans les circonstances actuelles s'accomplit avec la plus grande simplicité. Comme dans une succession ordinaire, on lève les scellés : ce n'est rien; ce n'est que la couronne de la France qui passe d'une tête à une autre! ce n'est que le sceptre de saint Louis que Charles X prend au foyer de Louis XVIII!

Entend-on parler de quelque réclamation? Où sont les prétendants de la République et de l'Empire? Est-il dans le monde une puissance qui ait envie de contester le trône au nouveau Roi? A-t-il fallu des hérauts d'armes, des bruits de tambours et de trompettes, des parades et des jongleries, un développement imposant de la force militaire, pour dérober à la foule ébahie ce que le droit d'un usurpateur a de douteux? Nullement. LE ROI EST MORT : VIVE LE ROI ! Voilà tout, et chacun vaque à ses affaires l'esprit libre, le cœur content, sans craindre l'avenir, sans demander : « Qu'arrivera-t-il demain? » Le pouvoir protecteur, la puissance politique n'a point péri, la société est en sûreté; et la succession légitime de la Famille royale garantit à chaque famille, en particulier, sa succession légitime.

Que sont devenues toutes ces allusions, pour le moins téméraires, au sort d'un prince étranger? où trouver la moindre ressemblance dans les choses, les temps et les souverains? Ces mouvements d'humeur que l'on prenoit pour des intuitions de la vérité, pour des enseignements historiques, s'évanouissent devant les faits et les vertus, et jamais les vertus ne furent plus évidentes, et les faits plus décisifs.

Si la royauté triomphe, le roi ne triomphe pas moins. Charles X s'est élevé au niveau de sa fortune; il a montré qu'il connoissoit les mœurs de son siècle, qu'il prenoit la monarchie telle que le temps et les révolutions l'ont faite. Il a dit aux magistrats de continuer à être justes et à prononcer avec impartialité ; il a dit aux pairs et aux députés qu'il maintiendroit comme roi la Charte qu'il avoit jurée comme sujet, et il a tenu sa parole, et il nous a rendu la plus précieuse de nos libertés ; il a dit aux François de la confession protestante que sa bienfaisance s'étendoit également sur tous ses sujets ; il a dit aux ministres du culte catholique qu'il protégeroit de tout son pouvoir la religion de l'État, la religion, fondement de toute société humaine ; il a recommandé cette même religion comme base de l'éducation publique. Toutes ces paroles, qui sont de véritables actes politiques, ont enchanté la nation. Charles X peut se vanter d'être aujourd'hui aussi puissant que Louis XIV, d'être obéi avec autant de zèle et de rapidité que le souverain le plus absolu de l'Europe.

Pour savoir où nous en sommes de la monarchie, il faut avoir vu le monarque se rendant à Notre-Dame ; tout un grand peuple, malgré l'inclémence du temps, saluant avec transport ce *Roi à cheval*, qui s'avançoit lui-même au-devant de ses plus pauvres sujets pour prendre de leurs mains leurs pétitions avec cet air qui n'appartient qu'à lui seul ; il faut l'avoir vu au Champ-de-Mars au milieu de la garde nationale, de la garde royale et de trois cent mille spectateurs : jour de puissance et de liberté qui montroit la couronne dans toute sa force, et qui rendoit à l'opinion ses organes et son indépendance. Un roi est bien placé au milieu de ses soldats quand il départ à ses peuples tout ce qui contribue à la dignité de l'homme ! l'épée est pour lui : elle pourroit tout détruire, et il ne s'en sert que pour conserver ! Aussi l'enthousiasme n'étoit pas feint : ce n'étoient pas de ces cris qui expirent sur les lèvres du mendiant payé, chargé sous les tyrans d'exprimer la joie, ou plutôt la tristesse publique; c'étoient des cris qui sortent du fond de la poitrine, de cet endroit où bat le cœur avec force, quand il est ému par l'amour et la reconnoissance.

Ceux qui ont connu d'autres temps se rappeloient une fête bien différente au Champ-de-Mars : la monarchie finissoit alors; aujourd'hui elle recommence. Est-ce bien là le même peuple? Oui, c'est le même; mais le peuple guéri, le peuple désabusé. Il avoit cherché la liberté à travers des calamités inouïes, et il n'avoit rencontré que la gloire : ses princes légitimes devoient seuls lui donner le bien que des tribuns factieux et un despote militaire lui avoient dérisoirement promis.

Si les bénédictions du peuple, comme il n'en faut pas douter, attirent celles du Ciel, elles ont descendu sur la tête du Souverain et de la Famille royale. Jamais la France n'a été plus heureuse, plus glorieuse et plus libre que dans ce jour mémorable. Mais à la vue de cette Famille en deuil au milieu de tant d'allégresse, la pensée se tournoit avec attendrissement vers cet autre Monarque qui n'est pas encore descendu dans la tombe; l'aspect d'une multitude affranchie de tout esclavage, et protégée par de généreuses institutions, rappeloit encore le souvenir de l'auguste auteur de la Charte. Quel pays que cette France! les villes apportent leurs clefs au lit funèbre de ses généraux, et les peuples rendent hommage de leur liberté au cercueil de ses Rois !

LETTRE

A M. LE RÉDACTEUR DU JOURNAL DES DÉBATS,

SUR LE PROJET DE LOI

RELATIF

A LA POLICE DE LA PRESSE.

4 JANVIER 1827.

LETTRE

A M. LE RÉDACTEUR DU JOURNAL DES DÉBATS,

SUR LE PROJET DE LOI

RELATIF

A LA POLICE DE LA PRESSE.

Monsieur,

Permettez-moi de répondre, par l'entremise de votre journal, à diverses lettres que des personnes qui me sont pour la plupart inconnues m'ont fait l'honneur de m'adresser ces jours-ci. Ces personnes me demandent si je ne ferai rien paroître sur le nouveau projet de loi relatif à la liberté de la presse; elles veulent bien se souvenir que, dans d'autres circonstances, je n'ai pas manqué d'élever la voix en faveur de la plus précieuse de nos libertés.

En effet, monsieur, lorsqu'en 1824 la censure facultative fut établie, je publiai un petit écrit contre cette mesure ministérielle. La raison qui me détermina à prendre ce parti étoit simple : il m'étoit impossible de parler à la tribune, puisque la session étoit close ; je ne pouvois recourir à la presse périodique, puisque les journaux étoient censurés ; je n'avois donc pour toute ressource que la presse non périodique, qui n'étoit point encore opprimée comme elle est menacée de l'être.

Aujourd'hui, monsieur, je ne balancerois pas à attaquer la loi vandale dont le projet vient d'être présenté à la Chambre des Députés, si la session législative n'étoit ouverte : c'est à la tribune de la Chambre des Pairs que mon devoir m'appelle à combattre ; mais les lettres que j'ai reçues m'ont fait sentir la nécessité d'une explication préalable. Le projet de loi ne peut être examiné à la Chambre héréditaire avant six semaines ou deux mois : il m'importe que mon silence jusqu'à cette époque, puisqu'on veut bien me demander compte de mon silence, ne soit pas exposé à de fausses interprétations. Dans tous les âges et dans toutes les positions de ma vie, j'ai défendu la liberté de la presse ; je ne reculerai pas quand on me somme de dire hautement mon opinion sur un projet que nous auroient envié les jours les plus florissants de la barbarie.

J'espère démontrer en temps et lieu que ce projet, converti en loi, seroit aussi fatal aux lettres qu'aux libertés publiques; qu'il tendroit à étouffer les lumières; qu'il déclareroit la guerre au talent; qu'il violeroit toutes les lois de propriété; qu'il altéreroit même la loi de succession, puisque la fille ne pourroit hériter de son père dans la propriété d'un journal; que, par un vice de rétroactivité, ce projet de loi, voté tel qu'il est, annuleroit les clauses des traités passés, blesseroit les droits des tiers, favoriseroit le dol et la fraude, troubleroit et bouleverseroit toute une partie du Code civil et du Code de commerce; qu'il anéantiroit une branche d'industrie alimentée d'un capital de plus de 50 millions; qu'il ruineroit à la fois les imprimeurs, les libraires, les fondeurs, les graveurs, les possesseurs de papeteries, etc.; qu'il frapperoit comme de mort une population de cinq à six cent mille âmes, et qu'il jetteroit sur le pavé une multitude d'ouvriers sans ouvrage et sans pain.

Ce projet, monsieur, a été forgé dans la plus complète ignorance de la matière. L'article 4 dit, par exemple:

« Tout déplacement ou transport d'une partie
» quelconque de l'édition hors des ateliers de
» l'imprimeur, et avant l'expiration du délai fixé

» par l'article premier, sera considéré comme » tentative de publication. La tentative du délit » de publication sera poursuivie et punie, dans » ce cas, de la même manière que le délit. »

Ainsi l'on pourroit considérer comme tentative de publication le transport des feuilles d'impression de chez l'imprimeur chez le libraire, de chez le libraire chez la brocheuse ou chez le relieur, ou à l'atelier du *satinage*. Sur les quatre-vingts imprimeurs de Paris, il n'y en a pas deux qui aient des établissements assez vastes pour procéder chez eux au *séchage* et à l'*assemblage*.

Qu'est-ce que c'est que des *caractères* (art. 1er) conformes aux *règles* de la librairie, et quelle intention est cachée au fond de cet apparent *non-sens ?*

Pour une simple contravention à un règlement de police, comment détruirez-vous (art. 1er) une édition entière ou un volume, qui interromproit une collection plus ou moins coûteuse, plus ou moins avancée, sans donner recours aux souscripteurs, aux artistes, aux fournisseurs de papier, aux divers bailleurs de fonds?

Et quelle dérision ! on prétend qu'on ne punira le délit qu'après qu'il aura été commis, lorsqu'on ordonne un dépôt dont la durée doit précéder de cinq ou de six jours la publication ! Les alguazils de la police ne seront-ils pas en embuscade à la porte du libraire, pour sauter sur le premier paquet de l'ouvrage que l'autorité croira devoir arrêter? *La Monarchie selon la Charte* n'a-t-elle pas été saisie, moi présent, dans la cour même de mon libraire? et pourtant quelle différence entre les lois de la presse qui existoient alors et celles qui nous régissent aujourd'hui !

Mais quel mal, dira-t-on, qu'un ouvrage, s'il est mauvais, soit saisi avant d'être publié?

Et comment pouvez-vous savoir s'il est mauvais, avant qu'il soit publié? Soumettez-vous d'avance votre jugement à celui d'un procureur du Roi, quel qu'il puisse être? Dans les temps de passion politique, chaque parti ne soutient-il pas que tel ouvrage est dangereux, que tel ouvrage est salutaire? Un ministère fera poursuivre tous les livres religieux, un autre tous les livres philosophiques. Le dépôt de cinq et de dix jours est évidemment la censure, et une censure qui, non satisfaite de vous imposer son joug, vous enveloppe encore dans des procès ruineux. La censure devroit au moins dispenser d'aller devant les tribunaux.

Comment, pour la presse périodique, comment réduira-t-on à cinq membres (art. 15) des compagnies déjà formées et composées d'un bien plus grand nombre de propriétaires?

Que veut dire ce nombre mystérieux de cinq? Il est facile de dégager l'*inconnue*. Si sur douze propriétaires, il y en a sept qui refusent de vendre leur part aux cinq autres, ou cinq qui ne peuvent acheter cette part, la condition de la loi n'étant pas remplie, il n'y aura plus de journal. Il y a plus, la condition de la loi dans ce cas même ne pourra pas être remplie, puisque cette loi déclare que toutes stipulations seront nulles, *même entre les parties contractantes* (art. 16). Cela n'est-il pas tout-à-fait digne du génie d'un clerc du onzième siècle ?

Les cinq propriétaires seront condamnés en masse pour un article incriminé, encore que la minorité de ces propriétaires se soit peut-être opposée à la publication de l'article, ou que quelques uns de ces propriétaires aient été absents au moment de cette publication.

Une femme ne pourra être co-propriétaire d'un journal, quoique sa dot ou une portion de l'héritage paternel ait été assise sur cette propriété. Il faudra alors que le bien de ce mineur par la loi soit vendu dans les formes prescrites au Code civil : l'autorité ministérielle se portera pour dernier enchérisseur, et introduira ainsi un levain de servitude dans une association libre : c'est l'esprit de l'article 9.

Pour être propriétaire d'un journal, il faudra

prouver à un préfet ou au directeur général de la librairie qu'on a les *qualités* exigées par l'article 980 du Code (art. 9). Si ces autorités administratives vous font de mauvaises chicanes sur ces qualités, comme on en fait aux électeurs sur les droits ; si elles renvoient la partie devant les tribunaux, la décision de ces autorités administratives *n'en recevra pas moins provisoirement son exécution* (art. 9). Cela veut dire que le journal sera supprimé pendant trois, quatre, cinq ou six mois, selon la durée du procès. Or un journal qui cesseroit de paroître pendant un mois seroit un journal *détruit*.

Remarquez, monsieur, que ce mot *détruit* revient sans cesse dans le projet de loi, comme renfermant tout l'esprit du projet. Il n'y a pas de raison pour qu'avec un tel projet tous les journaux, excepté les journaux ministériels, ne soient en effet successivement *détruits* : c'est ce que l'on veut.

Sous le rapport fiscal, le projet applique le timbre aux brochures : on a calculé que le plus mince vaudeville imprimé coûteroit à l'auteur de 15 à 1800 fr. D'un autre côté, les journaux littéraires se trouvent soumis au cautionnement (art. 12). Ne croit-on pas voir les Welches brisant les monuments des arts, ou les Arabes brûlant la bibliothèque d'Alexandrie? Ne pensez pas que l'on soit touché de ce reproche; on s'en fait gloire. Le commerce de la librairie de la France passera en Belgique ; tant mieux ! Ne sont-ce pas les livres qui font tout le mal? Depuis le savant qui étudie le cours des astres, jusqu'au paysan qui épelle la Croix de par Dieu, tout ce qui sait lire ou apprend à lire est suspect.

Je comprends bien que le timbre est ici principalement le cachet de la barbarie ; c'est le *veto* suspensif mis sur la publication de la pensée ; mais pourtant ce timbre est la levée d'un impôt : je voudrois savoir, monsieur, la destination des sommes qui proviendront de cet impôt. Iront-elles à ces censeurs invisibles que j'ai jadis appelés un Saint-Office d'espions? Seront-elles tenues en réserve *pour acheter des procès?* Serviront-elles à augmenter les gages de la livrée ministérielle? ou bien (ce qui seroit plus juste) seront-elles employées à payer des soupes économiques pour nourrir les auteurs et les libraires que le projet de loi, admis, aura réduits à la mendicité?

Les imprimeurs seront responsables *des amendes, dommages et intérêts, et des frais portés par les jugements de condamnation des auteurs* (art. 22), le tout afin que les imprimeurs deviennent les *censeurs* officieux des auteurs, tant ce nom de censeur plaît au cœur et charme l'oreille!

On conçoit qu'un libraire pouvoit être enveloppé dans une condamnation pour un ouvrage obscène, impie ou calomniateur, pour un ouvrage où le délit flagrant frappe tous les yeux: mais quoi! l'imprimeur sera juge d'un ouvrage de science, de philosophie, de littérature? Si cet ouvrage est condamné par les tribunaux, l'imprimeur, qui n'y aura rien compris, portera la peine du délit dont il sera innocent! Il y a telle maison d'imprimeur-libraire qui compte quelque cent mille publications : vous voulez que l'imprimeur ait lu et compris ces cent mille ouvrages longs ou courts! Mais ne nous récrions pas trop contre cette palpable absurdité : elle a son dessein. On exige l'impossible de l'imprimeur, et pourquoi? Pour qu'il ne puisse paroître aucun ouvrage qui n'ait obtenu d'avance la sanction de la coterie qui nous opprime. Quel libraire en effet oseroit se charger sans garantie de l'impression d'un manuscrit, sous la menace d'un pareil projet de loi?

Le projet, dit-on, est conçu dans l'intention de mettre à l'abri les autels, de défendre la religion contre les productions scandaleuses de l'impiété.

Le projet, loin de protéger la religion, l'expose; loin d'arrêter le débit des ouvrages qu'on veut proscrire, il fera vendre toutes ces éditions rivales qui par leur multiplication restoient ensevelies dans les magasins. La France est fournie des OEuvres de Voltaire et de Rousseau pour deux siècles, et le projet de loi actuel n'aura pas une aussi longue durée. A moins d'ordonner la saisie des éditions publiées, on n'aura rien obtenu. Chose remarquable : on prétend venir au secours de la religion par le présent projet de loi, et l'on n'a pas même dans ce projet osé écrire le nom de religion! D'où vient cette réticence? Est-ce vraiment la religion que vous voulez défendre? Dites-le donc tout haut; apportez un projet qui ne blesse ni la propriété, ni les lois existantes, ni les libertés, ni les lettres, ni les talents, ni la civilisation. Ce projet sera examiné dans les deux Chambres; et s'il n'a visiblement pour but que le maintien des mœurs et la protection de la foi de nos pères, vous ne trouverez pas un vote pour le repousser.

Le projet de loi, dit-on encore, est calculé pour le châtiment des calomnies répandues sur la vie privée d'un citoyen.

D'abord, monsieur, il ne me paroît pas bien prouvé que ces petites biographies dont on a tant raison de se plaindre, et dont les tribunaux ont fait justice; il ne m'est pas bien prouvé, dis-je, que ces biographies n'aient pas été fabriquées à l'instigation d'un certain parti ennemi de la liberté de la presse, afin de rendre cette liberté odieuse et d'avoir un prétexte de la *détruire*.

Ensuite, il ne faut pas que les intérêts particuliers blessent les intérêts généraux. En prétendant venir au secours d'un honneur qui ne se plaint pas, prenons garde de nous interdire la censure des actes de l'autorité. Il y a des outrages d'une nature mixte, qui s'appliquent également à l'homme public et à l'homme privé: tâchons de ne pas venger la famille aux dépens de la société.

Quant à moi, monsieur, dans la crainte de l'intérêt qu'un défenseur d'office voudroit bien prendre à ma personne, je me hâte de profiter du bénéfice du dernier paragraphe de l'art. 20 du projet de loi; je déclare autoriser par la présente toute publication contre ou sur mes actes; je me range du côté de mon calomniateur, et je lui livre sans restriction ma vie publique et ma vie privée.

Je n'ai guère, monsieur, touché, dans cette lettre, qu'à la partie matérielle d'un projet de loi qui ajoute des amendes nouvelles à d'anciennes amendes, sans faire grâce des emprisonnements, sans révoquer le pouvoir abusif de supprimer le brevet du libraire, sans renoncer à la censure facultative, sans abolir la procédure en tendance, sans dispenser de la permission nécessaire pour établir une feuille périodique; permission qui réduit de fait la liberté de la presse à un simple privilége.

Mais lorsque, à la Chambre des Pairs, je parlerai du rapport moral du projet de la loi, je montrerai que ce projet décèle une horreur profonde des lumières, de la raison et de la liberté; qu'il manifeste une violente antipathie contre l'ordre de choses établi par la Charte; je prouverai qu'il est en opposition directe avec les mœurs, les progrès de la civilisation, l'esprit du temps et la franchise du caractère national; qu'il respire la haine contre l'intelligence humaine; que toutes ses dispositions tendent à faire considérer la pensée comme un mal, comme une plaie, comme un fléau. On sent que les partisans de ce projet anéantiroient l'imprimerie s'ils le pouvoient; qu'ils briseroient les presses, dresseroient des gibets, et éléveroient des bûchers pour les écrivains; ne pouvant rétablir le despotisme de l'homme, ils appellent de tous leurs vœux le despotisme de la loi.

Voilà, monsieur, ce que j'avois à exprimer aux personnes qui ont bien voulu m'écrire, et qui m'ont fait l'honneur d'attacher à mon opinion une importance que je suis loin de lui reconnoître. Je ne pouvois adresser à chacune de ces personnes une réponse particulière : je les prie de vouloir bien agréer en commun cette réponse publique.

Je ne puis, monsieur, en finissant cette lettre, me défendre d'un sentiment douloureux. N'avons-nous voté, dans l'adresse en réponse au discours de la Couronne, les libertés du Portugal que pour voir attaquer les libertés de la France? Ces dernières étoient-elles promises en expiation des premières? Quelle tendresse pour la Charte de don Pèdre! quelle indifférence pour la Charte de Louis XVIII!

Je crains qu'il n'y ait dans tout cela bien de l'aveuglement.

Ibant obscuri solâ sub nocte per umbram.

Quelques souvenirs, quelques ambitions, quelques rêveries particulières à des esprits faux, fermentent dans un coin de la France; n'allons pas prendre ces souvenirs, ces ambitions, ces rêveries, pour une opinion réelle, pour une opinion qu'il faut satisfaire; n'allons pas donner à la nation la crainte d'un système opposé à ses libertés. Les hommes qui ont souffert ensemble de nos discordes, également fatigués, se ré-

5.

signent à achever en paix leurs vieux jours ; mais nos enfants, ces enfants qui n'auront pas comme nous besoin de repos, n'entreront point dans ce compromis de lassitude : ils marcheront, et revendiqueront, la Charte à la main, le prix du sang et des larmes de leurs pères. On ne fait point reculer les générations qui s'avancent en leur jetant à la tête des fragments de ruines et des débris de tombeaux. Les insensés qui prétendent mener le passé au combat contre l'avenir sont les victimes de leur témérité : les siècles, en s'abordant, les écrasent.

DU RÉTABLISSEMENT
DE LA CENSURE

PAR L'ORDONNANCE DU 24 JUIN 1827.

AVERTISSEMENT.

La presse non périodique doit venir au secours de la presse périodique : je ne puis pas plus me taire sur la censure que M. Wilberforce sur la traite des Nègres. Des écrivains courageux se sont associés pour donner une suite de brochures ; on compte parmi eux des pairs, des députés, des magistrats. Tout sera dit, aucune vérité ne restera cachée. Si certains hommes ne se lassent pas de nous opprimer, d'autres ne se fatigueront pas de les combattre. Je remercie mes concitoyens de la confiance qu'ils me témoignent dans ce moment. J'ai reçu toutes leurs lettres, tous leurs renseignements, tous leurs avis : j'en ai fait et j'en ferai encore usage. Beaucoup d'ouvrages se préparent. M. Salvandy, dont le talent énergique est si connu, fera paroître le mois prochain une brochure sur l'état actuel des affaires. M. Alexis de Jussieu publiera dans quelques jours un écrit sur le même sujet. Ils m'ont prié d'annoncer leurs travaux : je m'en fais un devoir, car il est probable que les feuilles périodiques n'auront pas même la permission de citer *l'intitulé* des ouvrages. Cependant, un titre conçu d'une manière générale constitue-t-il un délit ? Voilà comment la censure sur les journaux est exercée, et comment elle nuit au commerce de la librairie : un livre non annoncé est exposé à rester dans les magasins : aussi la librairie est-elle menacée d'une nouvelle crise. Mais qu'importe tout cela à nos hommes d'état et à la stupide et violente faction qui désole la France ?

Si les propriétaires des journaux ont d'autres plaintes à porter contre la censure, s'ils jugent que je puisse faire entendre ces plaintes, ils me trouveront prêt à tout. Espérons que les lecteurs soutiendront plus que jamais les feuilles indépendantes de leur patronage : ils ne se laisseront pas décourager si la censure empêche pendant quelque temps les journaux non salariés de réfléchir aussi vivement qu'ils le faisoient. Le *silence politique*, les *blancs*, les *suspensions*, les *procès*, sont des preuves de constance et de zèle qui seront appréciées des amis du trône et de la Charte. Rallions-nous d'un bout de la France à l'autre contre les ennemis de nos libertés : patience et esprit public remporteront la victoire.

ÉPIGRAPHES.

On réclama hautement la liberté d'écrire et de publier ses pensées par la voie de l'impression; et la liberté illimitée de penser et d'écrire devint un axiome du droit public de l'Europe, un article fondamental de toutes les constitutions, un principe enfin de l'ordre social.

(Vicomte de Bonald, *séance des Députés*, 28 *janvier* 1817.)

Aujourd'hui que le gouvernement peut tout contre le citoyen, ne doit-il pas laisser au citoyen quelque abri contre un pouvoir si illimité? (*Id., ib.*)

Les gens habiles ne sont pas tous dans les conseils; et ceux-ci, placés à une juste distance des objets, ni trop haut, ni trop bas, peuvent savoir bien des choses qui échappent à l'attention ou à la préoccupation des hommes en autorité, et leur dire par la voie des journaux d'utiles vérités qu'ils ne voudroient pas enfouir dans les cartons d'un bureau, ni soumettre à la censure d'un commis.

Peut-être, au premier instant d'une explosion, les déclamations des journaux ne seroient pas sans quelque danger; mais à la longue, et lorsqu'on a à lutter contre des causes secrètes de désordre, leur silence ne seroit-il pas plus dangereux encore? L'État, si l'on veut, peut être troublé par ce que peuvent dire les journaux, mais il peut périr par ce qu'ils ne disent pas. Il existe un remède très-efficace contre leurs exagérations ou leurs impostures; il n'y en a point contre leur silence.

L'Angleterre a vu le danger, et a voulu s'en préserver en posant en loi la libre circulation des journaux comme la sauvegarde de l'État ; elle n'a pas cru que ce fût trop du public tout entier dont les journaux sont les sentinelles, pour servir de contre-poids au pouvoir immense d'un ministère responsable. (*Id., ib.*)

L'intérêt de la nation étant que les ministres soient éclairés, ils ne doivent pas fermer eux-mêmes la seule voie par laquelle l'opinion véritablement générale peut arriver jusqu'à eux. Y a-t-il beaucoup à craindre des journaux, aujourd'hui qu'ils sont devenus presque la seule lecture des honnêtes gens, et que les écrivains les plus estimables ne dédaignent pas d'y travailler? Sans doute ils écrivent les uns et les autres dans des principes différents : c'est un malheur inévitable, et qui a sa source dans l'opinion des deux principes monarchique et républicain du Gouvernement représentatif, que chacun, suivant votre opinion, cherche à entraîner de son côté. Heureuse la nation, dans de telles circonstances, où ce combat n'a pour champ de bataille que les journaux! L'opposition armée n'a cessé en Angleterre que depuis qu'elle est devenue littéraire. L'opposition des journaux amuse les partis et trompe les haines.

(*Id., ib.*)

« Que les représentants d'une nation, chargés de stipuler
» les droits et les garanties de la liberté civile et politique,
» confèrent, par une loi, à des hommes déjà armés du ter-
» rible droit d'emprisonner à volonté tout citoyen qui leur
» sera suspect, le droit plus étendu et plus dangereux d'é-
» touffer toute pensée qui leur sera odieuse, et qu'ainsi les
» ministres, au droit qu'ils ont d'agir seuls ajoutent le droit
» de parler tout seuls, c'est en vérité ce que tout législateur

» trembleroit d'accorder, même lorsqu'il croiroit, comme
» citoyen, la mesure utile. Ne seroit-ce pas compromettre,
» par ce dangereux exemple, la sûreté générale et future
» de l'État, en voulant lui ménager une tranquillité locale
» et temporaire? Et ce roi que la fable représente tenant
» tous les vents à ses ordres, pouvoit exciter moins de tem-
» pêtes qu'un ministère investi de tout pouvoir sur les corps
» et sur les esprits. »   (*Id., ib.*)

Il est digne de remarque que tous les journaux employés à grands frais par tous les Gouvernements qui se sont succédé, n'ont pu, malgré leur influence, en soutenir aucun; et que les journaux opposés, que la tyrannie a contrariés, tantôt à force ouverte, tantôt plus sérieusement, ont vu, ont fait à la fois triompher la cause qu'ils ont constamment défendue...

Les gens les plus distingués dans les lettres n'ont pas dédaigné d'écrire dans les journaux, et y ont défendu avec courage les principes conservateurs des sociétés... Dès-lors, une succession non interrompue de journaux amis de l'ordre a entretenu le feu sacré; ils l'ont entretenu par ce qu'ils disoient, et même par ce qu'ils ne disoient pas, lorsque, forcés de se taire, ou même de parler, ils laissoient apercevoir leurs opinions particulières sous la transparence des opinions commandées. C'est cette opposition constante qui a conservé toutes les bonnes doctrines qui ont à la fois prévalu: car il faut remarquer, à l'honneur de l'esprit national, que ces journaux sont les seuls qui aient joui d'une vogue constante, tandis que les autres n'ont pu se soutenir même avec les secours du Gouvernement; en sorte que l'on peut dire que le public a fait ces journaux, plus encore que les journaux n'ont formé le public, *parce que les journaux expriment l'opinion et ne la font pas*. Réflexion juste et profonde de M. de Brigode, et qui suffiroit à décider la question. (*Id., ib.*)

Avant que la presse fût libre, les chances en étoient moins assurées, parce que le pouvoir qui laissoit une libre carrière aux mauvaises doctrines avoit soin d'enchaîner les bonnes. Vainement les royalistes avoient-ils réclamé, dans l'intérêt public, cette liberté dont ils sentoient le prix; il leur a fallu du temps, beaucoup de temps pour la posséder, parce que leurs adversaires en redoutoient l'effet. Enfin, la faculté d'écrire, arrachée plutôt qu'obtenue, a muni les amis de la royauté d'armes égales à celles des ennemis qui veulent la détruire, et bientôt le nombre des lecteurs de chaque opinion a montré l'étendue de leurs forces relatives.

(M. le marquis D'HERBOUVILLE, *Conservateur*, t. VI, p. 62-63.)

N'a-t-on pas vu naguère que les journaux tombés sous le joug du despotisme étoient devenus des instruments d'oppression et de servitude? C'est la meilleure preuve du danger de subjuguer les journaux.

(M. CORBIÈRE, *séance des Députés*, 29 *janvier* 1817.)

Supprimer un journal, c'est ruiner le propriétaire; et cependant on se joue avec une cruelle indifférence de cette propriété. Le propriétaire est ruiné, sans même qu'on puisse lui imputer le plus souvent une faute réelle.

(*Id., ib.*)

« Si le ministre obtient le droit de donner ou de refuser
» arbitrairement l'autorisation aux journaux de paroître, il

» pourra la rendre onéreuse aux uns, la donner gratuitement
» aux autres, en favoriser quelques-uns, pour les mettre en
» mesure de se soutenir contre l'opinion; il pourra user des
» moyens les plus contraires aux droit garantis à tous les
» Français par les articles 1 et 2 de la Charte. »

(M. DE VILLÈLE, *séance des Députés*,
27 *janvier* 1817.)

DU RÉTABLISSEMENT
DE LA CENSURE
Au 24 Juin 1827.

Paris, 30 juin 1827.

Mon pays n'aura rien à me reprocher : resté le dernier sur la brèche, j'ai fait à la Chambre héréditaire le devoir d'un loyal pair de France; je remplis maintenant celui d'un simple citoyen. Il m'en coûte : déjà rentré dans mes paisibles travaux, je revoyois mes vieux manuscrits, je voyageois en Amérique : *Desertas quærere terras*. Rappelé subitement de la terre de la liberté, je reviens défendre cette liberté dans ma patrie, comme jadis j'accourus de cette même terre pour me ranger sous le drapeau blanc.

En quittant la tribune de la Chambre des pairs, le 18 de ce mois, je prononçai ces mots :

« Je vous dirai, messieurs, que ceux dont l'es-
» prit d'imprudence inspira le projet de loi

» contre la liberté de la presse n'ont pas perdu
» courage. Repoussés sur un point, ils dirigent
» leur attaque sur un autre ; ils ne craignent
» pas de déclarer à qui veut les entendre que
» la censure sera établie après la clôture de la
» présente session.

» Mais, comme une censure qui cesseroit de
» droit un mois après l'ouverture de la session
» de 1828 seroit moins utile que funeste aux
» fauteurs du système, ils songeroient déjà au
» moyen de parer à cet inconvénient : ils s'oc-
» cuperoient, pour l'an prochain, d'une loi qui
» prolongeroit la censure, ou d'une loi à peu
» près semblable à celle dont la couronne nous
» a délivrés.

» La difficulté, messieurs, seroit de vous faire
» voter un travail de cette nature, si d'ailleurs
» il étoit possible de déterminer les ministres
» eux-mêmes à l'accepter. Vous n'avez pas de
» complaisances contre les libertés publiques :
» quel moyen auroit-on alors de changer votre
» majorité? Un bien simple, selon les hommes
« que je désigne : obtenir une nombreuse créa-
» tion de pairs.

» Avant de toucher ce point essentiel, jetons
» un regard sur la censure.

» Les auteurs des projets que j'examine en
» ont-ils bien caculé les résultats? Quand on éta-

DE LA PRESSE. 81

» bliroit la censure entre les deux sessions, si
» cette censure, décriée par les ministres eux-
» mêmes, ne produisoit rien de ce que l'on veut
» qu'elle produise; si elle n'avoit fait que mul-
» tiplier les brochures; si le ministère avoit brisé
» le grand ressort du gouvernement représenta-
» tif, sans avoir amélioré les finances, sans avoir
» calmé l'effervescence des esprits; si, au con-
» traire, les haines, les divisions, les défiances
» s'étoient augmentées; si le malaise étoit devenu
» plus général; si l'on avoit donné une force de
» plus à l'opposition, en lui fournissant l'occa-
» sion de revendiquer une liberté publique, com-
» ment viendroit-on demander aux Chambres
» la continuation de cette censure? On conçoit
» que, du sein de la liberté de la presse, on ré-
» clame la censure sous prétexte de mettre un
» frein à la licence; mais on ne conçoit pas que,
» tout chargé des chaînes de la censure, on sol-
» licite la censure, lorsqu'on n'a plus à présen-
» ter pour argument que les flétrissures de cette
» oppression.

» L'abolition de la censure, le retrait de la
» loi contre la liberté de la presse, sont des bien-
» faits de Charles X; rien ne seroit plus témé-
» raire que d'effacer par une mesure contradic-
» toire le souvenir si populaire de ces bienfaits.
» Et quelle pitié d'établir au profit de quelques

» intérêts particuliers une censure qu'on n'a pas
» cru devoir imposer pendant la guerre d'Es-
» pagne, lorsque le sort de la France dépendoit
» peut-être d'une victoire! Nous nous sommes
» confiés à la gloire de Mgr le Dauphin; il n'est
» pas aussi sûr, j'en conviens, de s'abandonner
» à toute autre gloire; mais, enfin, que MM. les
» ministres aient foi en eux-mêmes; qu'ils nous
» épargnent la répétition des ignobles scènes
» dont nous avons trop souffert. Reverrons-nous
» ces censeurs proscrivant jusqu'aux noms de
» tels ou tels hommes, rayant du même trait de
» plume et les éloges donnés aux vertus de l'hé-
» ritier du trône, et la critique adressée à l'a-
» gent du pouvoir?

» Après avoir été témoins des transports
» populaires du 17 avril, on ne peut plus nier
» l'amour de la France pour la liberté de la
» presse. Dans quels rangs pourriez-vous donc
» trouver aujourd'hui des oppresseurs de la pen-
» sée? parmi des fanatiques qui couroient à la
» la honte comme au martyre, et parmi des
» hommes vils qui mettroient du zèle à gagner
» en conscience le mépris public. »

Me trompois-je dans les projets que j'annon-
çois? Mes frayeurs étoient-elles vaines? La haine
où la vérité dictoient-elles mes paroles?

Du moins un avantage me reste sur mes adversaires : point n'ai renié mes opinions ; je suis ce que j'ai été ; je vais à la procession de la Fête-Dieu avec le *Génie du Christianisme*, et à la tribune avec la *Monarchie selon la Charte*. Comme pair, j'ai prononcé plusieurs discours en défense de la liberté de la presse : j'ai écrit cent fois pour cette liberté dans le *Conservateur* et dans d'autres ouvrages. Pourquoi cette énumération ? pour me vanter, pour me citer avec complaisance ? Non : pour répondre à ces hommes qui, ayant trahi leur premier sentiment, veulent mettre leurs variations sur le compte des autres ; à ces hommes qui s'écrient : « Vous marchez ! » quand vous êtes immobile, ne s'apercevant pas que ce sont eux qui passent, et qui se figurent en changeant de place que l'objet offert à leurs regards s'est déplacé.

La liberté de la presse est devenue un des premiers intérêts de ma vie politique : j'en ai fait l'objet de mes travaux parlementaires. J'ose dire que ma position sociale, les opinions royalistes et religieuses que je professe donnent à mes paroles quelque crédit, lorsque je réclame cette liberté : on ne peut pas dire que je suis un révolutionnaire, un impie ; on le dit, il est vrai, aujourd'hui ; mais ce qu'il y a de curieux, c'est que ces obligeants propos sont tenus par les jacobins à la solde de ce prétendu parti religieux et royaliste, lequel j'ai poussé au pouvoir, en lui apprenant à bégayer contre nature la Charte et la liberté.

Il ne peut plus être question de poser les principes de la liberté de la presse; leur substance se trouve dans les épigraphes que j'ai mises, à la tête de cet écrit. La monarchie représentative sans la liberté de la presse est un corps privé de vie, une machine sans ressort. Au commencement de l'empire, des pièces d'argent avoient d'un côté ces mots : *Napoléon empereur,* et de l'autre côté : *République françoise.* Buonaparte frappoit ses monnoies au coin de la gloire, et elles avoient cours. Sous un gouvernement constitutionnel régi par la censure, on pourroit graver des médailles portant dans l'exergue : *Liberté*, et au revers : *Police*. Qui voudroit prendre ce faux billon à l'effigie du ministère ?

Laissons donc des principes avoués même par ceux qui les violent, et examinons les ordonnances du 24 de ce mois.

Elles sont sans préambule : l'ordonnance de la première censure étoit précédée d'un considérant accusateur des tribunaux. Les sycophantes du ministère firent entendre ensuite que cette insulte à la magistrature n'étoit que *pour rire*, et que l'approche de la mort du vénérable auteur de la Charte avoit été la vraie cause de l'établissement de la censure. On plaça la perte de la première des libertés publiques entre une offense et une douleur.

De quel considérant auroit-on pu accompagner les nouvelles ordonnances?

Des illuminations avoient brillé dans toute la France pour le retrait du projet de loi sur la liberté de la presse : auroit-on pu dire que cette *circonstance grave* obligeoit de les éteindre avec la censure?

La Garde nationale crie : Vive le Roi! Quelques voix isolées élèvent un cri inconvenant contre les agents du pouvoir : la Garde nationale est licenciée; on reçoit à Meaux la monnoie de ce licenciement. Auroit-il été convenable de faire de ces faits la raison du rétablissement de la censure?

Un déficit se rencontroit dans les recettes des premiers mois de l'année : étoit-ce là un bon prétexte pour suspendre la liberté de la presse?

Enfin, auroit-on pu déclarer qu'il falloit une ordonnance de censure, parce que les Ministres ne peuvent marcher avec la liberté de la presse? Des ordonnances sans considérant étoient donc ce qu'il y avoit de mieux.

La première remet en vigueur les lois du 31 mars 1820 et du 26 juillet 1821.

Le ministère est investi de ce droit par l'art. 4

de la loi du 17 mars 1822, ainsi conçu : « Si
» dans l'intervalle des sessions des Chambres,
» des circonstances graves rendoient momenta-
» nément insuffisantes les mesures de garantie
» et de répression établies, les lois des 31 mars
» 1820 et 26 juillet 1821 pourront être remises
» immédiatement en vigueur, en vertu d'une or-
» donnance du Roi délibérée en conseil et
» contresignée par trois ministres.

» Cette disposition cessera de plein droit un
» mois après l'ouverture de la session des Cham-
» bres, si pendant ce délai elle n'a pas été con-
» vertie en loi.

» Elle cessera pareillement de plein droit le
» jour où seroit publiée une ordonnance qui
» prononceroit la dissolution de la Chambre des
» Députés. »

Ainsi, pour imposer la censure il faut des *circonstances graves* qui rendent *momentanément insuffisantes les mesures de garantie et de répression établies.*

Et où sont-elles les circonstances graves? Des troubles ont-ils éclaté? l'impôt ne se perçoit-il plus? des provinces se sont-elles soulevées? a-t-on découvert quelque conspiration contre le trône? sommes-nous menacés d'une guerre étrangère, bien qu'il soit prouvé que M. le Dauphin n'a pas besoin de censure pour obtenir des triomphes? Si ces *circonstances graves* sont advenues, elles ne se sont pas déclarées tout à coup, le lendemain de la clôture de la session; elles existoient sans doute lorsque les Pairs et les Députés étoient encore assemblés : pourquoi n'en a-t-on pas parlé aux Chambres? les Ministres n'ont-ils pas été interpellés sur leurs projets? pourquoi n'ont-ils pas répondu? Si leurs desseins ne pouvoient supporter l'épreuve d'une discussion parlementaire, les circonstances n'étoient donc pas assez *graves* pour justifier la censure? Nous parlera-t-on du trône, de la religion, des insultes personnelles? les tribunaux sont là.

Le trône est trop élevé pour craindre les insultes : il s'agit bien moins de le mettre à l'abri que de rendre la royauté aussi douce, aussi populaire qu'elle l'est en effet : je ne connois rien qui s'entende mieux dans ce monde qu'un Roi de France et son peuple, quand des ministres insensés ne viennent pas troubler cette union.

Il ne s'agit pas d'empêcher qu'on parle légèrement du clergé : il faut nourrir les prêtres, les secourir quand ils sont vieux et malades, les mettre à même de déployer leurs vertus, de faire aimer une religion de miséricorde et de charité.

Il ne s'agit pas de prévenir les attaques personnelles : on ne diffame que ce qui peut être diffamé. Un honnête homme se défend par son propre nom, et accepte la responsabilité de sa vie. Si le vice impudent émousse l'action de la presse, il seroit étrange que la vertu patiente n'eût pas le même pouvoir.

Vous avez détruit la liberté de la presse : multipliez les espions. La censure est aujourd'hui, dans tous les sens, une véritable conspiration contre le trône.

Pour quiconque a la moindre bonne foi, il est évident que la censure a été rétablie dans le seul intérêt d'un incapacité colérique ; c'est pour une si noble nécessité que l'on attaque la Charte dans ses fondements, que l'on retire à la France des droits déjà confirmés par une possession paisible : il est dur d'en être là, après treize années de restauration.

Je n'insiste pas davantage : il est trop aisé d'ergoter sur la *gravité* des circonstances : chacun la voit dans la chose qui le touche. Un censeur soutient que les *circonstances sont graves*, parce qu'il veut que l'on mette les libertés publiques en régie ; l'espion trouve que les *circonstances sont graves*, lorsque tout se dit publiquement et qu'il n'a plus rien à dénoncer ; les *circonstances sont graves* aux yeux du sot dont on rit, de l'hypocrite qu'on démasque, de l'homme déshonoré qui redoute la lumière. Faut-il pour les assouvir leur livrer l'indépendance nationale? De quoi vivent les nations? de liberté et d'honneur : ne jetons pas aux chiens le pain des peuples et des rois.

Disons pourtant que tout le monde est frappé d'une certaine crainte de l'avenir, dans laquelle on pourroit voir une gravité des circonstances. Mais qui cause cette crainte? l'administration : l'inquiétude tient uniquement à ses actes. Toujours menaçant nos libertés, on se figuré qu'elle les veut faire disparoître; on se demande ce que l'on deviendroit si nos institutions étoient renversées; on tremble également de l'idée des attaques et des résistances. Pour guérir un mal qui est en elle, que fait l'administration? elle impose la censure : c'est diriger le vent sur un incendie.

Passons à la seconde ordonnance.

Je ne m'arrête pas aux deux noms propres placés dans une ordonnance réglémentaire. Des erreurs de cette nature sont si fréquentes au ministère de l'intérieur que cela ne vaut pas la peine d'en parler.

La censure facultative est dans l'art. 4 de la loi du 17 mars 1822; le ministère a donc eu le droit, si les circontances sont graves, de mettre la censure par la première ordonnance, et conséquemment de nommer des censeurs. Mais la seconde ordonnance rétablit le conseil de surveillance autorisé par une loi abolie : cela se peut-il ? Je ne le nie ni ne l'affirme : il y a matière à contestation.

Veut-on que ce conseil, né d'une ordonnance, et non d'une loi, ne soit qu'une commission chargée de surveiller les censeurs eux-mêmes ? Comment alors cette commission connoît-elle avec autorité compétente de la suppression provisoire d'un journal ?

Voici quelque chose de plus étrange : l'art. 9 de l'ordonnance dit : « Quand il y aura lieu, en » exécution de l'art. 6 de la loi du 31 mars 1820, » à la suppression provisoire d'un journal ou » écrit périodique, elle sera prononcée par *nous* » sur le rapport de notre Garde-des-sceaux. »

Quoi ! c'est le Roi qui ordonnera la suppression provisoire d'un journal ! c'est la royauté que l'on fera descendre à un pareil rôle ! c'est la couronne qui s'abaissera à des fonctions de cette nature ! c'est le pouvoir suprême qui luttera corps à corps avec la première de nos libertés ? Ministres, y avez-vous bien pensé ?

Que dit l'art. 6 de la loi du 31 mars 1820 ? Il dit : « Lorsqu'un propriétaire ou éditeur respon- » sable sera poursuivi, en vertu de l'article pré- » cédent, le *Gouvernement* pourra prononcer

» la suspension du journal ou écrit périodique
» jusqu'au jugement. »

Que faut-il entendre par ce mot *Gouvernement ?* Il faut entendre la Couronne, les deux Chambres, les juges inamovibles : pourroit-on jamais soutenir que le *Gouvernement est la personne royale toute seule ?* En Turquie, peut-être. Cette personne sacrée est-elle un juge qui prononce dans des cas infimes, en police correctionnelle ? La Couronne exécutant les propositions de sentence élaborées dans un tripot de censeurs ! la Couronne, qui seule a le droit de faire grâce, ajoutant par la suspension d'un journal aux rigueurs d'une loi d'exception ! Et si les tribunaux venoient ensuite à absoudre la feuille incriminée, le Roi seroit donc condamné ? Ministres, encore une fois, y avez-vous bien pensé ? On se sent comme oppressé par un mauvais songe.

Une troisième ordonnance nomme les membres du conseil de surveillance.

Ce n'est pas sans le plus profond étonnement et la plus profonde douleur qu'on y lit les noms de trois Pairs et de trois Députés. Je soutiens, sans hésiter, que des Pairs et des Députés ne peuvent pas être investis de pareilles fonctions sans y être formellement contraints en vertu d'un acte législatif. Ceux qui discutent et votent les lois, ceux qui sont les défenseurs naturels des libertés publiques, les gardiens de la constitution, ne sont pas aptes et idoines à composer une commission administrative de censure, uniquement établie par ordonnance. En prêtant leur serment comme Pairs et comme Députés, ils ont juré de maintenir la Charte; il leur est donc moralement interdit de faire partie d'un conseil créé pour la mise en vigueur d'une mesure qui suspend le plus sacré des droits accordés par cette Charte.

Les opinions particulières ne font rien à la question. Des Pairs et des Députés peuvent manifester à la tribune et dans leurs écrits ce qu'ils pensent contre la liberté de la presse; mais prendre une part active contre cette liberté, voilà ce qui ne leur est pas permis. Ce seroit bien pis dans le cas où leurs fonctions ne seroient pas gratuites, et où ils recevroient le prix d'une liberté : on assure que la France n'aura pas à rougir de ce dernier scandale. Si la presse pouvoit être enchaînée en Angleterre, je ne doute point que des lords et des membres des communes, volontairement ravalés jusqu'à des fonctions de censeurs, ne fussent admonestés par leurs chambres respectives à l'ouverture de la session : il y a des bienséances qui ont force de devoir.

Dans la position des Pairs et des Députés

membres du conseil de surveillance, tout est inconvénient et péril. Qu'un journal imprime, par exemple, les passages de discours servant d'*épigraphes* à cette brochure; les censeurs subalternes ne reconnoissant pas l'ouvrage de leurs supérieurs, croiroient ne pas avoir assez d'encre pour effacer ces effroyables lignes. Leur travail seroit porté au conseil de surveillance : que diroit le conseil?

Il y a toutefois des consolations à des choses affligeantes : MM. Caïx et Rio ont donné leur démission.

Le premier est un jeune professeur d'histoire, de beaucoup de savoir, d'un esprit très distingué, et qui a plus de mérite que de fortune. Il a joué sa place contre l'estime publique : c'est risquer peu pour gagner beaucoup.

Le second est pareillement un jeune professeur plein de talent : une illustration toute particulière le distingue. Pendant les Cent-Jours, dans la terre du royalisme, apparut tout à coup une armée d'enfants : les vieux avoient vingt ans, les jeunes en avoient quinze.

Tout ce qui se trouvoit entre ces deux âges, parmi les élèves du collége de Vannes, échangea ce qu'on peut posséder au collége de quelque valeur, contre des armes, et courut au combat. Quinze ou vingt élèves furent tués : les mères apprirent le danger en apprenant la mort et la gloire.

Une ordonnance royale constate ces faits : cette gloire de l'enfance est rappelée chaque année, selon le dispositif de cette ordonnance, dans une enceinte où l'on ne célèbre ordinairement que des triomphes paisibles : ce n'est pas loin du monument de Quiberon. Les trois officiers de cette singulière armée ont reçu la croix de la Légion-d'Honneur. M. Rio est un de ces trois officiers. C'est à un pareil homme que le ministère a proposé la honte : il l'a refusée.

La conduite de ce jeune professeur est une preuve de plus qu'on peut être fidèle à son prince, royaliste jusqu'au plus grand dévouement, religieux jusqu'au martyre, sans cesser d'aimer les libertés publiques.

On assure encore que M. Cuvier n'a pas accepté la place dans le conseil de surveillance. M. Cuvier a respecté sa renommée ; il a voulu la garder tout entière. Gloire aux lettres et aux sciences qui n'ont point trahi leur propre cause, qui se sont senties trop nobles pour porter la livrée d'un ministère, pour exécuter ses hautes-œuvres[1] !

---

[1] J'apprends à l'instant, en corrigeant mes épreuves, que MM. Fouquet et de Broë, et M. le marquis d'Herbouville,

DE LA PRESSE. 95

Je ne parle point des autres censeurs, ils ne sont plus que quatre. Quatre opérateurs suffisent-ils pour expédier tant de patients? Il y auroit donc des garçons censeurs, des adjoints secrets, des amateurs de police dont la récompense est dans le secret promis à leur nom. Ce syndicat anonyme auroit bien de la peine à soutenir le crédit de la censure, et à escompter le mépris public.

Maintenant examinons l'esprit et la marche de la nouvelle censure.

Cette censure se montre sous un jour nouveau; son caractère est doucereux, mielleux, patelin; elle a l'air d'être la fille du bon M. Tartufe. « Hé, mon Dieu! vous direz tout ce que » vous voudrez; on ne s'opposera qu'à ce qui » pourroit blesser la religion, le trône et les » mœurs. Nous aimons tant la religion et le

---

ont imité les nobles exemples qui leur avoient été donnés. L'esprit de la patrie et de la magistrature françoise devoit se retrouver tout entier. Il n'y a donc plus que trois censeurs et sept membres du conseil de surveillance. Espérons dans la contagion du bien : elle se propage facilement en France. *Le Précurseur,* journal de Lyon, annonce qu'on n'avoit pu trouver encore de citoyens réunissant les qualités nécessaires pour exercer les fonctions de censeur. A Troyes, les ordonnances du 24 juin étoient sans exécution le 27.

» trône, que nous n'avons jamais trahis! Nos
» mœurs sont si pures! faites de l'opposition
» tant qu'il vous plaira, vous êtes entièrement
» libre sur la politique; attaquez les ministres
» avec leur permission; nous savons qu'il n'y a
» point de gouvernement représentatif sans la
» liberté de la presse, et c'est pourquoi nous
» établissons la censure. La censure est l'âge
» d'or de la liberté de la presse.»

Tel est l'esprit de cette nouvelle censure : la naïve insolence de l'article du *Moniteur* du 26 juin prouve que nous restons même en-deçà de la vérité.

Je remarque d'abord une date singulière. Le manifeste ministériel, ou le vrai considérant des ordonnances du 24 juin de cette année, fait remonter ce qu'il appelle *la licence de la presse* au mois de juin 1824. Il revient plusieurs fois sur cette date; il parle de la *presse opposante* depuis 1824; il dit que depuis *trois* ans la presse a jeté des *nuages fantasmagoriques*; il redit en finissant le mal causé depuis *trois ans* par la licence de la presse.

Frappé de cette date précise, de cette extrême insistance, je me suis demandé ce qui étoit arrivé de si extraordinaire au mois de juin 1824, ce qui pouvoit causer la préocupation évidente de l'interprète des ministres. En me creusant la tête; et ne trouvant rien du tout dans ce mois de juin 1824, j'ai été obligé de me souvenir d'un événement fort ordinaire, fort peu digne d'occuper le public, ma sortie du ministère.

Si par hasard le jour de la Pentecôte, 6 juin 1824, avoit obsédé la mémoire de l'écrivain semi-officiel, c'est donc moi qui depuis trois ans serois la cause de *la licence de la presse?*

En rassemblant mes idées, je me souviens en effet qu'au moment de l'imposition de la censure, en 1824, *on déclara qu'on ne pouvoit aller ni avec moi ni sans moi.* Que faudroit-il conclure de ces dires? que je faisois la paix de la presse quand j'étois auprès du gouvernement; que je ralliois à la couronne les diverses opinions par mon côté religieux et royaliste, et par mon côté constitutionnel?

Hors du conseil du Roi j'aurois donc été suivi par tout ce qui s'attache aux doctrines de légitimité, de religion et de liberté que je professe invariablement. J'aurois donc tout brouillé, tout détaché de l'autorité; j'aurois donc excité les tempêtes, et ne pouvant m'arracher l'opinion que je soulève, force est de la bâillonner encore une fois.

Si tout cela étoit véritable, on eût été bien malavisé de méconnoître et de reconnoître à la fois mon *pouvoir;* ou on auroit commis une grande faute, en me précipitant du ministère aussi grossièrement qu'on eût chassé le dernier des humains. Telles sont les conséquences que mon amour-propre pourroit tirer des aveux de mes adversaires; grâce à Dieu, je ne suis pas assez fat pour me supposer une telle puissance. Si j'ai quelque force, je ne la tire que de la fixité de mes opinions, et surtout des fautes de ces hommes qui compromettent tous les jours le trône, l'autel et la patrie.

Après avoir fixé la date de la licence, le *Moniteur* déclare que les écrivains de l'opposition prévoyoient depuis un mois la censure, parce que le mot de censure *étoit écrit dans leur conscience.*

Tout le monde, non pas depuis un *mois*, mais depuis plus de *deux années*, annonçoit la perte de la plus *vitale de nos libertés*, parce qu'on n'ignoroit pas que M. le président du conseil avoit écrit un ouvrage en faveur du rétablissement de l'ancien régime, parce que l'on savoit que le ministère étoit trop foible pour marcher avec les libertés publiques, et parce qu'en multipliant les fautes et les projets, il avoit besoin de silence et de voile.

Le *Moniteur* nous dit *que pendant cinq années de liberté de presse l'autorité s'est refusée constamment à désespérer du bon sens national.*

Et c'est parce que *le bon sens national* a approuvé pendant cinq années la liberté de la presse que *l'autorité a désespéré de ce bon sens*, et qu'elle a fini par mettre ce fou dans la *chemise de force* de la censure! Et c'est ainsi que le *bon sens* des Ministres traite le *bon sens national*! C'est la misère même en délire : Buonaparte dans toute sa puissance n'auroit pas osé insulter ainsi la nation.

Pendant cinq années *des travaux ont été laborieusement suivis à travers les difficultés que la licence des écrits suscitoit sans cesse autour des projets les plus éclairés* (Moniteur).

Les projets les plus éclairés! Quels projets! le trois pour cent, le syndicat, la cession de Saint-Domingue par ordonnance et sans garantie de paiement, les avortons des lois? Mais ce ne sont pas les journaux qui ont rejeté ou refait les projets des lois; ce sont les Chambres à qui le *Moniteur* donne des éloges, offrant en exemple *l'ordre admirable qui règne dans les discussions parlementaires*.

Les gazettes prétendroient-elles au privilège d'être moins constitutionnelles, moins légales que les Chambres (Moniteur)?

Qu'est-ce qu'il y a de commun, dans les principes de la matière, entre les gazettes et les Chambres? Rien, si ce n'est la liberté de la parole, garantie à tous par la Charte. Or, met-on la censure sur la parole des orateurs ? Il me semble cependant qu'on a dit aux ministres dans les Chambres, tout aussi énergiquement que dans les journaux, qu'ils perdoient la France, qu'ils méritoient d'être mis en accusation. Les feuilles périodiques ont-elles témoigné plus de mépris aux agents du pouvoir que n'en a répandu sur eux cette phrase d'un éloquent député? « Conseillers de la couronne, auteurs de » la loi, connus ou inconnus, qu'il nous soit » permis de vous le demander : Qu'avez vous fait » jusqu'ici qui vous élève à ce point au dessus » de vos concitoyens, que vous soyez en état » de leur imposer la tyrannie?

» Dites-nous quel jour vous êtes entrés en pos-
» session de la gloire, quelles sont vos batailles
» gagnées, quels sont les immortels services que
» vous avez rendus au Roi et à la patrie. Obscurs
» et médiocres comme nous, il nous semble que
» vous ne nous surpassez qu'en témérité. La ty-
» rannie ne sauroit résider dans vos foibles
» mains; votre conscience vous le dit encore
» plus haut que nous [1]. »

Un peu plus loin le *Moniteur* appelle l'admi-

---

[1] Discours de M. Royer-Collard sur le projet de loi de la presse, 14 février 1827.

nistration un *pouvoir constitutionnel*. Le mot est curieux : il prouve comment les publicistes du ministère entendent la Charte.

Les résultats de la censure telle que la voilà... paroissent si peu incertains aux vrais amis de la liberté de la presse, que pour eux le triomphe de celle-ci ne date que de ce jour... La censure ne laissera subsister que des réalités (Moniteur).

Ainsi, c'est la *censure* qui est la *liberté de la presse*. A merveille! N'est-ce pas là le *pieux guet-à-pens* de Pascal?

La censure ne laissera subsister que les réalités; ajoutez *ministérielles*, et le sens de la phrase sera complet.

Le *Moniteur* porte ensuite un défi à l'opposition : il l'appelle en champ clos, bien entendu qu'il combattra cuirassé de la censure, et que l'opposition toute nue sera menacée des ciseaux des censeurs.

Les ministres, par l'organe de leur champion, qui se promène bravement dans la solitude du *Moniteur* en attendant les passants, s'étendent sur la garantie qu'offre la composition du conseil de surveillance. Tout en respectant le caractère des hommes, en rendant hommage à leurs vertus privées, ce ne sont pas des partisans avoués du pouvoir absolu qui pensent rassurer les citoyens sur les libertés publiques.

Si le conseil de surveillance n'est pas rempli des créatures des ministres, il l'est et le doit être de leurs amis; il est naturel que l'autorité choisisse des hommes dans ses opinions.

En dernier résultat, le ministère est tout dans cette affaire, puisqu'il peut nommer et changer à son gré les membres d'un conseil dont les places ne sont pas inamovibles. N'est-ce pas un ministre, n'est-ce pas M. le garde-des-sceaux qui instrumente dans les cas graves, après avoir pris seulement l'*avis* du conseil de surveillance? Ce conseil n'est au fond qu'une imitation de la commission de la liberté de la presse, placée par Buonaparte auprès du sénat : il produira le même bien; on écrira tout aussi librement que dans le bon temps de M. Fouché.

Le Montesquieu du *Moniteur* termine son apologie par cette phrase digne du reste : « *Les* » *amis véritables de la liberté de la presse se* » *croient affranchis, par les ordonnances du* » *24 juin, d'une insupportable tyrannie qui pe-* » *soit sur le pays, et ils ne voient que l'émanci-* » *pation de la liberté dans la censure de la li-* » *cence.* »

Rien de si commun dans l'histoire de la politique que les consolations dérisoires offertes à la victime : c'est toujours pour leur plus grand bien que l'on a opprimé les hommes.

Un député ministériel, argumentant contre une proposition faite par un membre de l'opposition, disoit que cette proposition étoit renouvelée de Robespierre. Puisque les hommes qui nous combattent se permettent ces comparaisons odieuses, qu'il soit permis de dire, avec plus de justesse, que l'article du *Moniteur* ressemble à ces fameux récits d'un rhétoricien tout aimable, tout sensible, tout doux, qui prenoit les malheurs du beau côté : récits que ses contemporains appeloient, à ce que je crois, d'un nom propre assez ridicule.

Il falloit répondre au manifeste du ministère : à présent je conseille à chacun de laisser en paix le *Moniteur*; le citer, c'est le tirer de son obscurité. Le chevalier de la censure seroit charmé qu'on voulût jouter avec lui; ne nous chargeons pas de mettre au jour les pauvretés officielles.

Au surplus, à travers le langage de l'écrivain confit en politique, le but où il veut aller est visible.

Un citoyen du Mans, chapon de son métier,
Étoit sommé de comparoître
Pardevant les lares du maître,
Au pied d'un tribunal que nous nommons foyer.
Tous les gens lui crioient, pour déguiser la chose,
Petit, petit, petit...

Mais avant de montrer comment, si l'on donne dans le piége, la censure passagère et accommodante de Tartufe pourroit engendrer la censure perpétuelle et fanatique de la faction, il est bon de s'arrêter un moment : apprenons d'abord au public ce qu'il doit croire de la bénigne censure.

Je suis fâché de descendre à des détails peu dignes; mais qui les racontera si je ne les révèle? Ce n'est pas sans doute les journaux. Au moment où les institutions de la Charte sont en péril, il ne s'agit ni de moi, ni de personne; il s'agit de la France : il faut qu'elle sache ce que c'est que cette *honorable* censure, cette *impartiale* inquisition établie pour la plus grande gloire de la liberté.

Premièrement il est convenu, autant que possible, entre les recors de la pensée, que les *blancs* n'auront pas lieu. En effet, les *blancs* qui annoncent les *suppressions* mettent le lecteur sur ses gardes; c'est comme s'il lisoit le nom de la *censure*, écrit au haut du journal : on craint l'effet de ce nom honteux. Esclaves, soyez mutilés, mais cachez la marque du fer; subissez la torture, mais donnez-vous garde de paroître disloqués; portez des chaînes avec l'air de la liberté. Dans ces injonctions machiavéliques, la censure a au moins la conscience de son ignominie c'est quelque chose.

DE LA PRESSE. 105

„Comment peut-on forcer les feuilles périodiques à remplir les *blancs* que laissent les retranchements de nosseigneurs? elles ne peuvent y être contraintes au nom de la loi. — D'accord ; mais voici ce qui arrive.

On dit à un journal : « Si vous laissez des
» *blancs*, on vous mettra des entraves qui ren-
» dront impossible la publication du journal
» pour le lendemain. »

On dit à un second journal : « Si vous laissez
» des *blancs*, nous accorderons à une autre feuille
» la permission de donner une nouvelle que nous
» retrancherons dans la vôtre. »

On dit à un troisième journal: Si vous laissez
» des *blancs*, nous exercerons sur vous la cen-
» sure dans toute sa rigueur; nous ne vous pas-
» serons pas un mot, nous vous réduirons au
» néant. »

Les journaux menacés couvrent leurs plaies. Aux *Débats* à la *Quotidienne*, des passages ont été supprimés : comme ils les ont immédiatement remplacés, le public ne s'est aperçu de rien. La *France chrétienne*, la *Pandore* et quelques autres feuilles ont paru avec la robe d'innocence de la censure [1].

---

[1] La petite pièce vient après le drame : ou a rayé sur le *Figaro* la vignette représentant Figaro et Basile. Un petit

On a rayé dans le *Journal des Débats* un article de la gazette d'Augsbourg qu'on a laissé dans le *Constitutionnel*. Demain ce sera le tour de celui-ci ; on lui défendra ce qu'on aura permis aux *Débats*, si les *Débats* sont dociles.

Dans un article du *Journal des Débats*, où l'on proposoit M. Delalot comme candidat aux électeurs d'Angoulême, la censure a barré ces lignes : « Si la carrière législative de M. Delalot » fut courte, on n'a point oublié ce qu'il fallut » de manœuvres pour l'abréger. Nous espérons » sincèrement revoir bientôt à la tribune M. De- » lalot vouer à la défense du trône et des libertés » publiques tout ce qu'elles ont droit d'attendre » de son éloquence et de son inébranlable fer- » meté. Son nom est l'effroi des ministres enne- » mis de la Charte, et qui trahissent les doctrines » qui les portèrent au pouvoir. »

On a rayé l'annonce de la démission de messieurs Caïx et Rio. On se venge du courage de ces hommes d'honneur, en les laissant sous la flétrissure de la faveur ministérielle [1].

---

journal avoit annoncé le mélodrame des *Natchez*, tiré, disoit-il, d'un *admirable* poëme ; on a rayé le mot *admirable*, et on a bien fait. Le censeur a eu raison comme critique, mais tort comme censeur, etc.

[1] A mesure que j'écris, les renseignements m'arrivent de toutes parts. Le rédacteur en chef du *Journal de Commerce*

Enfin il s'agissoit d'annoncer la présente brochure de cette manière modeste : *On assure que M. de Châteaubriand va faire paroître un écrit* SUR *le rétablissement de la censure.*

Je savois que l'avertissement seroit refusé ; il l'a été. Ainsi des professeurs honorables ne sont pas libres de faire connoître qu'ils n'acceptent pas une place ; un *Pair de France* ne peut pas faire dire qu'il va publier quelques pensées sur une question qui touche aux lois politiques, à l'existence même de la Charte : voilà l'*impartiale* censure !

Pourra-t-on croire que c'est sous un conseil de surveillance composé de Pairs, de Députés et de Magistrats que les droits les plus légitimes sont ainsi méconnus ? M. le vicomte de Bonald, que j'appelois encore il y a quelques jours à la tribune mon illustre ami, peut-il consentir à couvrir de son noble nom de pareilles lâchetés, de

me donne connoissance de ses colonnes condamnées. J'y vois des suppressions étranges, et un manque complet de bonne foi, puisqu'on a retranché jusqu'à des réponses faites à des assertions qui se trouvoient dans des journaux ministériels ; remarquez qu'aux termes de la loi on auroit le droit de forcer les feuilles attaquantes à imprimer la réponse. Ce cas peut souvent se présenter : les censeurs auroient-ils le droit d'effacer ce que la loi ordonne positivement ?

telles turpitudes, lui dont les ouvrages ont aussi été proscrits, et qui a subi comme moi les outrages de la censure ?

Nous verrons s'il en sera de ma brochure nouvelle comme de la *Monarchie selon la Charte*; si défense sera faite aux journaux d'en parler ; si la poste refusera de la porter ; si les commis qui la liront seront destitués ; si les préfets la poursuivront dans les provinces, et menaceront les libraires qui s'aviseroient de la vendre ; si enfin M. le président du conseil, qui a tant à se louer de la *Monarchie selon la Charte*, et qui m'en a fait des remerciements si obligeants, agira aujourd'hui comme le ministre dont il étoit alors le violent adversaire.

Ces précautions ministérielles devroient me donner beaucoup d'orgueil, n'eussé-je à déplorer tant de misères. La religion est bien malade, si elle peut craindre l'auteur du *Génie du Christianisme*; la légitimité est en péril, si elle redoute l'homme qui a donné la brochure de *Buonaparte et des Bourbons*, rédigé le rapport fait au Roi dans son conseil à Gand, et publié le petit écrit : *Le Roi est mort, vive le Roi!*

Mais ce que je viens dire par rapport à mon nouvel opuscule n'est déjà plus d'une vérité rigoureuse ; le sol est mouvant sous nos pas. Ce que l'on a refusé au *Journal des Débats*, à la *Quotidienne*, au *Courrier*, on l'a permis encore au *Constitutionnel*. On lit ces deux lignes dans sa feuille du 28 : *On annonce l'apparition prochaine d'un nouvel écrit de M. de Châteaubriand.*

Quel écrit ? la censure n'aura pas sans doute laissé ajouter : *sur la censure*. Libre aux lecteurs de penser qu'il s'agit d'une nouvelle livraison de mes *Œuvres complètes*. Le lendemain 29, il a été loisible à la *Quotidienne* et au *Courrier* de répéter la petite escobarderie.

Encore quelques jours, et vous serez témoin de ce qui adviendra. On ne commande point aux passions; ceux qui jouissent du pouvoir absolu ont beau se promettre de s'en servir avec sobriété, le despotisme les emporte; ils s'irritent des résistances; bientôt ils trouvent que c'est une duperie d'avoir en main l'arbitraire, et de ne pas en user largement.

D'un autre côté, le parti qui domine le ministère prétend dire ce qui lui plaira. Si la censure veut l'enchaîner, il menacera; il faudra lui obéir, et l'extrême licence des feuilles périodiques se placera auprès de l'extrême esclavage.

Voulez-vous juger jusqu'à quel point la presse est libre sous la censure ? Que la *Quotidienne* essaie de rappeler la violence exercée sur M. Hyde de Neuville; qu'elle parle des services méconnus, de l'ingratitude dont on use envers les royalistes ; qu'elle déclare qu'on n'auroit jamais dû reconnoître une république de nègres révoltés; qu'elle demande si Boyer payera ce qu'il doit; qu'elle invite les électeurs à ne nommer que des royalistes opposés aux volontés du ministère, et vous verrez si la gracieuse censure laissera passer deux mots de tout cela.

Que les *Débats*, le *Constitutionnel*, le *Courrier*, la *France chrétienne*, le *Journal du Commerce*, fassent à leur tour, chacun dans la nuance de son opinion, des articles comme ils en faisoient il y a seulement quatre ou cinq jours; qu'ils passent en revue les fautes du ministère, qu'ils signalent ses erreurs, qu'ils rappellent et le trois pour cent, et le syndicat, et le droit d'aînesse, et la loi sur la presse, et les funérailles du duc de Liancourt, et le licenciement de la garde nationale; qu'ils répètent ce qu'ils ont dit mille fois sur l'incapacité du ministère, sur le mal qu'il fait à la France ; enfin, que, réclamant toutes nos libertés, ils s'élèvent avec chaleur contre la censure, et vous verrez si la censure leur laissera cette indépendance.

La prétendue douceur de la censure est donc pure jonglerie. Il ne s'agit d'ailleurs ni de douceur, ni de rigueur; la liberté de la presse est un principe, principe vivant du gouvernement représentatif. Ce gouvernement ne peut exister avec la censure, modérément ou violemment exercée. La liberté de la presse n'est point la propriété d'un ministère ; il ne doit point en user à son gré et selon son tempérament. Aujourd'hui le ministère sera bénévole; demain il aura de l'humeur, et la liberté de la presse suivra l'inconstance de ses caprices. Un ministère peut changer; un autre ministère peut survenir, avec un système tout contraire aux intérêts que l'on prétend protéger aujourd'hui, et il emploiera la censure à ses fins. Que chacun fasse ce raisonnement dans son opinion particulière, et l'on demeurera convaincu que la censure blesse les intérêts divers, pour n'en favoriser qu'un, variable selon la variation du pouvoir.

Si la censure facultative et momentanée est déjà une si grande peste, quel fléau ne deviendroit-elle pas, changée en censure perpétuelle ou centenaire! Tous les ménagements disparoîtroient : on se moqueroit des dupes et du cri des opprimés, lorsqu'on auroit rivé leurs chaînes. Dans le silence de l'opinion, la faction essayeroit de renverser l'ouvrage de Louis XVIII, d'annuler le contrat entre la vieille et la nouvelle génération, de déchirer le traité réconciliateur du passé et de l'avenir.

C'est ici qu'il faut montrer le but caché de ceux qui ont si imprudemment poussé les ministres à rétablir la censure. Mon opinion (puissé-je me tromper!) est que cette censure provisoire pourroit devenir le type d'un projet de loi que l'on espéreroit obtenir pour la session prochaine. On se flatteroit que de nouveaux pairs, introduits dans la chambre héréditaire, applaniroient les difficultés. Tout changeroit alors si l'on obtenoit la victoire. La pensée seroit enchaînée jusqu'au jour des révolutions. Le silence ne sauve point les empires : Buonaparte, avec la censure, a péri au milieu de ses armées.

J'ai la conviction qu'on échappera au malheur que je redoute, en évitant ce qui peut nous perdre.

Si les feuilles périodiques acceptoient la liberté dérisoire qu'on leur offre; si, sous la verge des commandeurs, elles consentoient à faire une demi-opposition, elles s'exposeroient au plus grand péril. On viendroit à la session prochaine entonner dans les Chambres les louanges d'une censure destructive de *la licence* et conservatrice de *la liberté*; on apporteroit en preuve les articles même des journaux; on liroit d'une voix retentissante ce qu'on leur auroit laissé dire dans le sens de leurs opinions diverses. Si, par malheur, on avoit réellement présenté une loi de censure, l'argument tiré de la liberté censurée des journaux paroîtroit irrésistible. Avec des larmes d'attendrissement et d'admiration pour de si magnanimes ministres, seroit-ce trop que de leur faire, à eux et à leurs successeurs, présent à toujours, de la liberté de la presse? Des entraves méritées enchaîneroient des mains trop obéissantes.

Quant à moi, je ne consentirai jamais à faire de la liberté *avec licence des supérieurs* : on n'entre aux bagnes à aucune condition. Rompre des lances pour des libertés publiques, sous les yeux des hérauts de la censure; danser la pyrrhique en présence des gardes-chiourmes, qui applaudissent à la dextérité des coups, à la grâce des acteurs, seroit imiter ces esclaves qui faisoient des tours d'escrime et des sauts périlleux pour le divertissement de leurs maîtres. Passoient-ils la borne prescrite, le fouet les avertissoit qu'ils n'étoient que des baladins ou des gladiateurs.

Les principes les plus utiles perdent leur efficacité quand ils sont timbrés du bureau d'un inspecteur aux pensées. On ne croit point à un

---

[1] Une gazette ministérielle a avancé qu'excepté le *Courrier françois*, les journaux de l'opposition se sont prononcés pour la censure. Cette feuille ment, mais on voit sa pensée.

journal censuré : le bon sens enseigne que si l'on permet à tel journal de dire telle chose, c'est que le ministère y a un intérêt secret : la vérité devient mensonge en passant par la censure.

Les mêmes hommes que l'on traitoit si rudement il y a quelques jours sont-ils devenus des saints parce qu'ils ont mis la censure? ont-ils une vertu de plus parce qu'ils ont fait un mal de plus? leurs fautes sont-elles effacées parce qu'ils ont ordonné le silence? si hier ils perdoient la France, la sauvent-ils aujourd'hui? On leur faisoit de grands reproches : ou ils ne mériteroient plus ces reproches, s'ils consentoient à se les laisser adresser; ou ils mépriseroient assez leurs adversaires pour leur permettre des arguments de rodomont, visés à la police; ou l'on auroit l'air de remplir un rôle de compère avec eux.

Ce qu'ils veulent surtout, les ministres, c'est produire une illusion de gouvernement représentatif. Marionnettes dont les fils seroient tirés par la censure, nous ferions une mascarade d'opposition; la France deviendroit une espèce de Polichinelle de liberté, parlant fièrement d'indépendance; et puis quand la farce seroit jouée, un espion de police laisseroit retomber le sale rideau.

Lâcherons-nous la réalité pour l'ombre? sommes-nous des vieillards tombés en enfance, qu'on amuse avec des hochets politiques? et pour peu qu'appuyés sur notre béquille, nous donnions l'essor à nos vaines paroles, aurons-nous de la Charte tout ce que nous en désirons? Une nation qui, renonçant à la seule surveillance digne d'elle, la surveillance des lois, contreferoit une nation libre sous la tutelle d'un gardien payé, seroit-elle assez dégradée?

Je n'ai point la prétention de tracer une marche aux amis des libertés publiques, et l'on me contesteroit à bon droit mon autorité. Je pense que si l'opposition suit diverses routes, elle a comme moi l'horreur de la censure, qu'elle cherche comme moi le moyen le plus sûr de briser cet infâme joug. J'expose seulement mes idées, mes craintes; on peut voir mieux que moi, mais je dois compte aux gens de bien de ma manière de comprendre la question du moment.

Si le *Conservateur* existoit encore ; si je dirigeois encore cette feuille avec MM. de Villèle, Frénilly, de Bonald, d'Herbouville et mes autres nobles et honorables amis, voici ce que je leur proposerois : Continuer d'écrire comme si la censure n'existoit pas.

On supprimeroit les articles : nous laisserions des *blancs* pour protester contre la violence.

Le journal seroit exposé à toutes sortes de vexations, il ne paroîtroit pas à jour fixe, il seroit retardé de vingt-quatre heures : tant mieux ! ces persécutions rendroient la censure plus odieuse. Une page blanche est un article que les abonnés lisent à merveille, et dont ils sentent tout le prix.

On nous feroit peut-être des procès pour *crime de blancs*, comme on condamnoit jadis les aristocrates taciturnes : tant mieux ! Nous ferions des procès à notre tour; nous appellerions le conseil de surveillance et les censeurs devant les tribunaux. Il faudroit plaider; nous traînerions au grand jour les ennemis ténébreux de nos libertés, et nous ne *vendrions pas nos procès* aux marchands de conscience.

Enfin, nous réimprimerions à part tous les huit jours, en forme de brochure, les articles supprimés; car, chose remarquable, et qui explique toute la censure ! les articles incriminés par elle seroient innocents devant les tribunaux : le censeur condamne ce que le magistrat acquitteroit.

Enfin, jamais nous n'engagerions le combat avec les écrivains ministériels dans la lice de la censure; et quand nous ne pourrions pas parler de politique en pleine et entière liberté, nous parlerions littérature [1].

En ma qualité de pair de France, je ne puis me défendre d'une réflexion pénible. Une censure facultative, accordée pour le besoin de la couronne dans des circonstances graves, n'a paru au législateur qu'une prévoyance utile. Hé bien! que résulte-t-il aujourd'hui de cette malheureuse facilité à livrer au pouvoir les libertés publiques? Avec quelle circonspection, avec quelle prudence ne faut-il donc pas discuter et voter des lois!

Il n'est plus temps de se le dissimuler : la marche que suit le ministère peut conduire à une catastrophe. Se suspendre un moment aux parois des abymes est chose possible, mais il faut finir par y tomber. On sent que l'embarras est grand pour des hommes qui se préfèrent à leur patrie. Hors du pouvoir que seroient-ils? Écrasé du fardeau des responsabilités qui pèsent sur sa tête, tantôt en voulant corrompre les journaux, tantôt en essayant de faire passer un projet de loi détestable, tantôt en recourant à la

---

[1] La littérature n'est pas plus épargnée que la politique. Le *Journal des Débats* a paru avec deux colonnes blanches, au risque de redoubler l'humeur censoriale : c'est un article littéraire qui a été supprimé.

censure, tantôt en menaçant les rentiers d'une conversion, tantôt en licenciant la garde nationale de Paris, le ministère a créé une immense impopularité. Il a mis de toutes parts des haines en réserve; il a cherché la force dans la police et dans les médiocrités : autant demander la vie au néant.

Les choses humaines ne sont pas stationnaires: les années, les jours, les heures, amènent les événements; le temps moissonne plus d'hommes dans une minute que le faucheur n'abat d'herbes dans la même minute. Le terme de la septennalité approche : que fera-t-on? des élections? Qui sera élu?

Les royalistes dispersés, persécutés, reniés, ne sont plus réunis comme au temps du *Conservateur*. Ceux d'entre eux qui ont porté le poids des ruines de l'ancienne monarchie sont au bord de leur tombe : ils feroient bien un effort pour aller mourir aux pieds du roi, mais c'est tout ce qu'ils pourroient faire.

Les partisans de l'usurpation ou de la république, s'il en est encore, se réjouissent de ce qu'ils voient.

La France nouvelle, la France constitutionnelle et monarchique est blessée ; elle croit que le ministère veut lui ôter ce que le roi lui a donné : au moment où l'on a parlé de tant de projets funestes, la censure lui semble être le moyen que la coterie s'est réservé pour les accomplir.

La France raisonnable et éclairée ne peut concevoir une administration qui choque tous les intérêts, qui traite les amis de la royauté comme les ennemis de la couronne; une administration qui, dans l'espace de trois années, met, ôte et remet la censure, qui fait des lois et les retire, qui s'en prend aux tribunaux, qui ne daigne pas même répondre lorsqu'on lui dit qu'elle sera entraînée à violer le principe de la pairie; une administration qui traite une capitale de sept cent mille habitants où le roi réside, comme elle traiteroit une province de l'Auvergne et du Berry; une administration qui frappe brutalement avec un bras débile, et qui, n'étant capable de rien, se laisse soupçonner de tout.

Dans ce siècle, on ne tient point devant l'opinion : les idées sont aujourd'hui des intérêts, des puissances; mettez-les de votre côté. Prenez y garde; si les journaux ont fait tout le mal, il faut maintenant que tout aille bien sous la censure : si le mal continue, il est de vous.

On se demande en vain ce que feront les ministres. Essaieront-ils de changer la loi des élections avant une époque fatale ? Il n'y a point de loi d'élections, à moins qu'elle ne nomme des députés d'office qui donnent aux ministres une majorité. Loin de calmer l'opinion, le silence imposé par la censure ne fera que l'irriter.

Se porteroit-on à des mesures sortant des limites de la Charte? l'impôt ne rentreroit plus.

L'affectation que les parasites du pouvoir mettent à parler de soldats et d'armée fait sourire un peuple militaire qui a vu la garde impériale au retour d'Austerlitz et de Marengo, qui a vu les rois de l'Europe expier à la porte des Tuileries l'inhospitalité dont ils s'étoient rendus coupables envers le véritable maître de ce palais : c'est avec les arts et les libertés constitutionnelles qu'on pouvoit faire oublier la gloire. Que nous donnent les anti-chartistes en place de celle-ci? la censure et le ministère : c'est bien peu.

Hé quoi! le plus pur sang de la France auroit coulé pendant trente années; le trône auroit été brisé; nous aurions vu nos biens, nos amis, nos parents, et jusqu'aux tombeaux de nos familles s'abymer dans le gouffre révolutionnaire; nous aurions combattu l'Europe conjurée, et tout cela pour conquérir la censure que nous avions en 1789! A force de malheurs et de victoires, quand, sur la poussière des générations immolées, nous sommes parvenus à relever le trône légitime, le résultat de tant d'efforts seroit de confier à des êtres obscurs, dont le nom n'a pas dépassé le seuil de leur porte, la dictature de l'intelligence humaine!

Non! il y a des choses impossibles. Vous établissez, dites-vous, la censure, aux termes de la loi, pour des *circonstances graves*. C'est la censure qui fera naître ces circonstances; elles renverseront le pouvoir ministériel : puissent-elles n'ébranler que lui!

Je réclame la liberté de la presse avec la conscience d'un sujet fidèle, fermement convaincu qu'il combat pour la sûreté du trône. Ne nous y trompons pas : la liberté de la presse est aujourd'hui toute la constitution. Nous ne sommes pas assez nourris au gouvernement représentatif; ce gouvernement n'a pas encore jeté parmi nous des racines assez profondes pour qu'il existe de lui-même : c'est la liberté de la presse qui le fait. Ce n'est pas la Charte qui nous donne cette liberté, c'est cette liberté qui nous donne la Charte. Elle seule, cette liberté, est le contre-poids d'un impôt énorme, d'un recrutement que l'on peut accroître à volonté, d'une administration despotique laissée par la puissance impériale; elle seule fait prendre patience contre des abus de l'ancien régime, qui renaissent avec les hommes d'autrefois; elle seule fait oublier les scandaleuses fortunes gagnées dans la domesticité, et qui surpassent celles que les maréchaux ont trouvées sur les champs de bataille. Elle console des disgrâces; elle retient par la crainte les oppresseurs; elle est le contrôle des mœurs, la surveillante des injustices. Rien n'est perdu tant qu'elle existe; elle conserve tout pour l'avenir; elle est le grand, l'inestimable bienfait de la restauration. Qu'avoient nos rois à nous offrir en arrivant de l'exil? leur droit, les souvenirs de l'histoire, l'adversité et la vertu : ils y ont ajouté la liberté de la pensée, et cette France pleine de génie est tombée à leurs pieds.

La patrie invoque aujourd'hui la déclaration de Saint-Ouen, la Charte, les serments de Reims. Charles X n'a pas juré en vain sur le sceptre de saint Louis : la liberté sera plus belle quand elle nous sera rendue par la religion et l'honneur.

POST-SCRIPTUM.

Dimanche, 1ᵉʳ juillet 1827.

J'écrirois aussi long-temps que durera la censure, que je ne pourrois suffire à noter toutes ses persécutions. Voici quelques nouveaux faits que j'ai encore le temps de rapporter.

Le *Journal des Débats* donne le 27 juin un article littéraire ; la censure y trouve quelques mots, quelques phrases à reprendre ; elle barre l'article entier, et rend le reste approuvé du journal à onze heures du soir.

Le lendemain, 30 juin, qu'arrive-t-il ? on envoie comme de coutume la double épreuve exigée à la censure. Le porteur de l'épreuve attend jusqu'à dix heures du soir, et demande l'épreuve qui doit être rendue avec le *visa* de la censure : on lui remet une des deux épreuves non visée, en lui disant que les censeurs se sont retirés.

Le *Journal des Débats* avoit par hasard le reste d'une ancienne épreuve approuvée, il s'en sert pour que ses feuilles ne soient pas entièrement blanches, et le journal paroît dans l'état où la France a pu le voir.

N'est-il pas évident qu'en adoptant ce système de *non censure*, on peut, par le fait, supprimer un journal ? car si toutes les colonnes du journal sont *non censurées*, ou le journal paroîtra tout en blanc, ou il ne paroîtra pas du tout ; ou s'il paroît avec des articles *non censurés*, aux termes de la loi, il sera suspendu.

Peut-on voir une plus odieuse, une plus abominable persécution de la presse? Y a-t-il des termes assez forts, des expressions assez vives, pour rendre l'indignation qu'elle inspire? Quoi! vous faites une loi de censure; j'y obéis, et vous refusez même de m'appliquer votre loi oppressive! Vous me déniez la justice, vous me déniez l'esclavage pour m'étouffer!

Quel est l'homme qui dirige un pareil système? Si le conseil de surveillance est *réellement* quelque chose, ne doit-il pas faire chasser à l'instant un pareil homme? Ainsi c'est l'esprit de vengeance contre les *blancs*, c'est la fureur contre les *blancs* accusateurs des mutilations de la censure, c'est cette fureur qui amène ce dévergondage de despotisme : on veut tuer ceux que l'on a blessés, de peur de laisser des témoins de violence, de peur d'être reconnu, d'être jugé et condamné au tribunal de l'opinion. Et c'est là ce que l'on veut nous faire passer pour de la liberté! c'est là ce qu'on appelle une censure *contre la licence!* Les petites tyrannies subalternes prennent le caractère de la bassesse dans laquelle elles sont engendrées.

DE LA PRESSE. 125

Il y a pourtant une ressource contre une telle déloyauté : c'est de faire paroître le journal non censuré, après avoir fait constater légalement, autant que possible, le refus de la censure. Le journal sera suspendu : il y aura procès. Nous verrons si les tribunaux condamneront un journal pour avoir transgressé une loi à laquelle il s'étoit soumis, et dont on lui a refusé le triste bénéfice. Car enfin ce journal s'est trouvé, par ce deni, dans la position de paroître non censuré, ou de cesser d'exister. En principe de droit, on ne peut forcer ni un homme ni une chose à s'anéantir volontairement.

Un article du *Courrier anglois*, journal ministériel, dévoué à M. Canning, m'arrive : je m'empresse de faire connoître cet article ; car désormais la France ignorera ce qu'on pense de nous en Europe. C'est encore un des bienfaits de la censure.

« Les journaux de Paris de dimanche et de
» lundi nous sont parvenus hier soir. Le *Moni-*
» *teur* du 25 contient une ordonnance royale
» qui établit une rigide censure de la presse. Cet
» exercice de la prérogative royale nous paroît
» être le résultat du retrait de la loi sur la presse,
» présentée aux Chambres dans la dernière ses-
» sion. Le but de cette mesure est d'enchaîner
» en France l'expression de l'opinion publique.

» La manière dont elle sera exercée dépendra
» de la discrétion et de l'humeur des personnes
» chargées de la surveiller. Nous ne pouvons pas
» découvrir le motif précis d'une telle ordon-
» nance dans le moment actuel. Nous lisons avec
» attention les journaux de Paris, et nous avouons
» que nous n'y trouvons pas ce langage sédi-
» tieux et incendiaire qui pourroit demander une
» surveillance aussi sévère de la presse ; d'ailleurs
» il y a des preuves suffisantes que les tribunaux
» du pays ont le pouvoir d'en punir les excès.
» Un gouvernement doit être bien foible, ou le
» peuple qu'il régit bien porté à la désaffection,
» pour qu'on croie nécessaire d'établir une cen-
» sure. Mais c'est une grande erreur de supposer
» que cette ressource soit aussi utile dans l'un ou
» l'autre cas. Un gouvernement n'acquiert au-
» cune force en trahissant ses craintes, et un
» peuple mécontent ne redevient pas affectionné
» sous le poids de nouvelles entraves. »

(*Courrier anglois* du 27 juin 1827.)

OPINION

SUR LE PROJET DE LOI

RELATIF

A LA POLICE DE LA PRESSE.

PRÉFACE

DE LA SECONDE ÉDITION.

Paris, ce 7 mai 1827.

Le public a bien voulu recevoir avec quelque faveur le discours que je devois prononcer à la Chambre des pairs, sur la loi relative à la police de la presse. Les vérités contenues dans les trois dernières parties de ce discours sont encore applicables à notre position politique.

J'ose me flatter que tout homme de bonne foi, après avoir lu la seconde partie de cette espèce de traité sur la presse, ne croira plus aux crimes de cette presse.

Néanmoins je n'ai pas tout dit sur les siècles où la presse étoit inconnue et sur les temps où elle étoit opprimée [1].

Dans le détail de la Jacquerie et des troubles sous

---

[1] Dans ma revue de la liberté de la presse sous le Directoire, je ne suis pas encore allé assez loin. Avant même le 18 fructidor, l'imprimerie de Dupont (de Nemours) fut détruite, et bientôt M. Barbé de Marbois, qui avoit donné quelques articles à la feuille publiée par Dupont, fut déporté à la Guiane.

Charles VI, j'ai passé sous silence bien des atrocités. Je n'ai point fouillé les chroniques de Louis XI; j'ai parlé des crimes des catholiques à la Saint-Barthélemy et sous la Ligue; j'aurois pu mettre en contrepoids les crimes des protestants, qui n'étoient pas plus éclairés que leurs persécuteurs. Cinq ans avant la Saint-Barthélemy, les protestants de Nîmes précipitèrent quatre-vingts catholiques notables de cette ville dans le puits de l'archevêché. Ils renouvelèrent de semblables assassinats en 1569.

On a voulu nous persuader que le suicide et l'infanticide étoient plus communs de nos jours qu'autrefois. Qu'on ouvre le journal de Pierre de l'*Étoile*, et l'on y trouvera à toutes les pages le suicide, même parmi les enfants.

Quant à l'infanticide, nous citerons ce passage de Guy-Patin : « Les vicaires-généraux et les pénitenciers » se sont allés plaindre à monsieur le premier président que depuis un an (1660) six cents femmes, de » compte fait, se sont confessées d'avoir tué et étouffé » leur fruit. »

Remarquons que la science administrative était ignorée dans les siècles barbares; presque personne ne savoit lire, très peu d'hommes savoient écrire; il n'y avoit point de journaux, point de chemins, point de communications : combien de forfaits devoient donc rester ensevelis dans l'oubli ! Nous connoissons maintenant, heure par heure, tous les délits qui se commettent sur la surface de la France. Malgré cette différence de renseignements, nous trouvons dans les chroniques et les mémoires, année par année, des crimes plus fréquents, et d'un caractère infiniment plus horrible que ceux qui se commettent aujourd'hui.

Il y a un fait que je n'ai pu dire, et qui étoit l'objet de la douleur et de la consternation de tous les curés de campagne, dans les parties de l'Europe les plus ignorantes et les plus sauvages.

Quant à la troisième et surtout à la quatrième partie de mon discours, le retrait du projet de loi ne lui a rien ôté; notre mal présent vient de la résistance d'une poignée d'hommes aux changements produits par les siècles. Des calculs fournis dernièrement par M. le baron Dupin viennent à l'appui de mon assertion et sont comme les éloquentes pièces justificatives de mon discours. « Hâtons-nous, dit-il, d'indiquer les vastes chan-
» gements survenus dans la population françoise, dans
» ses mœurs, ses idées et ses intérêts depuis la fin de l'em-
» pire. Durant treize années seulement, douze millions
» quatre cent mille François sont venus au monde, et
» neuf millions sept cent mille sont descendus dans la
» tombe... Déjà près du quart de la population qui vi-
» voit sous l'empire n'existe plus. Les deux tiers de la
» population actuelle n'étoient pas nés en 1789, à l'é-
» poque où fut convoquée l'assemblée constituante; les
» hommes qui comptoient alors l'âge de vingt ans ne
» forment plus aujourd'hui qu'un neuvième de la po-
» pulation totale; ils représentent les grands-pères et
» grand'mères de nos familles; enfin la totalité des
» hommes qui comptoient vingt ans lors de la mort
» de Louis XV ne forme plus que la quarante-neu-

9.

» vième partie de cette population ; ils représentent
» les bisaïeuls et les bisaïeules de nos familles. . . . .
» . . . .
» Une révolution plus grande encore s'est opérée
» sur le continent européen.
» En Europe, depuis 1814, la génération nouvelle
» est fortifiée par quatre-vingts millions d'hommes ve-
» nus au monde, et l'ancienne est affoiblie par soixante
» millions d'hommes descendus dans la tombe. Sur
» deux cent vingt millions d'individus, l'ancienne gé-
» nération n'en compte plus que vingt-trois subsistant
» encore, ou plutôt qui meurent chaque jour. Quelle
» moisson terrible de peuples et de rois! Ainsi les hommes
» qui comptoient vingt ans lors de la mort de Louis XV
» ne forment plus que la quarante-neuvième partie de
» la population totale de la France; ceux qui comp-
» toient vingt ans en 1789 n'en forment plus que le
» neuvième, et les deux tiers de la population actuelle
» n'étoient pas nés au commencement de la révolu-
» tion. »

Maintenant, si vous retranchez du petit nombre d'hommes qui ont connu l'ancien régime ceux qui ont embrassé le régime nouveau, à combien peu se réduiront *ces hommes d'autrefois qui, toujours les yeux attachés sur le passé, le dos tourné à l'avenir, marchent à reculons vers cet avenir!*

C'est pourtant ces *demeurants d'un autre âge* qu'on écoute : les passions ministérielles s'emparent de cette raison décrépite; ou plutôt, lorsque ces passions agissent, le radotage d'une sagesse surannée se charge de prouver que les passions n'ont pas tort. Chaque jour nous fournit une preuve nouvelle des anachronismes où tombe, relativement à la société, la faction du passé qui nous tourmente. Sur quel motif a-t-on fondé par exemple l'ordonnance qui licencie la garde nationale? sur des cris inconvenants, lesquels auroient été poussés au Champ-de-Mars.

Voilà bien les personnages que je signale! La monarchie représentative est toujours pour eux la monarchie absolue; les faits sont toujours pour eux non avenus; rien n'a changé depuis 1789 dans les choses et dans les hommes ; personne n'est mort; une révolution qui a bouleversé le monde ancien et émancipé le nouveau monde, trente-huit années écoulées, ne sont rien! La garde nationale en 1827 est toujours la garde nationale de la première fédération ; le roi est toujours en présence du peuple; il n'y a entre lui et ce peuple ni deux Chambres législatives, ni une Charte constitutionnelle ; *à bas les ministres* est un cri répréhensible dans un pays où les ministres sont responsables, et où la liberté de parler et d'écrire est établie par la loi.

En Angleterre, non-seulement ont crié *à bas les ministres*, mais on casse leurs vitres; ils les font tranquillement remettre : le roi n'est pour rien dans tout cela, pas plus qu'en France le roi n'entre pour quelque chose dans les inimitiés soulevées par les dépositaires de son pouvoir. On s'obstine à voir sédition et révolution là où il n'y a qu'antipathie pour les ministres. Ceux-ci violent l'esprit de la constitution en demeurant au pouvoir lorsque l'opinion les repousse; il en résulte que cette opinion saisit les occasions favorables d'éclater : c'est l'effet qui sort de la cause ; la couronne est parfaitement étrangère à cette position.

Autre méprise : les partisans des ministres applaudissent surtout au coup porté, parce qu'il n'en est résulté aucun mouvement ; ils attribuent à la fermeté de ce coup l'immobilité du public.

« Voilà ce que c'est, s'écrient-ils, que d'agir avec vi-
» gueur ! encore quelques mesures de cette espèce, et
» tout rentrera dans l'ordre ! »

Dans l'ordre ! qui songe à sortir de l'ordre ? N'allez-vous pas vous persuader que la mesure ministérielle a répandu la terreur ? Elle a excité la pitié des indifférents, elle a réjoui les ennemis, elle a profondément affligé les amis de la royauté ; elle n'a fait peur à personne.

Pourquoi cette folle mesure n'a-t-elle été suivie d'aucun mouvement ? Par une raison simple qui tient à la nature même de ce gouvernement représentatif que vous détestez, alors même qu'il vous sauve de vos propres erreurs.

Le pouvoir de la couronne, employé par les ministres, n'est pas sorti de son droit légitime en licenciant la garde nationale. Le coup a été violent, mais il n'a pas été inconstitutionnel ; aucune partie du pacte fondamental n'a été lésée, aucune liberté n'a péri, aucun intérêt politique ni même municipal n'a succombé. Il importe peu à nos institutions prises dans leur ensemble qu'un citoyen de Paris soit vêtu d'un uniforme ou d'un habit bourgeois ; une garde paisible et fidèle, qui a rendu tant de services à la restauration, peut sans doute s'attrister d'en être si étrangement récompensée par des ministres, mais elle ne se révolte pas contre son Roi. Changez la question ; supposez qu'une mesure ministérielle viole ouvertement un article de la Charte, et vous verrez alors l'impression produite par cette mesure.

Ainsi, ces hommes qui sont tout étonnés de leur courage, qui pensent devoir à leur héroïsme de bureau le repos dont ils jouissent, ne s'aperçoivent pas qu'ils sont redevables de ce repos aux institutions même dont la forme les irrite, à ce gouvernement représentatif qui donne de la modération et de la raison à tous, à cet esprit constitutionnel que l'attaque aux principes pourroit seule pousser à la sédition. Tant que l'on ne portera pas la main sur les Chambres et sur les libertés publiques, il n'y aura point de mouvement dangereux en France. Les libertés publiques sont patientes ; elle attendent très-bien la fin des générations, et les nations qui en jouissent n'ont rien d'essentiel à demander.

Dans les gouvernements absolus, au contraire, le peuple, comme les flots de la mer, se soulève au moindre vent : le premier ambitieux le trouble ; quelques pièces d'argent le remuent ; une taxe nouvelle le précipite dans les crimes ; il se jette sur les ministres, massacre les favoris, et renverse quelquefois les trônes.

Dans les gouvernements représentatifs, le peuple n'a jamais ni ces passions, ni cette allure ; rien ne l'émeut profondément quand la loi fondamentale est respectée. Pourquoi se soulèveroit-il? Pour ses libertés? il les a ; pour l'établissement d'un impôt ? cet impôt est voté par ses mandataires. Vient-on chez le pauvre lui enlever arbitrairement son dernier fils pour l'armée, son dernier écu pour le trésor ? Nul ne peut être arrêté que d'après la loi; chacun est libre de parler et d'écrire ; tous peuvent, selon leur bon plaisir, faire ce qu'ils veulent, aller où il leur plaît, user et abuser de leur propriété. La monarchie représentative fait ainsi disparoître les principales causes des commotions populaires; il n'en reste qu'une seule pour cette monarchie : c'est, on ne sauroit trop le répéter, l'atteinte aux libertés publiques.

Et alors même ce gouvernement est-il sans défense? non. L'histoire de l'Angleterre nous apprend avec quelle simplicité se résout encore cette difficulté : les Chambres repoussent la loi de finances, et si, cette loi n'étant pas votée, le gouvernement veut lever irrégulièrement l'impôt, le peuple refuse de le payer.

Heureusement nous n'en viendrons jamais là en France; mais ces explications font sentir combien seroit vain et téméraire le projet de procéder de violences en violences à la suppression de la liberté; elles font voir combien sont dénuées de justesse les raisons par lesquelles on a voulu faire de quelques cris isolés une sédition commune, digne d'être punie d'un licenciement général. Laissons des médiocrités colériques applaudir à l'emportement de l'impuissance comme à la preuve de la force; les vrais amis du Roi en gémissent. Quant à moi, depuis le jour où je vis, à Saint-Denis, passer un homme trop fameux pour aller mettre ses mains entre les mains du frère de Louis XVI, je n'ai jamais été si profondément affligé.

Eh! comment les conseillers de la couronne ne se sont-ils pas souvenus qu'un monarque paternel vivait au milieu de ses peuples, que le temps étoit passé où les princes se renfermoient dans le donjon de Vincennes ou dans les galeries de Versailles? Comment n'ont-ils pas compris que cette mesure précipitée porteroit le deuil au fond des cœurs? que la fidélité et l'amour, craignant de devenir suspects, oseroient à peine faire entendre, sur le passage d'un prince chéri, d'un prince si long-temps éprouvé par la fortune, le cri du salut de la France? N'y avoit-il pas d'autres moyens de punir quelques exclamations inconvenantes? Le mode même du licenciement général étoit-il raisonnable? Licencie-t-on trente mille hommes qui restent de fait réunis dans la même ville, presque sous le même toit, avec leurs armes? En Angleterre, d'après l'ordonnance du licenciement, on s'est figuré que de grands troubles avoient éclaté parmi nous; le reste de l'Europe le croira de même. N'est-ce rien que d'avoir fait naître dans l'esprit des étrangers une telle idée de la situation de la France?

Si l'on pouvoit croire à un dessein suivi, à un enchaînement de principes dans un système qui jusqu'à présent n'a marché que par bonds, et n'a su donner que des saccades, on devroit s'attendre à une série de mesures corrélatives au licenciement de la garde nationale de Paris. Conséquents ou inconséquents, les agents du pouvoir ne peuvent faire sortir que des maux de cette mesure déplorable. L'humeur de ceux qui approuvent cette mesure prouve qu'intérieurement ils en sentent les graves inconvénients.

Il seroit à désirer toutefois qu'ils modérassent leur zèle. Qui pensent-ils imposer en parlant de casser la Chambre des pairs? comme si on pouvoit casser la Chambre des pairs! En attendant le jour où ces fanfarons de fidélité qui s'étouffoient dans les salles des Tuileries le 16 mars 1815, et qui disparurent le 20; en attendant le jour où ils se cacheroient de nouveau, le jour où ils nous laisseroient défendre encore la monarchie, si la monarchie étoit attaquée, qu'ils cessent d'animer le soldat contre le citoyen, de vouloir tripler la garnison de Paris, de faire marcher en pensée des troupes sur la capitale. Il seroit curieux de rassembler l'armée, de compromettre la tranquillité de la France pour assurer le portefeuille de deux ou trois ministres et la pitance des familiers de ces ministres! Cette petite agitation d'antichambre dans le grand repos du royaume seroit risible, si elle n'avoit un côté dangereux. Les rodomontades amènent quelquefois des rixes. Dieu sait ce que pourroit produire une goutte de sang répandue sur une terre également disposée à porter des moissons ou des soldats. Lorsque dans les troubles des empires on en est venu à l'emploi de la force, il ne s'agit plus de la première attaque, mais de la dernière victoire.

La police prendroit-elle pour une conspiration contre le trône les propos qu'elle peut entendre contre une administration brouillonne et sauvage? Ses rapports seroient-ils dans ce sens? voudroit-elle qu'on fît parader des gendarmes, qu'on doublât les postes ; contre qui? contre des *complaintes?* Il ne manqueroit plus que de couronner la violence par le ridicule.

La retraite d'un ministre estimé est venue mettre le sceau de la réprobation à un acte d'amour-propre en démence. Ce ministre honorable et honoré n'a pas cru pouvoir s'asseoir plus long-temps auprès des hommes qui font de leur intérêt personnel la cause de la monarchie. Mais au milieu des consciences muettes, une conscience qui parle est séditieuse ; la vertu qui se réveille importune le devoir qui dort ; une bonne action est une leçon insolente pour ceux qui n'ont pas le courage de la faire : je ne serois donc pas étonné qu'un La Rochefoucauld, qu'un royaliste dévoué, qu'un esprit aussi conciliant que modéré, qu'un chrétien pieux et sincère, ne passât aujourd'hui parmi la tourbe servile pour un démocrate, un révolutionnaire, un furibond, un impie.

N'en sommes-nous pas là, tous tant que nous sommes? Qui n'a dans sa poche son brevet de jacobin, expédié en bonne forme par des royalistes de métier? Ne viens-je pas d'ajouter à tous mes crimes celui d'avoir publié (à l'exemple de nombre de pairs et de députés) un discours qui n'a pas été prononcé? Si on ne le lit pas, quel mal fait-il? Si on le lit, on y trouve donc autre chose que le projet de loi retiré? La vérité est que plus l'administration commet de fautes, plus elle désire le silence. Il faudroit renoncer à la parole, afin que l'incapacité perpétuée au pouvoir se vantât d'avoir subjugué ses adversaires par la force de son génie. Ne nous laissons pas prendre à ce grossier artifice; nous ne sauverions rien en nous taisant. Toute alliance est impossible entre le mal et le bien : on ne se réunit pas à l'abyme; on s'y engloutit.

OPINION

SUR LE PROJET DE LOI

RELATIF

A LA POLICE DE LA PRESSE [1].

Nobles pairs,

Dans les longues recherches auxquelles je me suis livré, et dont j'ai l'honneur de soumettre aujourd'hui le résultat à la Chambre, j'ai nécessairement isolé ma pensée du travail de votre commission. Je savois

---

[1] Dans la lettre que j'adressai le 3 janvier de cette année à M. le rédacteur du *Journal des Débats*, sur le projet de loi relatif à la police de la presse, je disais :

« Lorsque, à la Chambre des pairs, je parlerai du rap-
» port moral du projet de loi, je montrerai que ce projet

tout ce que l'on devoit attendre de la conscience et du talent des nobles pairs chargés de vous

» décèle une horreur profonde des lumières, de la raison
» et de la liberté; qu'il manifeste une violente antipathie
» contre l'ordre de choses établi par la Charte; je prou-
» verai qu'il est en opposition directe avec les mœurs, les
» progrès de la civilisation, l'esprit du temps et la franchise
» du caractère national; qu'il respire la haine contre l'in-
» telligence humaine; que toutes ses dispositions tendent à
» faire considérer la pensée comme un mal, comme une
» plaie, comme un fléau. »

Le Roi, en augmentant sa gloire ainsi que l'amour et la vénération dont les peuples environnent sa personne auguste, vient, par un acte éclatant de sa justice, de nous délivrer une seconde fois. La mesure salutaire qui attire tant de bénédictions sur la tête de notre monarque m'a mis dans l'heureuse impossibilité de prononcer le discours que j'avois préparé pour satisfaire à ma conscience et pour remplir les devoirs de la pairie. Cependant après le retrait même du projet de loi, on m'avoit pressé de publier ce discours : j'hésitois à prendre ce parti, lorsque l'adoption d'une proposition qui sembloit un corollaire de l'ancien projet a mis fin à mes incertitudes. Cette affaire d'arrière-garde, dans laquelle un ministre a combattu trois fois au premier rang, prouve que les agents du pouvoir n'ont ni abandonné leur doctrine ni leurs projets sur la liberté de la presse : je publie donc mon discours.

Au surplus, ce discours ne répète qu'un très-petit nombre des arguments dont on s'est servi. Comme je réservois les objections de détail pour la discussion des articles, il en résulte que mon discours général, traitant des principes de faire un rapport sur le projet de loi ; mais je devois raisonner dans l'hypothèse que ce projet

la matière, embrassé une sphère d'idées indépendantes du sort avenu au projet de loi. Ce discours frappé peu sur le *cadavre* du projet, mais beaucoup sur son *esprit* tout vivant encore dans les ennemis de la liberté et de la presse.

J'aurois pu à la rigueur retrancher aujourd'hui de mon travail ce que je dis de la multitude de nos lois, du nombre des jugements des tribunaux, de la quantité des ouvrages imprimés ; une raison majeure m'a déterminé à conserver ces calculs. D'abord ils n'ont jamais été présentés dans leur ensemble, quelques-uns même n'avoient pas encore été faits ; ensuite il y a des personnes timides qui s'imaginent que le retrait du projet de loi nous laisse sans moyens de répression, et d'autres qui se figurent que les tribunaux n'ont pas employé ces moyens : en lisant mon discours, si elles le lisent, elles se pourront rassurer. Ces calculs subsisteront en outre comme le témoignage d'une respectueuse reconnoissance pour une magistrature qui défend avec tant de gravité les droits du trône et les intérêts des citoyens.

Dans tout ce qui concerne la partie historique de la presse et de la liberté de la presse, dans l'examen des rapports de cette liberté avec le christianisme en général, et l'église gallicane en particulier, dans la déduction des affinités de cette même liberté avec l'état social moderne, je touche à des sujets que les débats législatifs sont loin d'avoir épuisés. Heureux si en éclairant quelques points restés obscurs, si en complétant les vérités sorties d'une discussion mémorable, je pouvois contribuer à prévenir toute nouvelle tentative contre nos institutions politiques ! Plus heureux si l'on trouvoit dans les faits que j'expose de nouvelles sources restoit tel que vous l'avoient présenté les ministres.

En effet, messieurs, des amendements proposés ne sont pas des amendements votés; et quand j'aurois eu, comme je l'ai, la conviction morale de leur adoption, cela ne dérangeroit rien au plan que je m'étois tracé. Mon discours, dans la supposition d'une suite d'amendements capitaux, deviendroit un double plaidoyer: plaidoyer contre l'ouvrage des ministres, partout où cet ouvrage ne seroit pas amendé; plaidoyer pour l'ouvrage de votre commission, partout où elle auroit porté ses lumières. Ce point éclairci, j'aborde le sujet.

Voici, messieurs, ce que l'on trouve dans l'ouvrage posthume du quatorzième siècle:

Censure avant publication, et jugement après publication comme s'il n'y avoit pas eu censure; rétroactivité, annulation ou violation des contrats; atteinte au droit commun; proscription de la presse non périodique; accaparement ou destruction de la presse périodique; voies ou-

de gratitude pour l'ordonnance du 17 avril, de nouvelles raisons d'admirer un Monarque qui juge si bien des besoins de ses peuples, de nouveaux motifs de chérir un Prince digne en tout de l'illustre race à qui nous devons la gloire de l'ancienne monarchie et la liberté de la monarchie nouvelle!

vertes à la fraude, amorces offertes à la cupidité, invitation aux trahisons particulières, appel et encouragement à la chicane, intervention de l'arbitraire, haine des lumières, antipathie des libertés publiques, embrouillements, entortillements, ténèbres.

Mais, chose déplorable ! messieurs, plus vous démontrez à certains esprits que cet instrument de mort pour l'intelligence humaine détruit non-seulement la liberté de la presse, mais la presse elle-même, plus vous les persuadez de l'excellence de l'ouvrage.

« Comment ! vous nous dites que tout périra, » livres, brochures, journaux ? A merveille ! nous » ne croyions pas le projet si bon; vos objec- » tions nous démontrent ce qu'il a d'admirable. »

Suit un débordement d'injures contre les lettres, et surtout contre les gens de lettres, contre les folliculaires, les pamphlétaires, les chiffonniers et les académiciens.

C'est être en vérité fort libéral de mépris. Il faut en avoir beaucoup recueilli pour en avoir tant à donner. Ces enfants prodigues feroient mieux d'être plus économes de leur bien.

Hélas ! messieurs, ces diatribes contre la presse n'ont pas même le mérite de la nouveauté : renouvelées des temps révolutionnaires, elles auroient dû rester dans l'oubli. Il est triste sous la légitimité de s'approprier un pareil langage, surtout lorsqu'il se peut appliquer à ces mêmes publicistes justement soupçonnés sous le Directoire de travailler au rétablissement de la royauté, et qui continuent d'écrire pour elle.

Quelques personnes trouvent un motif de sécurité dans l'excès même du mal : « Le projet » de loi est si vicieux, disent-elles, qu'on ne » pourra l'exécuter. » Ne nous fions, messieurs, ni à l'espérance du mal, ni à l'impuissance de l'incapacité : elles nous tromperoient toutes deux. Maintes fois les gouvernements ont laissé périr les bonnes lois, et ont fait un long usage des mauvaises. C'est cette même foiblesse des hommes qui les asservit souvent à une tyrannie vulgaire, et qui les porte à briser une autorité éclatante : les parlementaires souffrirent Buckingham et tuèrent Strafford; on pardonne à la puissance, rarement au génie.

La meilleure manière de vous occuper du projet de loi, ce n'est pas, selon moi, de vous en énumérer à présent les vices particuliers (ils se présenteront assez d'eux-mêmes dans la discussion des articles); il me paroît plus utile de vous faire remarquer d'où le projet est sorti, ce qu'il veut dire, quelle lumière il jette à la fois sur le passé et sur l'avenir.

Oui, nobles pairs, le projet de loi est un phare

élevé aux limites d'un monde qui finit et d'un monde qui commence; il vous éclaire sur la plus importante des vérités politiques; il vous indique le point juste où la société est parvenue, et conséquemment il vous apprend ce que demande cette société : d'un côté, il vous montre des ruines irréparables; de l'autre, un nouvel univers qui se dégage peu à peu du chaos d'une révolution.

Permettez-moi de développer mes idées : la matière est grave, le sujet immense. Si je mets votre patience à l'épreuve, vous me le voudrez bien pardonner, en songeant que j'abuse rarement de votre temps à cette tribune. J'y parois aujourd'hui appelé par des devoirs sacrés, devoirs que je n'hésiterai jamais à remplir, mais dont le temps commence néanmoins à me faire sentir le poids : les vétérans souffrent quelquefois de leurs vieilles blessures.

En sortant du chemin battu, en plaçant la question où je la placerai, surtout dans la dernière partie de ce discours, j'ai plus compté sur la haute intelligence de cette assemblée que sur mes propres forces.

Voici, messieurs, les quatre vérités que je vais essayer de démontrer :

1° La loi n'est pas nécessaire, parce que nous avons surabondance de lois répressives des abus de la presse : les tribunaux ont fait leur devoir.

2° Les crimes et les délits que l'on impute à l'usage de la presse et à la liberté de la presse n'ont point été commis par la presse, et sous le régime de la liberté de la presse.

3° La religion n'est point intéressée au projet de loi; elle n'y trouve aucun secours : l'esprit du christianisme et le caractère de l'Église gallicane sont en opposition directe avec l'esprit du projet de loi.

4° La loi n'est point de ce siècle; elle n'est point applicable à l'état actuel de la société.

J'entre dans l'examen de la première question.

Nous avons, messieurs, depuis la restauration, six ordonnances et quinze lois et fragments de lois concernant la librairie, la presse périodique et la presse non périodique.

A ces lois viennent se réunir l'arrêt du Conseil d'État sur la librairie du 28 février 1723, le décret de l'Assemblée nationale du 27 août 1789, celui du 17 mars 1791, le décret de la Convention du 19 juillet 1793, la loi du 25 décembre 1796, les décrets du 22 mars 1805, du 28 mars 1805, du 5 juin 1806, du 5 février 1810, du 14 octobre 1811, enfin une partie du livre III du Code pénal; tous arrêts, lois et décrets dont divers articles sont encore en vigueur.

Le *maximum* des amendes pour les délits et

les crimes de la presse non périodique est, dans le cas le plus grave, de 10,000 fr., et dans le cas le moins grave, de 500 fr.

Le *maximum* de la prison pour les mêmes délits et crimes de la presse non périodique est de cinq ans pour le cas le plus grave, et d'un an pour le cas le moins grave.

La récidive entraîne l'application des articles 56, 57 et 58 du Code pénal, c'est-à-dire qu'il peut y avoir carcan, travaux forcés, et mort; que la peine peut être élevée au double, savoir : dix ans d'emprisonnement, suivis de cinq à dix années sous la surveillance de la police.

Le *maximum* de la prison et des amendes pour les délits et les crimes de la presse périodique est le même que pour les délits et les crimes de la presse non périodique; mais les amendes peuvent être élevées au double, et, en cas de récidive, au quadruple (40,000 fr. d'amende, vingt ans de prison), sans préjudice des peines de la récidive, prononcées par le Code pénal.

Si un libraire a été convaincu de contravention aux lois et règlements, il est loisible de lui retirer son brevet, c'est-à-dire que l'administration peut intervenir dans les jugements des tribunaux, qu'elle peut, autorité suprême, altérer l'arrêt de ces tribunaux, non comme la couronne en faisant grace, mais en aggravant la peine.

La contravention d'un libraire n'aura pas paru aux magistrats mériter une amende au dessus de quelques centaines de francs, et l'administration ajoutera à cette amende la suppression du brevet; ce qui n'est rien moins que la ruine d'une famille entière. Je ne dirai pas, pour achever de caractériser ces rigueurs, qu'elles ont lieu malgré plusieurs arrêts des Cours, qui ont déclaré que la loi de 1791 conservoit sa force, et que la librairie n'étoit pas plus assujétie à exister par brevet que toute autre profession.

Les journaux politiques sont obligés de fournir un cautionnement de 200,000 francs, sans préjudice de la solidarité des propriétaires ou actionnaires.

Un journal peut être suspendu par une première et par une seconde condamnation en tendance; après une troisième condamnation, il peut être supprimé.

Les Chambres, pendant les sessions, sont investies du pouvoir de se faire elles-mêmes justice de la presse périodique.

Dans l'intervalle des sessions, le ministère est maître d'établir la censure.

Enfin, la liberté de la presse périodique n'existe que par privilége, tout en faveur des ministres, puisqu'aucun nouveau journal ne sauroit s'établir sans une autorisation du gouvernement.

Êtes-vous satisfaits, messieurs, et trouvez-vous que nous manquions de lois répressives? J'ai négligé de mentionner, parmi toutes ces peines, celle que le chef de la magistrature a rappelée, et que prononce l'art. 21 du Code pénal. Il y a dans cette Chambre plusieurs nobles pairs qui ont le malheur d'aimer les lettres, et le plus grand malheur de faire jouir quelquefois le public du fruit de leurs veilles. Si jamais ils tomboient dans quelques-unes de ces erreurs où nous entraîne la fragilité humaine; si l'on trouvoit que leur dignité ne les place pas dans ce cas en dehors des tribunaux communs, je sollicite d'avance, pour eux, et pour moi, l'indulgence de l'administration. Je désirerois que mon compagnon de chaînes fût au moins exempt de maladies contagieuses, et je suis bien vieux pour apprendre un métier.

Ici se présente l'imprudente accusation hasardée contre les tribunaux; ici se découvre la cause de cet esprit rancunier contre ces mêmes tribunaux, lequel domine dans le texte du nouveau projet de loi, projet qui tend à transporter à la police tout ce qu'il peut ôter à la justice,

Il y a des lois, dit-on, mais les tribunaux ne font point ou font très peu usage de ces lois.

D'abord, quand vous entasseriez sans fin peines sur peines, est-il un moyen d'obliger le magistrat à appliquer ces peines, lorsque l'écrivain ne lui semblera pas coupable de ce dont il est accusé? A quoi donc vous servira la nouvelle loi?

Une réponse plus tranchante, et plus nette encore, peut être faite à l'accusation.

Les calculs que je vais mettre sous vos yeux ont été recueillis non sans quelques difficultés. Les sources de ces calculs, qui devroient être accessibles à tout le monde, ne le sont pas toujours; les jugements des tribunaux, qui pourroient être publiés aussitôt qu'ils sont rendus, ne paroissent quelquefois dans le *Moniteur* qu'assez long-temps après leur date. La presse a surtout été malheureuse sous ce rapport, et il est arrivé que ce qu'on aimeroit le mieux à connoître est le plus difficile à trouver. Néanmoins, je crois pouvoir dire que si quelque erreur s'est glissée dans mes calculs, elle est peu considérable, et qu'elle n'altère en rien le fond de la vérité, résultat de ces calculs.

J'ai renfermé mes recherches dans les arrêts rendus par la Cour royale de Paris dans l'espace de cinq années. Si l'on étoit curieux de connoître les jugements en première instance, un document irrécusable en fourniroit le total approximatif.

M. le garde des sceaux a publié le compte général de la justice criminelle pour l'année 1825. On y remarque deux accusations pour délits littéraires dans les départements, et vingt-cinq devant le tribunal de police correctionnelle de la Seine. Si l'on en suppose un nombre égal chaque année depuis le commencement de l'année 1822, époque du rétablissement de la liberté de la presse, jusqu'à l'année 1827, vingt-sept actions en police correctionnelle, multipliées par cinq années, nous donneroient cent trente-cinq actions. Vous allez voir que je trouve quatre-vingt-trois procès portés devant la Cour royale de Paris ; il y auroit donc cent trente-cinq causes de plus pour les tribunaux correctionnels de toute la France à ajouter aux quatre-vingt-trois causes jugées par la Cour royale de Paris.

Mais dans ce cas, ma concession est infiniment trop large, puisque j'admettrois qu'il n'y a pas eu un seul appel à des juridictions supérieures, ce qui est tout l'opposé de la vérité ; compter à la fois les jugements en première instance et les jugements aux Cours royales, c'est compter presque double. Il est singulier qu'on ait eu le temps de nous donner en 1827 pour 1825 les jugements du tribunal correctionnel de la Seine, et qu'on n'ait pas eu le temps de nous donner les jugements de la Cour royale de Paris dans la même année 1825.

Qu'importe ? nous aurons tout cela en temps utile, après le vote du projet de loi.

Je dis donc, messieurs, que depuis le 27 avril 1822 jusqu'au 6 mars 1827, quatre-vingt-trois causes pour délits de la presse ont été portées devant la Cour royale de Paris. Sur ces quatre-vingt-trois causes, on trouve trois causes non jugées, onze acquittements, et soixante-neuf condamnations.

Peut-on soutenir que sur quatre-vingts causes jugées, lorsqu'il y a eu soixante-neuf condamnations, et seulement onze acquittements, peut-on soutenir que les tribunaux n'ont pas fait usage des lois, qu'ils ont manqué d'une salutaire sévérité ?

Répondra-t-on que les peines prononcées ont été trop légères ?

Mais voulez-vous donc substituer votre conscience à celle du juge ? Vous voulez qu'il voie absolument comme vous, qu'il pèse les délits au même poids que vous ; ou que ne trouvant pas ces délits aussi graves qu'ils vous le paroissent, il n'en applique pas moins des châtiments disproportionnés, selon lui, à l'offense ?

Est-ce comme cela que vous entendez la justice ? D'ailleurs, messieurs, il y a ici nouvelle erreur.

Dans l'énumération des peines prononcées par la Cour royale, en ne s'arrêtant qu'aux condamnations qui stipulent plus d'un mois d'emprisonnement, je note une condamnation à quarante jours de prison, onze à trois mois, une à quatre mois, sept à six mois, trois à neuf mois, deux à treize mois, et une à dix-huit mois.

Quant aux amendes, en négligeant celles au dessous de 500 fr., j'en compte quatorze à 500 fr., sept à 1000 fr., cinq à 2000 fr., et deux à 3000 fr.

Il faut remarquer que l'amende est presque toujours unie à l'incarcération, de sorte que le châtiment est double. On n'est donc pas plus fondé à soutenir que les peines prononcées ont été trop légères, qu'on ne l'étoit à dire que les condamnations n'avoient pas été assez fréquentes. Il ne faut pas croire qu'une détention de trois mois à dix-huit mois, qu'une amende de 500 fr. à 3000 fr. ne soient pas des répressions très-graves en France. En Angleterre on a l'habitude des longues réclusions pour dettes, et les fortunes permettent de supporter de gros prélèvements pécuniaires : 500 fr. sont plus pesants pour telle fortune françoise que 1000 livres sterling pour telle fortune angloise. La mobilité et l'indépendance de notre caractère jointes au souvenir des temps révolutionnaires nous rendent la prison odieuse. Nos magistrats, dans la pondération de leurs sentences, ont donc montré une connoissance profonde de nos mœurs.

Ainsi, messieurs, disparoissent devant des calculs positifs les accusations vagues des ennemis de la presse. Les peines portées par les anciennes lois sont considérables, et les magistrats ont accompli leur devoir. Nous verrons plus loin la nature des délits compris dans ces causes littéraires portées dans l'espace de cinq années devant la Cour royale de Paris, causes qui ont produit tant de condamnations.

A ceux qui désireroient des arrêts encore plus sévères, je dirai qu'il y a moyen d'obtenir ces jugements : c'est de mettre les magistrats à l'aise, en rendant la liberté complète à la presse. Si un nouveau journal n'avoit pas besoin d'autorisation pour paraître, s'il étoit tenu seulement à remplir les conditions très onéreuses de son existence, il est certain que les juges se pourroient montrer plus rigoureux. Mais quand ils voient l'opinion réduite à n'avoir pour organe à Paris que cinq ou six feuilles indépendantes dont l'existence est sans cesse menacée, ils craignent d'aller au-delà du but : placés entre la loi civile et la loi politique, si d'un côté leur sentence peut atteindre un délit particulier, de l'autre elle peut tuer une liberté publique; entre deux dangers, on choisit le moindre.

Voyez, messieurs, s'il vous convient d'ajouter à tant de lois une loi qui consommeroit la ruine de la presse non périodique, une loi dont la tendance secrète est d'amener les auteurs, les imprimeurs et les libraires, par corruption ou terreur, à ne plus rien publier.

Quant à la presse périodique, elle est évidemment l'objet principal de l'animadversion du projet de loi. Il est impossible qu'au moyen des conditions mises à la propriété le pouvoir administratif n'arrive pas à s'emparer du peu de journaux qui restent libres. Il s'en emparera, soit en intervenant comme acheteur aux enchères consenties ou forcées, soit en produisant, à l'aide de mille chicanes cachées dans le projet de loi, la dissolution des sociétés de propriétaires. Et alors, comme on ne peut établir un nouveau journal sans une autorisation, il est évident que l'administration obtiendra le monopole complet de la presse périodique.

La censure, messieurs, est infiniment moins dangereuse que ce système-là. La censure est une mesure odieuse, mais transitoire, une mesure qui par son nom même annonce l'état de servitude dans lequel est plongée l'opinion : le bruit de la chaîne avertit de la présence de l'esclave. Mais où trouver le remède, lorsque le pouvoir deviendra à perpétuité, possesseur légal des feuilles périodiques; lorsqu'on pourra s'écrier que la presse est libre, au moment même où elle ne sera plus que la vassale d'un ministère ? Se représente-t-on bien ou la France muette, privée des organes libres qui lui restent, ou la police écrivant, sous différents noms, dans *les Débats* et *la Quotidienne*, dans *le Constitutionnel* et *le Courrier*, dans le *journal du Commerce* et dans *la France chrétienne politique et littéraire?*

Que les amis du ministère actuel y songent sérieusement. Les ministres ne sont pas inamovibles : cette Chambre hospitalière doit être particulièrement convaincue de cette vérité. Aujourd'hui vous seriez charmés que la presse périodique fût entre les mains de quelques hommes favorables à vos opinions; demain, à l'arrivée d'un ministère dans d'autres principes, tels d'entre vous éprouveroient d'amers regrets d'avoir remis à l'autorité le monopole de la pensée.

Portons notre vue plus haut : ne peut-il pas se rencontrer dans l'avenir un ministère coupable, un ministère conspirateur contre le souverain légitime? Eh bien! en lui livrant d'avance tous les journaux, vous lui donneriez le moyen le plus actif de corrompre l'opinion, le moyen le plus prompt de se créer sur toute la surface de la France des adhérents et des complices. Vous seriez vous-mêmes complices d'avance des crimes qui pourroient être commis, des révolutions qui pourroient survenir. Dans ce sens, messieurs, la loi qu'on vous propose est une loi véritablement conspiratrice. Voilà pourtant où l'on se précipite, lorsqu'on n'écoute que l'irritation de l'amour-propre : il est difficile que l'équité et la prudence se rencontrent avec la colère.

Si l'on répliquoit que le projet de loi a été fait pour les circonstances actuelles, que si ce projet devient loi, un jour on pourra rapporter cette loi, je dirois que je ne vois rien dans les circonstances qui réclame cette mesure; qu'après treize années de restauration, on n'est plus admis à plaider le provisoire, et qu'enfin il n'y a jamais lieu à faire, même provisoirement, une mauvaise loi. Mais n'allons pas nous laisser leurrer au provisoire; ne croyons pas naïvement que des ministres quelconques, successeurs des présents ministres, trouvant une loi qui les rendroit seigneurs suzerains des journaux, fussent très-empressés de nous débarrasser de cette loi; ne croyons pas qu'ils eussent fort à cœur de rendre la liberté à la presse périodique, pour se procurer la satisfaction de voir censurer leurs actes et d'entendre la voix rude de la critique succéder à l'hymne sans fin de leurs bureaux. Ils n'auroient pas fait la loi, ils n'en auroient pas la honte : ils en auroient le profit. Par dévouement aux ministres présents, ne prostituons pas aux ministres futurs la première des libertés constitutionnelles. Les agents de l'autorité suprême, qui pourroient un jour nous ôter les chaînes que nous aurions nous-mêmes forgées, seroient des anges; or on ne voit plus guère ici-bas que des hommes. S'il seroit plus beau d'attendre son salut de la vertu, il est plus sûr de le placer dans la loi. Nous sommes avertis du péril; l'écueil est connu; rien de plus facile que de l'éviter : pourquoi donc accomplir volontairement le naufrage, dans l'espoir de nous sauver sur un débris?

Et quand vient-on nous demander un pareil sacrifice? Quand la loi sur la responsabilité des ministres n'est pas faite! Les ministres échappent aujourd'hui à toute responsabilité ; il n'existe aucun moyen de les atteindre, excepté pour les faits grossiers de concussion et de trahison ; ils peuvent à leur gré refuser toute espèce de renseignements aux Pairs et aux Députés, se débarrasser des amendements faits par les Chambres, en les inscrivant en dehors des projets de loi;

DE LA PRESSE. 161

ils peuvent fausser nos institutions, ensevelir dans leurs bureaux les pétitions de la France, et il faudroit leur livrer la liberté de la presse, seule garantie qui nous reste, seul supplément moral à la loi sur la responsabilité des ministres !

Quelque malheur inouï, soudain, imprévu, exige-t-il qu'on immole immédiatement cette liberté à la sûreté publique? Non, messieurs, la France est souffrante[1], mais paisible; elle attendoit avec patience l'amélioration de son sort. Pour un impôt d'un milliard ponctuellement payé, elle se contentoit du droit de faire entendre quelques plaintes; plaintes que d'ailleurs les ministres n'écoutoient pas, et qu'elle n'avoit plus même la prétention de leur faire écouter : et voici qu'on veut punir jusqu'à ses inutiles paroles ! Voici que du sein de la plus profonde paix sort une loi de discorde et de destruction, une loi qui ressemble à ces lois nommées d'*urgence* dans nos temps de calamités, alors que les passions prenoient le prétexte des périls pour créer des malheurs.

Ce qu'il y avoit à faire, nobles pairs, c'étoit de refondre dans une seule loi toutes nos lois relatives à la presse; d'établir dans cette loi unique

---

[1] L'ordonnance royale vient de guérir une de ses principales plaies.

la liberté pleine et entière, conformément à l'esprit et à la lettre de la Charte : plus de brevet obligé pour le libraire, plus d'autorisation nécessaire pour établir un journal, plus de poursuites en tendance, plus de censure facultative, plus de responsabilité générale de l'imprimeur, plus de gêne pour la propriété littéraire. Cette large base posée, élevez votre édifice : punissez avec la dernière sévérité les abus, les délits et les crimes qui pourroient être commis par la presse. Je ne reculerai devant aucune des conditions et des menaces de cette loi; je suis prêt à voter tout ce qui mettra à l'abri la légitimité et la monarchie, la religion et la morale, tout ce qui s'accordera d'une part avec la liberté, de l'autre avec la justice.

L'*immanis lex*, que j'ai demandée avec la liberté complète de la presse, je la demande encore; car je ne suis pas de ceux qui abandonneroient sans crainte la société sans défense à la licence des passions. Mais, si j'admets une loi forte pour les délits et les crimes susceptibles d'être commis par la voie de la presse, je ne veux pas une loi inique, *iniqua lex*, *injusta lex*; je repousse une loi qui détruit la liberté, en affectant de frapper le violateur de cette liberté; une loi bien moins dirigée contre l'écrivain coupable que contre les moyens dont il s'est servi pour le devenir; une loi qui ne cherche dans le délinquant que l'objet pour lequel il a délinqué; une loi qui poursuit non le crime, mais ce qui donne matière au crime, c'est-à-dire l'innocence elle-même, victime de l'attentat commis sur elle.

Je n'insiste pas davantage pour vous prouver, messieurs, ce fait avéré, que nous avons suffisance de lois répressives des abus de la liberté de la presse, et que les tribunaux ont fait un équitable et sévère usage de ces lois. Loin de manquer, elles surabondent : par elles, il y a possibilité de ruine des écrivains, et longues années de prison; l'arbitraire, venant joindre sa tyrannie à la puissance du juge, peut à son gré imposer la censure, refuser l'autorisation pour établir un journal, et retirer à un libraire le brevet qui le fait vivre. Voilà l'inventaire de nos armes contre la liberté de penser et d'écrire; l'arsenal est assez plein.

Je passe à la seconde question que je me propose d'examiner.

Les crimes et les délits que l'on impute à l'usage de la presse et à la liberté de la presse ont-ils été commis par la presse, et sous le régime de la liberté de la presse?

Tout retentit de déclamations contre la presse : la presse a produit tous les forfaits de la révolution ; la presse a causé tous les malheurs de la monarchie; la presse a gangréné les esprits, corrompu les mœurs, ruiné la religion. Si on la laissoit faire, elle nous replongeroit dans le chaos dont nous sommes à peine sortis. Avant la liberté de la presse, tout étoit paisible et heureux en France; on n'entendoit presque jamais parler d'un crime; les autels étoient respectés; les familles présentoient le spectacle touchant de la fidélité conjugale ; l'enfance, protégée par une éducation chrétienne, conservoit toute sa pureté; enfin, messieurs, voulez-vous connoître les maux qui vous travaillent? lisez ces monitoires avant-coureurs du projet de loi sur lequel vous délibérez; feuilletez ces *factum* intitulés *crimes de la presse*, et osez soutenir qu'il ne soit pas temps de conjurer un fléau.

Je descends dans l'arène historique, puisqu'on nous y veut bien appeler, je relève le gant que l'innocente oppression de la presse jette à la presse criminelle.

La monarchie françoise a commencé sous Clovis, comme chacun sait, vers l'an 486, en vous faisant grace, messieurs, du règne de Pharamond, si Pharamond il y a, et de ses trois premiers successeurs.

Depuis la première année du règne de Clovis

jusqu'à l'année 1438, qui vit, sous Charles VII, la découverte de l'imprimerie, posons 952 ans.

De l'année 1438 à l'année 1789, sous le règne de Louis XVI, dans un espace de 351 ans, la presse n'a jamais cessé d'être contenue ou par la terrible loi romaine, ou par les violents édits de nos Rois, ou par la censure.

Le 27 août 1789 la presse devint libre pour la première fois en France : elle perdit bientôt de fait, sinon de droit, cette liberté. Le 17 août 1792 amena l'établissement d'un premier tribunal criminel extra-légal, remplacé en 1793 par le tribunal révolutionnaire. Sous le Directoire, la presse retrouva pendant trois ans sa liberté pour la perdre après dans une nouvelle proscription; l'esclavage de la presse fut continué sous le Consulat et sous l'Empire.

Louis XVIII, en 1814, mit le principe de la liberté de la presse dans la Charte : divers ministères crurent devoir demander la censure. Celle-ci fut abolie en 1819, rétablie en 1820, prolongée jusqu'en 1822, et enfin levée à cette époque, bien qu'elle conserve dans la loi une existence facultative.

De compte fait, nous trouvons donc dans la monarchie 952 années de temps barbares avant la découverte de l'imprimerie, 351 années depuis cette découverte, sous le régime varié de l'oppression ou de la censure de la presse, trois années de liberté de cette presse, depuis le 27 août 1789 jusqu'au 17 août 1792, trois ans de cette même liberté sous le Directoire, jusqu'au 18 fructidor; six ans sous la Restauration : somme totale, à peu près douze années de liberté de la presse dans une monarchie de près de quatorze siècles; sommes-nous déjà fatigués de cette liberté?

Cela posé, on est forcé de convenir que tous les crimes, que toutes les corruptions dont on accuse la liberté de la presse, ne sont point le fait de cette liberté. Rien n'est mortel aux déclamations comme les chiffres : de ces chiffres il résulte que la liberté de la presse est l'exception à la règle dans nos lois. Eh! quelle exception! une exception de douze années dans des institutions qui embrassent une période historique de 1431 ans!

Parcourons maintenant les époques. Lorsqu'en 1358, les paysans brûloient les châteaux des gentilshommes, comme en 1789; lorsqu'ils faisoient rôtir ces gentilshommes et s'asseyoient à un festin de cannibales, en contraignant des épouses et des filles outragées à le partager avec eux, étoit-ce l'imprimerie non encore découverte qui avoit endoctriné ces vassaux félons?

Lorsque le 12 juillet 1418, le peuple de Paris

donna dans les prisons la première représentation des 2, 4 et 6 septembre 1792 ; lorsqu'obligeant les prisonniers de sortir un à un, il les massacroit à mesure qu'ils sortoient : lorsqu'il éventroit les femmes, pendoit les grands seigneurs et les évêques, l'imprimerie étoit inconnue ; l'esprit humain reposoit encore dans une vertueuse ignorance.

Recueillie à sa naissance par la Sorbonne et ensuite par Louis XI, qui la mit apparemment dans une cage de fer, l'imprimerie étoit foible à la fin du seizième siècle et au commencement du dix-septième, pour être accusée de toutes les calamités avenues sous les règnes qui précédèrent ceux de la maison de Valois.

Les massacres de la Saint-Barthélemi vouloient-ils l'indépendance de l'opinion ! Ce nommé Thomas qui se vantoit d'avoir tué de sa main quatre-vingts huguenots dans un seul jour ; cet autre assassin qui, par son récit, épouvanta Charles IX lui-même ; ce Coconnas qui racheta des mains du peuple trente huguenots pour les tuer à petits coups de poignard, après leur avoir fait abjurer leur foi, sous promesse de la vie ; ces brigands de 1572 ne ressembloient-ils pas assez bien aux septembriseurs de 1792 ? Je ne sache pas néanmoins qu'ils fussent grands partisans de la liberté de la presse.

Jacques Clément, Ravaillac, Damiens, avoient été régicides avant les régicides de 1793, et le Parlement de Paris avoit commencé à instruire le procès d'Henri III avant que la Convention mît Louis XVI en jugement.

Eh! messieurs, les horreurs mêmes de la révolution ont-elles eu lieu en face de la liberté de la presse? La presse, devenue libre en 1789, cessa de l'être le 17 août 1792; alors s'établit, je l'ai déjà dit, un tribunal prévôtal. Quelles furent les premières victimes immolées? des gens de lettres, défenseurs du monarque et de la monarchie. Durosoy, jugé à cinq heures du soir, et conduit au supplice à huit heures et demie, remit au président du tribunal un billet qui ne contenoit que ces mots : *Un royaliste comme moi devoit mourir un jour de Saint-Louis.* Il précéda son roi que tant d'autres devoient suivre : il eut la tête tranchée le 25 août 1792.

Les *écrivassiers*, les vils *folliculaires* que poursuit le présent projet de loi ne se découragèrent point; ils ne s'effrayèrent point de marcher dans un peu de sang sorti de leurs veines : tous les royalistes prirent la plume; les journaux devinrent un périlleux champ de bataille; l'intelligence humaine eut ses grenadiers et ses gardes d'honneur, qui se faisoient tuer au pied du trône.

Et que faisoient alors les prédicateurs de l'ignorance? Plusieurs se cachoient devant les échafauds, et quelques-uns jusque dans les crimes révolutionnaires, afin sans doute d'être plus à l'abri.

Au moment du procès de Louis XVI, les écrivains mêlèrent leurs voix à celle des trois défenseurs de la grande victime; mais elles étoient étouffées par la faction régicide. A cette faction seule étoit laissée la liberté entière de tout exprimer : la mort, qui présidoit à ce tribunal de sang, retiroit la parole à quiconque vouloit défendre l'innocence et la vertu; témoin ce grand-citoyen, ce magistrat courageux, l'immortel Malesherbes.

Et vous, mon illustre collègue [1], vous qui avez l'insigne honneur d'être nommé dans l'Evangile de la royauté, j'en appelle à votre déposition : appuyé par la liberté complète de la presse, votre triomphe n'auroit-il pas été assuré? Si la France avoit pu hautement se faire entendre, vous auriez brisé les fers du Martyr, et nous pourrions aujourd'hui vous féliciter de votre gloire, sans répandre des larmes. Mais votre éloquence fut un baume inutile appliqué sur les blessures du Juste; votre auguste maître

[1] M. Desèze.

auroit pu dire de vous ce que le Christ dit de la femme charitable : *En répandant ce parfum sur mon corps, elle l'a fait en vue de ma sépulture :* AD. SEPELIENDUM ME FECIT.

Un nouveau tribunal criminel extraordinaire avec jurés fut érigé le 10 mars 1793, et mis en activité le 27 du même mois; le 29, on prononça la peine de mort contre ceux qui provoquoient le rétablissement de la royauté, c'est-à-dire contre les écrivains.

Le 17 septembre de la même année, vint le décret contre les suspects : la Reine périt le 16 octobre. Le 28 du même mois, le tribunal criminel extraordinaire prit le nom fameux de tribunal révolutionnaire.

Le premier numéro du bulletin de ces lois, où sera inscrite la loi actuelle, si vous l'adoptez, contient la loi qui réprima les abus de la liberté de la presse pendant le règne de la Terreur. Cette loi portoit :

« Art. 1er. Il y aura un tribunal révolutionnaire.

» Art. 4. Le tribunal révolutionnaire est ins-
» titué pour punir les ennemis du peuple.

» Art. 5. Les ennemis du peuple sont (suit
» la catégorie des ennemis du peuple : on y
» trouve) ceux qui auront provoqué le réta-
» blissement de la royauté..................; ceux qui
» auront cherché à égarer l'opinion, à altérer

» l'énergie et la pureté des principes révolution-
» naires et républicains, ou à en arrêter les pro-
» grès par *des écrits contre-révolutionnaires ou*
» *insidieux.*

» Art. 7. La peine portée contre tous les délits
» dont la connoissance appartient au tribunal
» révolutionnaire est *la mort.*

» Art. 9. Tout citoyen a le droit de saisir et
» de conduire devant les magistrats les conspira-
» teurs et les contre-révolutionnaires. »

L'article 13 dispense de la preuve testimoniales, et l'article 16 prive de défenseur les *conspirateurs.*

Voilà, messieurs, de la haine contre la liberté de la presse sur une grande échelle : Couthon s'entendoit à réprimer les abus de cette liberté. Au moins on ne soumettoit pas les gens de lettres à une loi d'exception ; la justice et l'égalité de ces temps promenoient sur eux le niveau révolutionnaire : la mort étoit alors le droit commun françois. Les écrivains frappés avec tous les gens d'honneur étoient attachés, en allant au supplice non avec des galériens, mais avec Malesherbes, avec Mme Élisabeth. Pour comité de censure on avoit le club des Jacobins ; pour gazette du matin le procès-verbal des exécutions de la veille ; le bourreau étoit le seul journaliste quotidien qui fût en pleine possession de la liberté de la presse. On n'exigeoit pas des autres écrivains le dépôt de leurs ouvrages, mais celui de leurs têtes : c'étoit plus logique; car s'il est vrai que les morts ne reviennent pas, il est aussi certain qu'ils n'écrivent plus.

Cependant, messieurs, sous la Terreur on se plaignoit aussi de la liberté de la presse; on arrêtoit les journaux à la poste comme rendant un compte infidèle des séances de la Convention. Thuriot assuroit que *l'esprit public étoit corrompu par des écrits pernicieux; il demandoit que l'on empêchât la circulation de ces journaux qui infectoient tous les jours la France entière de leur poison* : ce sont ses propres paroles. Les rédacteurs du *Moniteur* se virent dans le plus grand péril pour avoir cité un discours prononcé à la Société des Jacobins, et inséré dans le journal de cette horde. Le Comité de salut public envoyoit chercher les épreuves du *Moniteur* et effaçoit apparemment les calomnies contre les crimes. Robespierre s'élevoit contre la licence des écrits; il donnoit à entendre qu'il étoit impossible de gouverner avec la liberté de la presse ; il incriminoit quelques numéros du *Vieux Cordelier,* journal de Camille Desmoulins; il vouloit qu'on le brûlât, et Camille Desmoulins lui disoit fort bien que *brûler n'étoit pas répondre.*

Vous jugez facilement, messieurs, de l'état de la liberté de la presse en France à l'époque où *le Vieux Cordelier* passoit pour le journal de l'Opposition, pour le journal royaliste. Dans la solitude du Temple, lorsque le Roi-Orphelin étoit déjà appelé au ciel par son père, on n'entendoit que le bruit de la machine de mort et les acclamations des furies révolutionnaires. Qui dans la France désolée chantoit encore un *Domine salvum fac Regem* pour le royal enfant délaissé? Quelques écrivains cachés au fond des forêts, des cavernes et des tombeaux.

Après la Terreur, la liberté de la presse reparut : son effet fut tel qu'on se crut au moment de voir rentrer le Roi. Il fallut du canon et le génie de Buonaparte pour réduire la liberté de la presse. Celui qui devoit remporter de plus nobles victoires foudroya les écrivains. A la tête d'une des sections de Paris, il rencontra un homme d'honneur et de talent armé pour les chefs de cette vieille monarchie dont il devoit écrire l'histoire; personnages illustres auxquels il est trop heureux d'avoir pu donner dernièrement un nouveau gage de sa fidélité[1].

A cette même époque du 13 vendémiaire, un autre homme fut arrêté à Chartres et amené

---

[1] M. Ch. Lacretelle.

à Paris par des gendarmes, lesquels avoient ordre de l'attacher à la queue de leurs chevaux. L'enceinte où l'Académie tient aujourd'hui ses séances étoit alors une prison : on y renferma l'homme arrêté à Chartres. Les gendarmes venoient le prendre chaque matin; ils le conduisoient à une commission militaire. Au bout de cinq jours, on le condamna à être fusillé. De quel crime fut-il atteint et convaincu? D'avoir usé dans son journal de la liberté de la presse en faveur du Roi légitime. Cet homme, aujourd'hui membre de l'Académie, a été frappé avec deux de ses confrères, frappé dans le lieu même qui fut jadis son cachot, frappé pour avoir réclamé une seconde fois cette liberté de la presse dont il avoit fait un si loyal emploi [1]. Convenons, messieurs, que ce sont là de bizarres destinées, de singuliers rapprochements et d'utiles leçons.

Dispersés un moment par le canon du 13 vendémiaire, quand ce censeur eut fini de gronder, les amis de la liberté de la presse revinrent à la charge pour la Famille exilée. Le Directoire proposa de les déporter en masse. Les propriétaires, entrepreneurs, directeurs, auteurs, rédacteurs et collaborateurs de cinquante-quatre

---

[1] M. Michaud.

journaux furent proscrits. Quelques orateurs voulurent les défendre dans le conseil des Cinq-Cents; ils firent observer que par le vague de la rédaction, les innocents couroient le danger d'être confondus avec les coupables; on cria : *Tant mieux!* Le représentant du peuple soutint que *les écrivains étoient des conspirateurs, que leur existence accusoit la nature et compromettoit l'espèce humaine, qu'ils corrompoient la morale publique, qu'ils flétrissoient les réputations les mieux méritées.* L'assemblée déclara que tous les journalistes étoient des *coquins*, et en répétant *aux voix! aux voix!* on proscrivit quatre-vingts citoyens en haine de la liberté de la presse et de la légitimité.

Et quels étoient ces vils folliculaires, ces méprisables journalistes? C'étoient les hommes les plus distingués par leur talents, les Fontanes, les Suard, les Bertin, les Fiévée, les Michaud, les Royou, les Lacretelle, et tant d'autres. Ici, messieurs, une remarque importante doit être faite.

La liberté de la presse a commencé en France en 1789, précisément avec la révolution : de là il est arrivé que les premiers rédacteurs des premiers journaux libres n'ont été que des citoyens de tous les rangs, de toutes les conditions, de toutes les fortunes, qui s'emparèrent de cette nouvelle arme pour défendre, chacun selon son opinion, les intérêts de leur pays. Le noble et le plébéien, l'homme de cour et l'habitant de la ville, le prêtre et le laïque, le ministre et le député, le juge et le soldat, déposèrent leur pensée dans les feuilles périodiques. Au moment où les plus grandes questions étoient soulevées, au moment où l'ancien ordre de choses disparoissoit, on ne s'occupa pas *théoriquement* de la liberté de la presse; on se hâta de la mettre en *pratique;* on n'usa pas de la liberté de la presse dans son intérêt propre, mais dans l'intérêt des existences personnelles en péril. Ainsi les journalistes politiques, à leur naissance, n'ont point été chez nous, comme partout ailleurs, de simples raconteurs de nouvelles. Voilà pourquoi il est si injuste d'oublier leur noble origine, de les insulter d'un ton superbe. Vous leur demandez des garanties de leur principes, ils vous exhiberont les arrêts d'emprisonnement, d'exil, de déportation et de mort dont ils ont été frappés. Contesterez-vous la validité de leurs titres? N'accepterez-vous pas ces cautionnements qui sont bien à eux, et qu'ils n'ont pas empruntés?

Le consulat et l'usurpation impériale ne purent s'établir par la servitude de la presse, mais du moins Buonaparte donna la gloire pour censeur à la liberté : c'étoit l'esclavage, moins la honte.

Sous le poids de ces chaînes brillantes, les écrivains conservèrent seuls le souvenir des Bourbons : on étoit distrait et enivré dans les camps par la victoire : les gens de lettres en fouillant dans les caveaux de Saint-Denis, en rappelant l'antique religion, réveilloient des regrets, faisoient naître des espérances; jamais race de Rois n'a tant eu à se louer de la presse que la race de saint Louis. Je le dirai sans crainte d'être démenti, c'est principalement aux gens de lettres que nous sommes redevables du retour de la légitimité : ils la cachèrent dans le sanctuaire des Muses au jour de la persécution, comme les Lévites conservèrent dans le Temple la dernière goutte du sang de David. Leur fidélité et leur dévouement au malheur ne méritoient pas le projet de loi qui les menace.

Sur les treize années de la monarchie constitutionnelle, on compte sept années de censure: dans ces sept années se trouvent placés le retour de Buonaparte et cinq ou six conspirations. Nous n'avons, messieurs, été tranquilles, les conspirations n'ont cessé que depuis qu'on nous a rendu la liberté de la presse. Singulière inadvertance! on met sur le compte de la liberté de la presse, à peine établie depuis quelques années, tous les désordres, tous les malheurs qui appartiennent à des temps où la presse a été opprimée par la violence des édits, le joug de la censure, et la terreur de la révolution.

Si, m'abandonnant les crimes pour ainsi dire politiques, on se rabattoit sur les crimes de l'ordre moral et civil, on n'auroit pas meilleur marché de l'histoire.

On nous épouvante de la monomanie cruelle d'une servante; et nous voyons, en 1555, un misérable, appartenant à une profession sacrée, se jeter, par amour du sang, sur une petite fille âgée de six ans, et l'égorger ! Aux empoisonnemens tentés de nos jours j'opposerai ceux de la veuve Merle, en 1782; de Desrues, en 1776; de la Brinvilliers, en 1674; enfin du parfumeur de Catherine de Médicis, en 1572 : « homme » confit en toutes sortes de cruautés et de mé- » chancetés, dit Pierre de l'Estoile ; qui alloit » aux prisons poignarder les huguenots, et ne » vivoit que de meurtres, brigandages et em- » poisonnemens. »

Le crime de Léger est un des plus affreux de notre époque, et un de ceux qui ont le plus prêté aux déclamations contre les effets *immoraux* de la presse : il se reproduit néanmoins plusieurs fois dans l'histoire de la monarchie absolue. On le retrouve sous le règne de Charles VII, dans le maréchal de Retz : ses débauches et ses cruautés sont trop connues. En 1610 fut roué et brûlé à Paris un scélérat, pour violences envers ses trois filles en bas âge : les détails du crime étoient si affreux, que le parlement condamna la procédure à être brûlée avec le criminel; *afin*, dit l'historien, *que ce fait tant énorme fût enseveli et éteint à jamais dans les cendres d'oubliance.* Enfin, en 1782, Blaise Ferage Seyé, maçon, âgé de vingt-deux ans, se retira dans un antre sur le sommet d'une des montagnes d'Aure. Vers le déclin du jour, il sortoit de sa caverne, enlevoit les femmes, poursuivoit à coups de fusil celles qui fuyoient, et exerçoit sur ces victimes expirantes toutes les fureurs de Léger. Il ne vivoit plus de pain, et étoit devenu anthropophage. Il fut saisi par la justice, et rompu vif le 13 décembre 1782.

La plupart de ces criminels ne savoient ni lire ni écrire.

Mais voici quelque chose de plus concluant : M. le garde des sceaux a fait publier le compte général de l'administration de la justice criminelle en France pendant l'année 1825. Il résulte des tableaux synoptiques de ce compte que les Cours d'assises ont jugé 5653 accusations.

Eh bien ! messieurs, dans les plus beaux temps du règne de Louis XIV, en 1665, on trouve que 12,000 plaintes pour crimes de toutes les

espèces furent portées devant les commissaires royaux à ce qu'on appeloit *les grands jours d'Auvergne*, c'est-à-dire qu'en 1665 on jugea dans une seule province de la France deux fois plus de crimes que l'on n'en a jugé en 1825 dans toute l'étendue de la France. L'historien qui raconte le fait des douze mille plaintes n'est pas suspect de philosophie, c'est Fléchier : il entre dans les détails. Il nous apprend que l'accusateur et les témoins se trouvoient quelquefois plus criminels que l'accusé. « Un de ces terribles châ-
« telains, dit-il, entretenoit dans des tours à
« Pont-du-Château douze scélérats dévoués à
« toutes sortes de crimes, qu'il appeloit ses
« douze apôtres. » L'abbé Ducreux, éditeur des ouvrages de Fléchier, rapporte à cette occasion l'exécution d'un curé condamné pour des crimes affreux, et il déplore l'état où l'ignorance et la corruption des mœurs avoient fait tomber la société à cette époque : il y eut dans un seul jour plus de trente exécutions en effigie.

Trente-quatre ans plus tard, en 1699, toujours sous le règne du grand Roi, une femme, appelée Tiquet, eut la tête tranchée pour tentative d'assassinat sur son mari. Louis XIV, sollicité par le mari même de cette femme, alloit accorder des lettres de grâce, lorsque l'archevêque de Paris représenta au Roi que les confesseurs avoient *les oreilles rebattues* de projets contre la vie des maris. L'arrêt fut exécuté.

Certes, on ne dira pas que la religion fut sans force, le clergé sans puissance, l'instruction chrétienne sans vigueur sous le règne de Louis XIV, et pourtant les forfaits que je viens de rappeler n'étoient ni prévenus par l'esprit d'un siècle que l'on nous cite comme modèle, ni fomentés par la liberté de la presse qui n'existoit pas.

Il m'en a coûté, messieurs, de vous présenter ce triste inventaire des dépravations humaines. C'est bien malgré moi que j'en suis venu à ces affligeantes représailles; mais tous les jours les détracteurs de nos institutions nous poursuivoient de leurs mensonges : le tableau des prétendus crimes de la presse, incessamment ravivé, fascinoit la foule, troubloit les esprits foibles, rendoit perplexes les caractères les plus fermes. Il falloit en finir; il falloit faire remonter le mal à sa source en confondant la mauvaise foi; il étoit urgent de prouver que les forfaits attribués à la liberté de la presse, afin d'avoir un prétexte de l'étouffer, ne sont point d'elle; que ces forfaits se retrouvent avec plus d'abondance, avec des circonstances plus atroces aux diverses époques de la monarchie absolue. Ignorance et censure, reprenez vos crimes ! En maxime de droit les coupables ne sont reçus ni comme témoins, ni comme accusateurs.

Si l'on me disoit que des attentats peuvent être commis sous la liberté de la presse, je ne suis pas assez absurde pour le contester. Mais est-ce la question ? Il s'agit de savoir si l'asservissement de la presse prévient les actions coupables : or, c'est ce que je nie. Par les exemples que j'ai cités, j'ai le droit de soutenir que les crimes sont plus nombreux, plus faciles à exécuter dans l'absence de la liberté de la presse qu'en présence de cette liberté.

Reste à examiner l'article des mœurs. J'en suis fâché pour les partisans du projet de loi, pour les admirateurs du bon vieux temps auquel ce projet ne manquera pas de nous ramener : les abominables jours de la liberté de la presse, ces jours où nous avons le malheur de vivre vont encore gagner leur procès.

A quelle époque de la monarchie absolue veut-on que je me place ? sous la première ou sous la seconde race ? Ouvrirons-nous Grégoire de Tours, Frédégaire, Éginhart, les Annales de Fuldes ou les Chroniques des Normands ? Nous y verrions de bien belles choses sur les bonnes mœurs de ces temps où l'invention de l'imprimerie n'étoit point encore sortie de l'enfer. Passerons-nous tout de suite aux croisades ? Les chevaliers sans doute étoient des héros; mais étoient-ils des saints ? Qu'on lise les sermons de saint Bernard; on verra ce qu'il reprochoit à son siècle. Après le règne de saint Louis, nous ne rencontrons guère que des cours corrompues; le brigandage des guerres civiles se mêle à des dévotions déshonorées par tous les genres d'excès.

Il est affreux de le dire, mais il ne faut rien laisser d'inconnu sur ces temps dont on a le courage de regretter l'ignorance : la religion, messieurs, subissoit les outrages de cette ignorance. C'étoit l'hostie sur les lèvres, c'étoit après avoir juré à la sainte table l'oubli de toute inimitié qu'on enfonçoit le poignard dans le sein de celui avec lequel on venoit de se réconcilier. On ne se servoit de l'absolution du prêtre que pour commettre le crime avec innocence. La conscience retrouvoit la paix dans le sacrilége, et Louis XI expiroit sans remords, sinon sans terreur.

Isabelle de Bavière mourut en 1435, trois années seulement avant la découverte de l'imprimerie : apparemment que l'approche de ce fléau se fit sentir dans le règne de cette reine, à en juger par la dépravation des mœurs.

A la cour de ces ducs de Bourgogne, qu'un de nos nobles collègues [1] a peinte avec le charme des anciennes chroniques et la raison de l'histoire moderne, les grands seigneurs se *gaudissoient* à table dans des contes trop naïfs, qui

---

[1] M. de Barante.

sont devenus *les Cent Nouvelles-Nouvelles.* Qu'on ne dise pas que ces déviations morales n'avoient lieu que dans le cercle des grands : elles se faisoient remarquer partout. Les plaintes contre la dissolution des religieux et des prélats étoient générales. Le peuple se laissoit emporter à des débordements effroyables : qui n'a entendu parler de la *vaudoisie* d'Arras? Les hommes et les femmes se retiroient la nuit dans les bois, où, après avoir trouvé un certain démon, ils se livraient pêle-mêle à une prostitution générale.

Les lois voulurent réprimer ces excès; elles furent atroces : elles punirent par une espèce de débauche de barbarie la débauche des mœurs.

Regretterons-nous ces temps où des populations entières étoient ainsi abruties? D'un côté l'ignorance des lettres humaines, de l'autre côté l'enseignement de la religion et l'exercice du pouvoir absolu, n'étoient-ils pas impuissants contre ces horreurs? Aujourd'hui de pareilles choses seroient-elles possibles? N'est-ce pas le progrès de la civilisation et des lumières, n'est-ce pas l'usage que les hommes ont fait de la faculté de penser et d'écrire, n'est-ce pas l'accroissement des libertés publiques qui a délivré le monde de ces prodigieuses corruptions?

Je ne m'imagine pas que le règne de François Ier fût précisément un règne de vertu, bien que ce grand roi eût eu l'intention, pendant quelques mois, de faire briser toutes les presses de son royaume. Rabelais et Brantôme ne manquent ni de saletés, ni d'impiétés : on brûloit cependant de leur temps les hérétiques. Il est probable que Charles IX n'eût pas permis qu'on volât la vaisselle d'argent de son hôte, le siéur de Nantouillet, chez lequel il avoit dîné, si l'on avoit joui d'un peu plus de liberté de la presse. Henri III, habillé en femme, un collier de perles au cou, ne fait pas beaucoup d'honneur aux mœurs de ces temps, où l'on défendoit d'écrire *à peine de la hart*. Villequier tue sa femme parce qu'elle ne veut pas se prostituer à Henri III; Cimier tue son frère, chevalier de Malte, parce que ce frère avoit entretenu un commerce criminel avec sa belle-sœur; Vermandet est décapité pour inceste; Dadon, régent de classe, est brûlé comme corrupteur de l'enfance; la duchesse de Guise se livre à un moine pour obtenir l'assassinat d'un roi; et Marguerite de Valois va cacher dans le château d'Usson les désordres de sa vie.

Le sentiment religieux n'étoit pas moins altéré que le sentiment moral. Ceux-ci, catholiques sincères, le chapelet à la main, s'enfonçoient dans tous les vices; ceux-là, abandonnés aux mêmes vices, tuoient les réformés sans être persuadés de la religion au nom de laquelle ils les persécutoient. Maugiron et Saint-Mégrin moururent le blasphème à la bouche. Les athées étoient fort communs. Il y avoit des hommes, disent plaisamment les Mémoires du temps, *qui ne croyoient à Dieu que sous bénéfice d'inventaire* [1].

En nous rapprochant de notre siècle, serons-nous plus édifiés des mœurs de la Fronde? Le cardinal de Retz nous les a trop fait connoître.

Par respect, admiration et reconnoissance, jetons un voile sur certaine partie du règne de Louis-le-Grand.

Enfin, à l'abri de la censure fleurirent dans toute leur innocence l'âge d'or de la Régence et les jours purs qui l'ont suivie. Ces temps sont trop près de nous pour descendre à des particularités qui deviendroient des satires. Il suffira de noter quelques faits généraux à l'appui de la thèse que je soutiens.

A cette époque, messieurs, les diverses classes de la société se ressembloient : les Mémoires de Lauzun et de Bezenval ne contiennent pas plus de turpitudes que les Mémoires de Grimm et de madame d'Épinay, que les Confessions de Rousseau et les Mémoires des secrétaires de Voltaire.

[1] *Voyez*, pour le complément de ce tableau, la préface de la 2ᵉ édition, page 130 de ce même volume.

Par une dérision dont l'histoire offre plusieurs exemples, on ne croyoit pas en Dieu, et l'on fulminoit des arrêts contre l'impiété; les hommes les moins chastes prononçoient des châtiments contre les publications obscènes; les édits de 1728 et de 1757 condamnoient au bannissement, aux galères, au pilori, à la marque, à la potence, les auteurs, imprimeurs et distributeurs des livres contre l'ordre religieux, moral et politique. Le gouvernement n'avoit plus l'air d'être celui du peuple sur lequel il dominoit. On remarquoit, entre les lois et les mœurs, ces contradictions qui annoncent une altération radicale dans le fond des choses, et un prochain changement dans la société.

N'est-ce pas lorsque les colléges étoient gouvernés par des ecclésiastiques que se sont échappés de ces mêmes colléges les destructeurs du trône et de l'autel? Je n'accuse point la science et la piété de ces anciens maîtres, je désire que l'éducation soit fortement chrétienne; je ne fais point la guerre au passé, mais je défends le présent qu'on calomnie : je dis qu'on n'empêche point les générations d'être ce qu'elles doivent être; je dis qu'on n'est pas reçu à charger la liberté de la presse des désordres que l'on croit apercevoir aujourd'hui, lorsque le 18ᵉ siècle avec son impiété et sa dépravation s'est écoulé sous la censure, s'est élancé du sein même de l'enseignement religieux, dans le gouffre de la révolution.

Me dira-t-on que c'est précisément la licence des écrits qui a engendré les malheurs et la corruption du dernier siècle? Alors je demande à quoi bon les mesures que vous proposez, puisque le gibet, le carcan, les galères, le donjon de Vincennes, la Bastille, la censure et le pouvoir absolu n'ont pu arrêter l'essor de la pensée; puisqu'en condamnant au feu le chevalier de la Barre vous n'avez point épouvanté l'impiété? Essayez donc de la liberté de la presse, ne fût-ce que comme un remède, l'inefficacité de l'oppression pour étouffer l'indépendance de l'esprit de l'homme étant reconnue.

Cessons, messieurs, de flétrir le siècle qui commence : nos enfants valent mieux que nous. On s'écrie que la France est impie et corrompue, et, quand on jette les yeux autour de soi, on n'aperçoit que des familles plus régulières dans leurs mœurs qu'elles ne l'ont jamais été; on ne voit que des temples où se presse une multitude attentive, qui écoute avec respect les instructions de son pasteur. Une jeunesse pleine de talent et de savoir, une jeunesse sérieuse, trop sérieuse peut-être, n'affiche ni l'irréligion ni la débauche. Son penchant l'entraîne aux études graves et à la recherche des choses positives. Les déclamations ne la touchent point ; elle demande qu'on l'entretienne de la raison, comme l'ancienne jeunesse vouloit qu'on lui parlât de plaisirs. On l'accuseroit injustement de se nourrir d'ouvrages qu'elle méprise, ou qui sont si loin de ses idées qu'elle ne les comprend même plus. Il y a très-peu d'hommes de mon âge et au-delà qui n'aient la mémoire souillée d'un poëme doublement coupable : vous ne trouveriez pas dix jeunes gens qui sussent aujourd'hui dix vers de ce poëme que nous savions tous par cœur au collége.

Que prétendez-vous donc ? Vous vous créez des chimères, et, pour les combattre, vous imaginez de rétablir précisément la législation qui a produit les mauvais livres dont vous vous plaignez. Voulez-vous faire des impies et des hypocrites, montrez-vous fanatiques et intolérants. La morale n'admet point de lois somptuaires : ce n'est que par les bons exemples et par la charité que l'on peut diminuer le luxe des vices.

Mais observez, je vous prie, messieurs, que cette jeunesse, si tranquille maintenant avec la liberté de la presse, étoit tumultueuse au temps de la censure. Elle s'agitoit sous les chaînes dont on chargeoit la pensée. Par une réaction naturelle, plus on la refouloit vers l'arbitraire, plus elle devenoit républicaine; elle nous poussoit hors de la scène, nous autres générations vieillissantes, et, dans son exaspération, elle nous eût peut-être écrasés tous. Bannie du présent, étrangère au passé, elle se croyoit permis de disposer de l'avenir : ne pouvant écrire, elle s'insurgeoit; son instinct la portoit à chercher à travers le péril quelque chose de grand, fait pour elle, et qui lui étoit inconnu : on ne la contenoit qu'avec des gendarmes. Aujourd'hui, docile jusque dans l'exaltation de la douleur, si elle fait quelque résistance, ce n'est que pour accomplir un pieux devoir, que pour obtenir l'honneur de porter un cercueil : un regard, un signe l'arrête. Sous la menace d'une nouvelle loi de servitude, cette jeunesse donne un rare exemple de modération; à la voix d'un maître qu'elle aime, elle comprime ces sentiments que la candeur de l'âge ne sait ni repousser, ni taire : plus de mille disciples (délicatesse toute françoise!) cachent dans leur admiration leur reconnoissance : ils remplacent par des applaudissements dus au plus beau talent ceux qu'ils brûloient de prodiguer à la noblesse d'un sacrifice [1].

Je ne sépare point, messieurs, de ces éloges donnés à la jeunesse, les fils des guerriers re-

---

[1] M. Villemain.

nommés, des savants illustres, des administrateurs habiles, des grands citoyens, qui représentent au milieu de cette noble Chambre les différentes gloires de leurs pères. Instruits aux libertés publiques sans les avoir achetées par des malheurs, ils apprendront de vous, nobles pairs, l'art difficile de ces discussions où la connoissance de la matière se joint à la clarté des idées et à l'éloquence du langage, de ces discussions où toutes les convenances sont gardées, où les passions ne viennent jamais obscurcir les vérités, où l'on parle avec sincérité, où l'on écoute avec conscience. Pénétrés de la plus profonde reconnoissance pour la mémoire d'un roi magnanime qui voulut bien donner à leur sang une portion de souveraineté héréditaire, nos enfants seront prêts, comme nous, à verser pour nos Princes légitimes la dernière goutte de ce sang; ils leur feront, s'il le faut, un sacrifice plus pénible : ils oseront signaler les erreurs échappées peut-être aux conseillers de la couronne, et par qui la France auroit à souffrir dans son repos, sa dignité ou son honneur. Ils se souviendront des belles paroles de l'ordonnance qui institue l'hérédité de la pairie : « Voulant » donner à nos peuples, dit Louis XVIII, un » nouveau gage du prix que nous mettons à fon- » der de la manière la plus stable les institutions

» sur lesquelles repose le gouvernement que
» nous leur avons donné, ET QUE NOUS REGAR-
» DONS COMME LE SEUL PROPRE A FAIRE LEUR
» BONHEUR. »

Telles sont, messieurs, les générations qui vivent sous la liberté de la presse, et telles furent celles qui ont passé sous l'asservissement de la presse. C'est un fait incontestable que partout où la liberté de la presse s'est établie, elle a adouci et épuré les mœurs, en éclairant les esprits. Quand a cessé ce long massacre de Rois, ces atroces guerres civiles qui ont désolé l'Angleterre? Quand la liberté de la presse a été fixée. Deux fois l'incrédulité a voulu se montrer dans la Grande-Bretagne sous la bannière de Toland et de Hume, deux fois la liberté de la presse l'a repoussée. Jetez les yeux sur le reste de l'Europe; vous reconnoîtrez que la corruption des mœurs est précisément en raison du plus ou moins d'entraves que les gouvernements mettent à l'expression de la pensée. Un écrivain qui consacre ses veilles à des travaux utiles vous a prouvé que jusque dans Paris les quartiers où il y a plus d'instruction sont ceux où il y a moins de désordre [1]. On vous a parlé de la multitude des mauvais livres : un de vos savants collègues, à

---

[1] M. Dupin.

la fois homme d'État et homme de lettres supérieur [1], a démontré, par des calculs sans réplique, que les ouvrages sur la religion, l'histoire et les sciences, c'est-à-dire tous les ouvrages sérieux, ont augmenté depuis les années de la liberté de la presse dans une proportion qui fait honneur à l'esprit public.

La véritable censure, messieurs, est celle que la liberté de la presse exerce sur les mœurs. Il y a des choses honteuses qu'on se permettroit avec le silence des journaux, et qu'on n'oseroit hasarder sous la surveillance de la presse. Les grands scandales, les grands forfaits dont notre histoire est remplie dans les plus hauts rangs de la société, seroient aujourd'hui impossibles avec la liberté de la presse. N'est-ce donc rien qu'une liberté qui peut prévenir l'accomplissement d'un crime, ou qui force les chefs des Empires à joindre la décence à leurs autres vertus?

Tel est, messieurs, le tableau complet des mœurs de ces siècles, où la presse et la liberté de la presse étoient ignorées. Écrasé par les faits, accablé par les preuves historiques, on est obligé de reconnoître que toutes les accusations contre la liberté de la presse n'ont pas le plus léger fondement; on reste convaincu qu'il faut chercher

[1] M. Daru.

non dans des intérêts généraux, mais dans de misérables intérêts particuliers, la cause d'un déchaînement qui, autrement, seroit inexplicable. Il est en effet facile d'établir les catégories des ennemis de la liberté de la presse, et c'est par là que je vais terminer cette seconde partie de mon discours.

Les ennemis (je ne dis pas les adversaires) de la liberté de la presse sont d'abord les hommes qui ont quelque chose à cacher dans leur vie, ensuite ceux qui désirent dérober au public leurs œuvres et leurs manœuvres, les hypocrites, les administrateurs incapables, les auteurs sifflés, les provinciaux dont on rit, les niais dont on se moque, les intrigants et les valets de toutes les espèces.

La foule des médiocrités est en révolte contre la liberté de la presse : comment, un sot ne sera pas en sûreté ! Cette Charte est véritablement un fléau ! Les petites tyrannies qui ne peuvent s'exercer à l'aise, les abus qui n'ont pas les coudées franches, les sociétés secrètes qui ne peuvent parler sans qu'on les entende, la police qui n'a plus rien à faire, jettent les hauts cris contre cette maudite liberté de la presse. Enfin, les censeurs en espérance s'indignent contre un ordre de choses qui les affame; ils battent des mains à un projet de loi qui leur promet des ouvrages à mettre au pilon, comme les entrepreneurs de funérailles se réjouissent à l'approche d'une grande mortalité.

Restent après tous ceux-ci quelques hommes extrêmement honorables que des préventions, des théories, peut-être le souvenir de quelques outrages non mérités, rendent antipathiques à la liberté de la presse. Je vous parlerai bientôt, messieurs, d'une classe d'hommes qui ne veut pas non plus de cette liberté, parce qu'elle ne veut pas de la monarchie constitutionnelle.

Mais, dira-t-on, vous ne nierez pas l'existence des petites biographies? Non! Je rappellerai seulement à votre mémoire que ces espèces de pamphlets ont existé de tout temps. Si la monarchie avoit pu être renversée par des chansons et des satires, il y a long-temps qu'elle n'existeroit plus. Allons-nous rendre des arrêts contre la conspiration des épigrammes, et ajouter gravement au Code criminel le titre *des bons mots et des quolibets?* Ce seroit une grande misère que de voir l'irréligion dans un calembour, et la calomnie dans un logogryphe.

Chez nos pères, les *sirventes* n'étoient, messieurs, que des satires personnelles les plus amères. Qui ignore les écrits de la Ligue? La satire *Ménippée* est la biographie des députés aux États-Généraux de Paris de 1593. La Fronde eut ses *Mazarinades;* les épouvantables *Philippiques* furent noblement méprisées par le Régent.

Enfin n'avions-nous pas avant la révolution, sous la protection de la censure, ces noëls scandaleux, ces chansons calomnieuses, que répétoit toute la France? N'avions-nous pas les gazettes à la main, cette *Gazette ecclésiastique* qui déjouoit toutes les recherches de la police? N'avions-nous pas ces *Mémoires secrets de Bachaumont*, « amas d'absurdités, dit La Harpe,
» ramassées dans les ruisseaux, où les plus honnêtes
» gens et les hommes les plus célèbres en
» tous genres sont outragés et calomniés avec
» l'impudence et la grossièreté des beaux-esprits
» d'antichambre. »

N'est-ce pas là, messieurs, ces biographies dont on a voulu faire tant de bruit, et qui auroient été oubliées vingt-quatre heures après leur publication, si les tribunaux n'en avoient prolongé l'existence par leur justice?

De pareils libelles sont coupables; on les doit poursuivre avec rigueur; mais il ne faut pas confondre l'ordre politique et l'ordre civil, il ne faut pas détruire une liberté publique pour venger l'injure d'un particulier. Je pourrois, messieurs, déposer sur ce bureau cinq ou six gros volumes imprimés contre moi, sans compter autant de volumes d'articles de journaux. Viendrai-je, moi chétif, pour l'amour de ma petite personne, vous demander en larmoyant la proscription de la première de nos libertés? On m'aura dit que je suis un méchant écrivain, et que j'étois un mauvais ministre : si cela est vrai, quel droit aurois-je de me plaindre? Le public est-il obligé de partager la bonne opinion que je puis avoir de moi? Arrière ces susceptibilités d'amour-propre! fi de toutes ces vanités! Autrement, tous les personnages de Molière viendroient nous présenter des pétitions contre la liberté de la presse, depuis Trissotin jusqu'à Pourceaugnac, depuis le bon M. Tartufe jusqu'au pauvre Georges Dandin.

Messieurs, vous n'êtes point des guérisseurs d'amour-propre en souffrance, des emmaillotteurs de vanités blessées, des Pères de la Merci, des Frères de la Miséricorde; vous êtes des législateurs. Pour quelques plaintes d'une gloriole choquée, pour quelques intérêts de coterie, vous ne sacrifierez point les droits de l'intelligence humaine; pour venger quelques hommes attaqués dans de méprisables biographies, vous ne violerez pas la Charte, vous ne briserez pas le grand ressort du gouvernement représentatif.

Ce n'est jamais au profit de la société tout entière qu'on nous présente des lois, c'est toujours au profit de quelques individus. On nous parle toujours des intérêts de la religion et du trône; et quand on va au fond de la question, on trouve toujours que la religion et le trône n'y sont pour rien.

Messieurs, quand nos arrière-neveux compteront quatorze cents ans de lumières et de liberté de la presse avec douze années de censure, comme nous comptons aujourd'hui quatorze siècles d'ignorance et de censure, avec douze années de liberté de la presse, le procès se pourra juger. En attendant, il est bon d'essayer si, avec la liberté de la presse, nos enfants pourront éviter la Jacquerie, les meurtres des Armagnacs et des Bourguignons; les massacres de la Saint-Barthélemi, les assassinats de Henri III, de Henri IV et de Louis XV, la corruption de la Régence et du siècle qui l'a suivie, enfin les crimes révolutionnaires, crimes qui auroient été prévenus ou arrêtés si les écrivains n'eussent été condamnés à l'échafaud, ou déportés à la Guiane.

Je n'aurois jamais osé, messieurs, entrer dans d'aussi longs développements, si je n'avois espéré de vous en abréger un peu l'ennui par l'intérêt historique. Il est plus que temps d'en venir aux autres vérités importantes dont j'ai réservé la démonstration pour la troisième partie de ce discours.

Les vérités dont je me propose maintenant, messieurs, de vous entretenir, sont celles-ci :

La religion n'est point intéressée au projet de loi; elle n'y trouve aucun secours. L'esprit du christianisme et le caractère de l'Église gallicane sont en opposition directe avec la loi.

J'entre avec une sorte de regret dans l'examen d'un sujet religieux. Nous autres hommes du siècle, nous pouvons faire tort à une cause sainte en la mêlant à nos discours : trop souvent les foiblesses de notre vie exposent à la risée la force de nos doctrines.

Mais les circonstances me ramènent malgré moi sur un champ de bataille où j'ai jadis combattu presque seul au milieu des ruines : les ennemis de la liberté de la presse proclament des périls, et, se portant défenseurs officieux des intérêts de l'autel, ils sollicitent des lois qu'ils disent nécessaires : nobles pairs, vous prononcerez entre nous.

Quelle est la position de la religion relativement à l'esprit public et relativement aux lois existantes? Examinons.

La presse a pu nuire à la religion de deux manières : ou par l'impression d'ouvrages nouveaux, ou par la réimpression d'anciens ouvrages.

Quant aux ouvrages nouveaux, l'enquête sera

bientôt terminée : depuis l'établissement de la liberté de la presse, il n'a pas été publié un seul livre contre les principes essentiels de la religion. Fut-il jamais de réponse plus péremptoire à des accusations plus hasardées ?

Quant aux réimpressions des anciens livres, le projet de loi les prévient-il ? Non.

Les lois existantes suffisoient-elles pour punir ces réimpressions ? Oui.

Une jurisprudence très sage s'est établie sur ce point; des condamnations ont été prononcées contre de vieilles impiétés reproduites, comme si ces impiétés en étoient à leur première édition. Le projet de loi que nous discutons ne stipule rien de plus; il n'ajoute par conséquent rien à la législation actuelle.

On se plaint de la réimpression des mauvais livres, et l'on ne fait pas attention que ces livres ont tous été écrits sous le régime de la censure. Et c'est par la censure, plus ou moins déguisée, que l'on veut prévenir ce que la censure n'a pu arrêter !

Que peuvent, au surplus, toutes les mesures répressives, tous les règlements de la police contre la circulation des anciens ouvrages ? Les bibliothèques sont saturées, les magasins de librairie encombrés de Rousseau et de Voltaire, le royaume en est fourni pour plus d'un demi-siècle, et, au défaut de la France, la Belgique ne vous en laisseroit par chômer. Le projet de loi n'aura d'autre effet que d'élever la valeur de ces ouvrages. Il est si bien calculé, qu'en appauvrissant les libraires par les bons livres, il les enrichiroit par les mauvais : l'esprit en est odieux, les résultats en seroient absurdes.

On ne cesse de nous citer des ouvrages dangereux, tirés à des milliers d'exemplaires, formant des millions de feuilles d'impression. Mais d'abord tous ces ouvrages se sont-ils vendus? Ils ont ruiné la plupart des éditeurs. Si une colère puérile contre la presse n'étoit venue réveiller la cupidité des marchands, tout demeuroit enseveli dans la poussière. Parcourez les provinces : vous aurez de la peine à trouver quelques exemplaires de ces écrits dont on prétend que la France est inondée.

Et parmi ces milliers de mauvais livres, tout est-il mauvais? Dans les OEuvres complètes de Voltaire, par exemple, quand vous aurez retranché une douzaine de volumes, et c'est beaucoup, le reste ne pourroit-il pas être mis entre les mains de tout le monde?

Enfin, ces milliers de mauvais livres n'ont-ils pas leur contre-poids dans des milliers de bons livres? Nos temps ont vu imprimer les OEuvres complètes des Bossuet, des Fénélon, des Massillon, des Bourdaloue, qui n'avoient jamais été totalement recueillies. Mais venons encore aux chiffres.

Dans les tableaux présentés par un noble pair dont j'ai déjà cité la puissante autorité, vous trouverez que depuis le 1ᵉ novembre 1811 jusqu'au 31 décembre 1825, la librairie françoise a publié en textes sacrés, traductions, commentaires, liturgie, livres de prières, catéchisme mystique, ascétique, etc., 159,586,642 feuilles imprimées.

Les nombres compris sous les années de liberté de la presse, c'est-à-dire depuis 1822 jusqu'à 1825, ont été toujours croissant, de manière qu'en 1821 vous trouverez 7,998,857 feuilles; en 1822, 9,021,852; en 1823, 10,361,297; en 1824, 10,976,179; et en 1825, 13,238,620 feuilles. Est-ce là, messieurs, un siècle impie? et la liberté de la presse a-t-elle arrêté le mouvement de l'esprit religieux?

Passons à d'autres calculs.

Depuis le 27 avril 1822 jusqu'au 6 mars 1827, 83 causes pour délit de la presse, comme je l'ai déjà dit, ont été portées devant la Cour royale de Paris; de ces 83 causes il faut retrancher 13 acquittements et 3 causes non jugées; ce qui réduit le tout à 69 délits réels, lesquels ont amené 69 condamnations. Si l'on contestoit l'exactitude rigoureuse de ce chiffre, deux ou trois causes de plus ou de moins ne font rien à l'affaire. Divisez maintenant ces 69 condamnations par les années où elles ont eu lieu, c'est-à-dire par 5, depuis le mois d'avril 1822 jusqu'au mois de mars 1827, vous trouverez à peu près 14 délits par année. Ce résultat vous force d'abord à convenir que les délits littéraires se réduisent à bien peu de chose; que ces désordres sont bien peu nombreux, comparés aux autres désordres réprimés par les tribunaux.

Par exemple, dans le compte général déjà cité de l'administration de la justice criminelle pendant l'année 1825, on trouve que les Cours d'assises ont jugé 5653 accusations; sous le titre de diffamations et injures, on remarque 3140 prévenus, et le travail de M. le ministre de la justice ne donne pour toute la France, dans cette année 1825, que 27 délits de la presse, 2 dans les départements, 25 à Paris. Ainsi, sur 3140 prévenus de diffamations et injures commises par toutes sortes de voies, 27 délinquants seulement se sont servis du moyen de la presse, en supposant encore que les 27 causes relatives à la presse fussent toutes des causes de diffamations et d'injures. Or comme en 1825, d'après les calculs de M. le comte Daru, on a tiré 12,810,483 feuilles d'ouvrages, et 21,660,000 feuilles de journaux, il en résulte qu'il n'y a eu que 27 délits produits par 149,670,483 feuilles d'impression.

Maintenant si vous remarquez que sur une population de 30,504,000 âmes il y a eu, en 1825, 4594 sentenciés par les Cours d'assises, cela fait un coupable sur à peu près 6000 individus; tandis que les 27 publications répréhensibles, sur les 149,670,483 feuilles imprimées dans l'année 1825, n'arrivent qu'à la proportion d'environ un écrit condamné sur 500,543,351 feuilles publiées.

Quand vous ajouteriez la répression des contraventions et délits par les tribunaux correctionnels et les tribunaux de simple police, vous multiplieriez le nombre des repris de justice pour toutes sortes de faits, sans augmenter celui des accusés pour délits de la presse; mon argument n'en seroit que plus concluant.

Dans ce peu de délits commis par la presse en général, cherchons à présent la part de la religion. Sur 69 condamnations pour affaires de la presse, à la Cour royale de Paris, dans les cinq dernières années, 13 seulement sont relatives à des outrages envers la religion et ses ministres. Il est essentiel d'observer que pas une seule de ces condamnations n'a été prononcée en récidive.

Treize divisés par cinq ne donnent pas un quotient de trois condamnations pour délits religieux, et voilà néanmoins ce qu'on appelle un débordement d'impiété !

Les adversaires de la liberté de la presse en seroient-ils réduits, pour justifier leur système, à désirer que les preuves judiciaires d'une impiété prétendue fussent plus multipliées? Quels seroient les meilleurs chrétiens, de ceux qui se réjouiroient de trouver si peu de coupables, ou de ceux qui s'affligeroient de rencontrer tant d'innocents? Quand l'orgueil de l'homme est soulevé, il devient impitoyable : s'il a placé son triomphe dans la supposition de la dépravation des mœurs, il ne voudra pas en avoir le démenti; on l'a vu quelquefois, lorsqu'il y avoit disette de mauvaises actions, inventer des prévaricateurs avec des lois, en donnant le nom de crime à la vertu.

Ainsi, messieurs, depuis l'établissement de la liberté de la presse, pas un seul nouveau livre n'a été écrit contre les principes fondamentaux de notre foi; ainsi, depuis le règne de cette liberté, les ouvrages pieux se sont multipliés à l'infini; ainsi la Cour royale de Paris n'a eu à juger par an que trois délits peu graves en matière religieuse; elle n'a fait grâce à aucun, et elle les a sévèrement punis.

Les faits rétablis, la position de la religion reconnue, voyons, puisque cette religion n'a réellement à se plaindre ni de l'esprit public, ni de la foiblesse des anciennes lois, ni de la justice des tribunaux, voyons si elle a à se louer du nouveau projet de loi.

Je demande d'abord si ce projet peut être approuvé par la morale chrétienne. Ne favorise-t-il pas la fraude? Ne détruit-il pas des engagements contractés sous l'empire d'une autre loi, sous la garantie des autorités compétentes, sous la sauvegarde de la bonne foi publique? N'envahit-il pas la propriété, en imposant à cette propriété des conditions autres que celles qui furent d'abord prescrites? L'effet de ce projet n'est-il pas rétroactif? Dans ce cas, le premier principe de la justice n'est-il pas ouvertement méconnu? Que ce projet, s'il doit devenir loi, s'applique à la propriété littéraire à naître, au moins la probité naturelle n'en sera pas blessée; mais qu'il soit exécutoire pour la propriété littéraire déjà existante en vertu d'autres lois, c'est renverser les fondements du droit, c'est violer patemment l'article 9 de la Charte qui dit: *Toutes les propriétés sont inviolables sans aucune exception.*

Si un homme se présentoit au tribunal de la pénitence, en manifestant ce penchant au dol et à la fraude que l'on trouve dans les articles du projet, la main qui lie et délie se lèveroit-elle pour l'absoudre? Je crois trop aux vertus de nos prêtres pour penser jamais qu'ils puissent approuver dans le sanctuaire des lois humaines ce qu'ils repousseroient au tribunal des lois divines.

Cette loi, d'ailleurs, atteint-elle le but auquel le clergé pouvoit aspirer? Met-elle à l'abri la religion, cette loi où le mot de *religion* n'est pas même prononcé? Attaque-t-elle l'impiété dans sa source? Ose-t-elle dire franchement que telle chose est défendue, cette loi de ruse et d'astuce, qui n'ose être forte parce qu'elle se sent injuste? Que prévient-elle? qu'empêche-t-elle? Rien. Elle ne tue, elle n'immole que la liberté de la presse, et ne met aucun frein à la licence.

Et depuis quand le clergé seroit-il l'ennemi des libertés publiques? N'est-ce pas au sein de ces libertés, souvent par lui protégées, qu'il a jadis trouvé son pouvoir? Si, dans cette noble Chambre, on voyoit de respectables prélats élever la voix contre une loi antisociale; s'ils la repoussoient en vertu du même principe qui détermina leurs prédécesseurs à sauver les lettres et les arts du naufrage de la barbarie, on ne sauroit dire à quel degré de force et de vénération le clergé parviendroit en France: toutes les calomnies tomberoient. Eh! qu'y auroit-il de plus beau que la parole de Dieu réclamant la liberté de la parole humaine?

Il existe, messieurs, un monument précieux de la raison de la France: ce sont les cahiers des députés des trois ordres aux États-Généraux, en 1789. Ces cahiers forment un recueil de soixante-six volumes in-folio, dont l'impression seroit bien à désirer pour l'honneur de notre pays. Là se trouvent consignés, avec une connoissance profonde des choses, tous les besoins de la France; de sorte que, si l'on avoit exactement suivi les instructions des cahiers, on auroit obtenu ce que nous avons acquis par la révolution, moins les crimes révolutionnaires.

Le clergé se distingue principalement par ses institutions : celles qui ont pour objet la législation criminelle, civile, administrative, sont des chefs-d'œuvre. Il provoque l'établissement des États provinciaux; il désire la réintégration des villes et des communes dans le droit de choisir librement leurs préposés municipaux, il sollicite la création des justices de paix, l'abolition des tribunaux d'exception, et l'amélioration du régime des prisons, «afin, dit-il, que ces pri- « sons ne soient plus un séjour d'horreur et d'in- « fection. »

En grande politique, le clergé ne montre pas moins d'élévation et de génie : ce fut lui qui pressa la convocation des États-Généraux de 1789. Le clergé de Reims, l'archevêque à sa tête, demanda un Code national contenant les lois fondamentales, le retour périodique des États-Généraux, le vote libre de l'impôt, la liberté de chaque citoyen, l'inviolabilité de la propriété, la responsabilité des ministres, la faculté, pour tous citoyens, de parvenir aux emplois, la rédaction d'un nouveau Code civil et militaire, l'uniformité des poids et mesures, et enfin une loi contre la traite des nègres. Les autres cahiers du clergé sont plus ou moins conformes à ces sentiments.

Dans la question de la liberté de la presse, la noblesse et le tiers-état sont unanimes : ils réclament cette liberté avec des lois restrictives. Quant au clergé, il expose d'abord les dangers de la licence des écrits; puis, venant à la question de fait, sur 175 sénéchaussées, duchés, bailliages, villes, provinces, vicomtés, principautés, prévôtés, diocèses et évêchés, formant 244 réunions ecclésiastiques, 134 se déclarent pour la liberté entière de la presse, une centaine signale les abus qu'on peut faire de cette liberté sans indiquer de moyens précis de répression, et quelques-unes demandent la censure. Il est utile d'entendre le clergé s'exprimer lui-même sur cette matière.

Le clergé du bailliage de Villers-la-Montagne dit : « Que la liberté indéfinie de la liberté de la » presse soit autorisée, à la charge par l'impri- » meur d'apposer son nom à tous les ouvrages » qu'il imprimera. »

Le clergé du bailliage principal de Dijon dit : « Le droit de tout citoyen est de conserver le » libre exercice de sa pensée, de sorte que tout » écrit puisse être librement publié par la voie » de l'impression, en exceptant néanmoins tout » ce qui pourroit troubler l'ordre public dans » tous ses rapports, et en observant les forma- » lités qui seront jugées nécessaires pour assurer » la punition d'un délit en pareil cas. »

Le clergé de la province d'Angoumois dit : « L'ordre du clergé ne s'oppose pas à la liberté » de la presse, pourvu qu'elle soit modifiée, que » les écrits ne soient point anonymes, et qu'on » interdise l'impression des livres obscènes et » contraires au dogme de la foi et aux principes » du gouvernement. »

Le clergé du bailliage d'Autun dit : « La liberté » d'écrire ne peut différer de celle de parler ; elle » aura donc les mêmes étendues et les mêmes » limites ; elle sera donc assurée hors les cas où » la religion, les mœurs et les droits d'autrui » seroient blessés ; surtout elle sera entière dans » la discussion des affaires publiques, car les

» affaires publiques sont les affaires de chacun. »

Le clergé de Paris *intrà muros* demande aussi la liberté de la presse avec des lois répressives. La sénéchaussée de Rhodez fait la même demande. Le clergé de Melun et de Moret prononce ces paroles mémorables : « La liberté morale et
» des facultés intellectuelles étant encore plus
» précieuse à l'homme que celle du corps et des
» facultés physiques, il sera libre de faire impri-
» mer et publier tout ouvrage, sans avoir besoin
» préalablement de censure et de permission
» quelconques ; mais les peines les plus sévères
» seront portées contre ceux qui écriroient contre
» la religion, les mœurs, la personne du Roi, la
» paix publique et contre tout particulier. Le
» nom de l'auteur et de l'imprimeur se trouvera
» en tête du livre. »

Ceux qui s'opposent aujourd'hui avec le plus de vivacité au projet de loi du ministère, parlent-ils de la liberté dans des termes plus forts, plus explicites que ceux du clergé en 1789 ? Cependant, à l'époque où le clergé montroit tant d'indépendance et de générosité, n'avoit-il pas été insulté, calomnié pendant cinquante ans par les encyclopédistes ? N'avoit-il pas été accablé des plaisanteries de Voltaire, au point qu'on n'osoit plus paroître religieux, de peur de paroître ridicule ? Qui plus que les prêtres avoit le droit

14.

de s'élever alors contre la presse, de se plaindre de l'ingratitude de ces lettres dont ils avoient été les nourriciers et les protecteurs? Eh bien! que fait le clergé? Il se venge; et comment? en demandant la liberté de la presse, en opposant cette liberté à la licence! Il ne craint rien pour les vérités religieuses, parce qu'elles sont impérissables; il ne craint point une lutte publique entre la religion et l'impiété. Quant aux membres du sacerdoce, il semble leur dire : « Défendez-vous par votre vertu; les imputations de vos ennemis se détruiront d'elles-mêmes si elles sont fausses; si elles sont véritables, il n'est pas bon que tout un peuple soit privé de la plus précieuse de ses libertés pour dissimuler vos fautes et pour cacher vos erreurs. »

Et l'on voudroit nous dire aujourd'hui que le clergé demande l'anéantissement de cette liberté, lorsque les écrits dont il avoit tant à gémir en 1789 ont perdu leur vogue et leur puissance, lorsque l'impiété n'est plus de mode, lorsque tout le monde sent la nécessité d'une religion aussi tolérante dans sa morale qu'elle est sublime dans ses dogmes, lorsqu'un siècle sérieux a succédé à un siècle frivole! Le clergé actuel, sous la sauvegarde des persécutions qu'il a éprouvées, se croiroit-il plus vulnérable aux coups de la liberté de la presse que dans les temps où il demandoit cette liberté, que dans les temps où sa prospérité et ses richesses le rendoient un objet de convoitise et d'envie? Rajeunie par l'adversité, l'Église a retrouvé sa force en touchant le sein de sa mère. Les livres ont pu quelque chose contre des dignitaires ecclésiastiques possesseurs d'immenses revenus; ils ne peuvent rien contre des vicaires à 250 fr. de salaire, contre des hommes nus qui, pour toute réponse aux insultes, peuvent montrer les cicatrices de leur martyre.

Le Christianisme, messieurs, est au-dessus de la calomnie; il ne cherche point l'obscurité; il n'a pas besoin de pactiser avec l'ignorance. Craindre pour lui la liberté de la presse, c'est lui faire injure, c'est n'avoir aucune idée juste de sa grandeur, c'est méconnoître sa divine puissance. Il a civilisé la terre, il a détruit l'esclavage; il ne prétend point faire rétrograder aujourd'hui la société; il ne tombe point dans une contradiction si déplorable. Notre religion a été fondée et défendue par le libre exercice de la pensée et de la parole. Quand les apôtres envoyoient aux Gentils leurs Épîtres, n'usoient-ils pas de la liberté d'écrire contre le culte romain, et en violant même la loi romaine? Paul ne fut-il pas traduit au tribunal de Félix et de Festus, pour rendre compte de ses discours? Festus ne s'écria-t-il pas : « Vous êtes un insensé, Paul ! » votre grand savoir vous met hors de sens. »

Dans les fastes de la société chrétienne, c'est là le premier jugement rendu contre la liberté de la pensée ; Paul étoit insensé parce qu'il annonçoit à Athènes le Dieu inconnu, parce qu'il prêchoit contre ces hommes *qui retiennent la vérité de Dieu dans l'injustice.* Les actes des martyrs ne sont que le recueil des procès intentés au ciel par la terre, le catalogue des condamnations prononcées contre la liberté de la pensée et de la conscience.

Plus tard le christianisme brilla au sein des académies de l'antiquité : ce fut par ses ouvrages qu'il vainquit les sophismes dans les écoles d'Alexandrie, d'Antioche et d'Athènes. L'Église a dû ses victoires autant à la plume de ses docteurs qu'à la palme de ses martyrs. La religion obéissant à l'ordre du maître, *docete omnes gentes*, la religion qui a fondé presque tous les colléges, les universités et les bibliothèques de l'Europe, repousse naturellement des lois qui renverseroient son ouvrage. Rome chrétienne, qui recueillit les savants fugitifs, qui acheta au poids de l'or les manuscrits des anciens, ne demande pas la proscription de la pensée.

Le christianisme est la raison universelle : il s'est accru avec les lumières ; il continuera à verser aux générations futures des vérités intarissables. De tout ce qui a existé dans l'ancienne société, lui seul n'a point péri; il n'a aucun intérêt à ressusciter ce qui n'est plus; sa vie est l'espérance; ses mœurs ne sont ni d'un siècle, ni d'un autre; elles sont de tous les siècles. Il parle toutes les langues; il est simple avec les peuples sauvages; il est savant et éclairé avec les peuples policés; il a converti le pâtre armé de la Scythie, et couronné le Tasse au Capitole. Il marche en portant deux livres : l'un qui nous raconte notre origine immortelle, l'autre qui nous révèle nos fins également immortelles. Il sait tout, il comprend tout; il se soumet à toutes les autorités établies. Il n'appartient de préférence à aucune politique, parce qu'il est pour toutes les sociétés : républicain en Amérique, monarchique en France, ne ranime-t-il pas aujourd'hui même la poussière de Sparte et d'Athènes? Il a soufflé sur des ossements arides : d'illustres morts se sont levés. Ce seroit au nom de la religion que l'on prétendroit opprimer la France au moment où cette religion brise avec sa croix les chaînes des Églises de saint Paul, au moment où ses mains divines déterrent dans les champs de Marathon la statue de la liberté, pour transformer en patronne chrétienne l'ancienne idole de la Grèce!

J'aurai le courage de le dire au clergé, parce qu'en combattant pour lui j'ai acquis des droits à lui parler avec sincérité : avec la Charte les ministres de l'autel peuvent tout; sans la Charte ils ne peuvent rien. Défenseurs des libertés publiques, ils sont les plus forts des hommes, car ils réunissent la double autorité de la terre et du ciel; ennemis des libertés publiques, ils sont les plus foibles des hommes : s'il étoit jamais possible que les temples se refermassent, ils ne se rouvriroient plus.

Je viens enfin, messieurs, à la dernière partie de ce discours.

- La quatrième vérité que je me propose de prouver est celle-ci : La loi n'est point de ce siècle; elle n'est point applicable à l'état actuel de la société.

Les sociétés, messieurs, sont soumises à une marche graduelle : cette vérité de fait peut irriter; mais elle n'en est pas moins incontestable.

Les peuples, par les progrès de la civilisation, ont maintenant un lien commun, et influent les uns sur les autres.

Il y a deux mouvements dans les sociétés : le mouvement particulier d'une société particulière, et le mouvement général des sociétés générales, lequel mouvement commun entraîne chaque société séparée. Ainsi le monde moral reproduit une des lois du monde physique : l'homme ne se peut plaindre de retrouver quelque chose de ses destinées dans ce bel ordre de l'univers arrangé par la main de Dieu.

Il faut beaucoup de siècles pour mûrir les choses, pour amener un changement essentiel dans les sociétés. Quatre ou cinq grandes révolutions intellectuelles composent jusqu'à présent l'histoire tout entière du genre humain. Nous étions destinés, messieurs, à assister à l'une de ces révolutions. Cette Chambre renferme plusieurs hommes de mon âge : nous sommes nés précisément à l'époque où le travail lent et graduel des siècles s'est manifesté. Les premiers troubles de l'Amérique septentrionale éclatèrent en 1765 ; de 1765 à 1827 il y a soixante-deux ans. J'ai vu Washington et Louis XVIII : la République représentative est restée à l'Amérique avec le nom de Washington, la monarchie représentative à l'Europe continentale avec le nom de Louis XVIII. Entre Washington et Louis XVIII se viennent placer Robespierre et Buonaparte, les deux termes exorbitans, dans l'anarchie et le despotisme, d'une révolution dont le terme juste devoit fixer la société ; car les sérieuses discordes chez un peuple prennent leur source dans une vérité quelconque qui survit à ces discordes : souvent cette vérité est enveloppée à son apparition dans des paroles sauvages et des actions atroces, mais le fait politique ou moral qui reste d'une révolution est toute cette révolution.

Quel est ce fait dévolu aux deux Mondes après cinquante ans de guerres civiles et étrangères ? Ce fait est la liberté, républicaine pour l'Amérique, monarchique pour l'Europe continentale. On sait aujourd'hui que la liberté peut exister dans toutes les formes de gouvernement. La liberté ne vient point du peuple, ne vient point du Roi; elle ne sort point du droit politique, mais du droit de nature, ou plutôt du droit divin : elle émane de Dieu qui livra l'homme à son franc arbitre; de Dieu qui ne mit point de condition à la parole lorsqu'il donna la parole à l'homme, laissant aux lois le pouvoir de punir cette parole quand elle faillit, mais non le droit de l'étouffer.

A peine un demi-siècle a suffi pour établir dans le nouveau et dans l'ancien Monde ce principe de liberté. Le passé a lutté contre l'avenir; les intérêts divers, en se combattant, ont multiplié les ruines; le passé a succombé. Il n'est plus au pouvoir de personne de relever ce qui gît maintenant dans la poudre. Si la liberté avoit pu périr en France, elle eût été ensevelie dans l'anarchie démocratique ou dans le despotisme militaire. Mais le temps ne se laisse enchaîner ni aux échafauds des révolutionnaires, ni au char des triomphateurs; il brise les uns et les autres : il ne s'assied point aux spectacles du crime; il ne s'arrête pas davantage pour admirer la gloire; il s'en sert et passe outre.

Pourquoi la République françoise ne s'est-elle pas constituée? C'est qu'elle a trahi le principe de la révolution générale, la liberté. Pourquoi l'Empire a-t-il été détruit? C'est qu'il n'a pas voulu lui-même cette liberté. Pourquoi la monarchie légitime s'est-elle rétablie? C'est qu'elle s'est portée, avec tous ses autres droits, pour héritière de cette liberté.

Dans les révolutions dont le principe doit subsister, il naît presque toujours un individu de la capacité et du génie nécessaires à l'accomplissement de ces révolutions, un personnage qui représente les choses, et qui est l'exécuteur de l'arrêt des siècles. Il se montre d'abord invincible, comme les idées nouvelles dont il est le champion; mais l'ambition lui est menée par la victoire. Il réussit à s'emparer du pouvoir, et tout à coup il est étonné de ne plus retrouver sa force : c'est qu'il s'est séparé de son principe. Ce géant qui ébranloit le Monde succombe, au fond de son palais, dans des frayeurs pusillanimes; ou bien, captif de ceux qu'il avoit vaincus, il expire sur un rocher au bout du Monde. Telles furent les destinées de Cromwel et de Buonaparte, pour avoir renié la liberté dont ils étoient sortis. Louis XVIII, après vingt ans d'exil, est rentré dans la demeure de ses pères : objet de la vénération publique, il est mort en paix, plein de gloire et de jours, pour avoir recueilli cette liberté à laquelle il ne devoit rien, mais qu'il vous a laissée généreusement, comme la fille adoptive de sa sagesse, et la réparatrice de vos malheurs.

Le principe pour lequel depuis soixante ans les hommes ont été agités dans les deux Mondes s'étant enfin fixé, il en est résulté que la société s'est coordonnée à ce principe : il a pénétré toutes nos institutions. Les lois, les mœurs, les usages ont graduellement changé : on n'a plus considéré les objets de la même manière, parce que le point de vue n'étoit plus le même. Des préjugés se sont évanouis, des besoins jusqu'alors inconnus se sont fait sentir; des idées d'une autre espèce se sont développées : il s'est établi d'autres rapports entre les membres de la famille privée et les membres de la famille générale. Les gouvernants et les gouvernés ont passé un autre contrat; il a fallu créer un nouveau langage pour plusieurs parties de l'économie sociale. Nos enfants n'ont plus nos sentiments, nos goûts, nos habitudes : leurs pensées prennent ailleurs leurs racines.

Toutefois, messieurs, les générations contemporaines ne meurent pas exactement le même jour : au milieu de la race nouvelle, il reste des hommes du siècle écoulé qui crient que tout est perdu, parce que la société à laquelle ils appartenoient a fini autour d'eux, sans qu'ils s'en soient aperçus. Ils s'obstinent à ne pas croire à cette disparition; toujours jugeant le présent par le passé, ils appliquent à ce présent des maximes d'un autre âge, se persuadant toujours qu'on peut faire renaître ce qui n'est plus.

A ces hommes qui surnagent sur l'abîme du temps, viennent se réunir (avec les adversaires de la liberté de la presse dont je vous ai déjà parlé) quelques individus de diverses sortes : des ambitieux qui s'imaginent découvrir dans les institutions tombées en vétusté un pouvoir nouveau près d'éclore; des jeunes gens simples ou zélés qui croient défendre, en rétrogradant, l'antique religion et les vénérables traditions de leurs pères; des personnes encore effrayées des souvenirs de la révolution; enfin des ennemis secrets du pouvoir existant, qui, témoins joyeux des fautes commises, abondent dans le sens de ces fautes, pour amener une catastrophe.

Quelquefois des chefs se présentent pour conduire ces demeurants d'un autre âge : ce sont des hommes de talent, mais qui aiment à sortir de la foule; ils se mettent à prêcher le passé à la tête d'un petit troupeau de survivanciers : le paradoxe les amuse. Ces esprits distingués qui arrivent trop tard, et après le siècle où ils auroient dû paroître, n'entraînent point les générations nouvelles; ils ne pourroient être compris que des morts ; or, ce public est silencieux, et l'on n'applaudit point dans la tombe.

Si un gouvernement a le malheur de prêter l'oreille à ces solitaires, s'il a le plus grand malheur de les regarder comme la nation, de prendre pour la voix d'un public vivant la voix d'une société expirante, il tombera dans les plus étranges erreurs. C'est, messieurs, ce qui est arrivé à l'égard du projet de loi que j'examine; il est dicté par un esprit qui n'est point l'esprit du siècle. Ces hommes d'autrefois, qui, toujours les yeux attachés sur le passé et le dos tourné à l'avenir, marchent à reculons vers cet avenir, ces hommes voient tout dans une illusion complète. Écoutez-les parler des anciens livres : ils y aperçoivent toujours les dangers qu'on y pouvoit trouver il y a quarante ans.

Et qu'importent cependant les plaisanteries de Voltaire contre les couvents de religieux, dans un pays qui n'admet plus de communautés d'hommes? Elles ne rendront aujourd'hui personne impie, parce que le siècle n'en est plus à l'impiété. Qu'importe la politique libérale de Rousseau dans une monarchie constitutionnelle? Voulez-vous mieux vous convaincre, messieurs, à quel point tout est changé? Les principes mêmes que je développe à cette tribune auroient été des blasphèmes, légalement sinon justement punis, dans l'ancienne monarchie : si un auteur se fût avisé de publier la Charte comme un rêve de son cerveau, il eût été décrété de prise de corps, et son procès lui auroit été fait et parfait. Apprenons donc à connoître le temps où nous vivons; ne jugeons pas du péril des livres d'après les anciennes idées et les vieilles institutions; ne réglons pas la liberté de la presse par des maximes qui ne sont plus applicables; si vous ressuscitiez aujourd'hui le Code romain tout entier et les lois féodales, n'est-il pas évident que vous ne sauriez que faire des dispositions relatives aux empereurs ou aux esclaves, ou des droits de champart, de capsoos et d'ostises?

Une autre manie de ces hommes qui ont inspiré le projet de loi est de parler d'un coup d'État. A les entendre, il suffit de monter à cheval et d'enfoncer son chapeau; ils oublient encore que le coup d'État n'est point de l'ordre actuel, et qu'il n'appartient qu'à la monarchie absolue. A dater du règne de Louis XIV, où l'ancienne Constitution du royaume acheva de périr, la couronne, en exerçant le pouvoir dictatorial, ne faisoit, avant l'année 1789, qu'user de la plénitude de sa puissance. Il n'y avoit pas révolution dans l'État par le coup d'État, parce qu'en fait le roi étoit chef de l'armée, législateur suprême, juge et exécuteur de ses propres arrêts; il réunissoit aux pouvoirs militaire et politique les attributions de la justice civile et criminelle.

Tout subsistoit donc dans l'État, après le coup d'État, parce que le roi étoit là, et que tout étoit dans le roi; mais dans la monarchie constitutionnelle, la liberté de la presse et la liberté individuelle entrent dans la composition de la loi politique qui garantit ces libertés. Les juges inamovibles ne peuvent être destitués; les Chambres, partie intégrante du pouvoir législatif, ne peuvent être abolies. Le coup d'État, dans une monarchie constitutionnelle, seroit une révolution; car après ce coup d'État, qui porteroit sur les individus, les tribunaux et les Chambres, il ne resteroit plus que la couronne, laquelle ne représenteroit plus, comme dans la monarchie de Louis XIV, tout ce qui auroit péri.

Entendroit-on par un coup d'État un mouvement renfermé dans les limites constitutionnelles, la dissolution de la Chambre des députés, l'accroissement de la Chambre des pairs? Ce ne seroit pas un coup d'État; ce seroit une mesure qui ne produiroit rien dans le sens du pouvoir absolu.

Il est pourtant vrai, messieurs, que la tyrannie a un moyen d'intervenir dans la monarchie représentative; voici comment : les trois pouvoirs pourroient s'entendre pour détruire toutes les libertés; un ministère conspirateur contre ces libertés, deux Chambres vénales et corrompues, votant tout ce que voudroit ce ministère, plongeroient indubitablement la nation dans l'esclavage. On seroit écrasé sous le triple joug du despotisme monarchique, aristocratique et démocratique. Alors le gouvernement représentatif deviendroit la plus formidable machine de servitude qui fût jamais inventée par les hommes. Heureusement, par la nature même de la coalition des trois pouvoirs, cette coalition seroit de courte durée : quelle explosion extérieure, quelle réaction, même dans les Chambres, au moment du réveil!

Voilà pourtant, messieurs, les méprises où tombent ceux dont l'esprit a inspiré le présent projet de loi : ils rêvent la monarchie absolue sans ses illusions; le despotisme militaire sans sa gloire, la monarchie représentative sans ses libertés. Espérons que pour la sûreté du royaume, le pouvoir ne sera jamais remis entre de pareilles mains. Si ces insensés essayoient seulement de lever l'impôt dans un de leurs trois systèmes, le premier Hampden qui se croiroit le droit de refuser cet impôt mettroit le feu aux quatre coins de la France.

En vain on s'irrite contre les développements de l'intelligence humaine. Les idées, qui étoient autrefois un mouvement de l'esprit hors de la sphère populaire, sont devenues des intérêts sociaux; elles s'appliquent à l'économie entière des gouvernements. Tel est le motif de la résistance que l'on trouve lorsqu'on veut aujourd'hui repousser les idées. Nous sommes arrivés à l'âge de la *raison politique* : cette raison éprouve le combat que la *raison morale* éprouva lorsque Jésus-Christ apporta celle-ci sur la terre avec la loi divine. Tout ce qui reste de la vieille société politique est en armes contre la raison politique, comme tout ce qui restoit de la vieille société morale s'insurgea contre la raison morale de l'Évangile. Inutiles efforts ! les monarchies n'ont plus les conditions du despotisme, les hommes n'ont plus les conditions d'ignorance nécessaires pour le souffrir. Si les monarchies modernes ne vouloient pas s'arrêter dans la monarchie représentative, après de vains essais d'arbitraire, elles tomberoient dans la république représentative. C'est donc nous pousser à l'abîme que de nous présenter une loi qui, en détruisant la liberté de la presse, brise le grand ressort de la monarchie représentative. Ce ne sont point là de vaines théories, ce sont des faits qui, pour être d'une haute nature, n'en sont pas moins des faits, par lesquels toute la matière est dominée. Vous y ferez, messieurs, une attention sérieuse quand vous discuterez les articles du projet de loi.

Ce projet sur lequel il vous reste à conclure est donc, selon moi, l'ouvrage de ces étrangers dans le nouveau siècle, de ces voyageurs qui n'ont rien regardé, de ces hommes qui font le monde selon leurs mœurs, et non selon la vérité. Ils ont l'horreur des lettres: craignent-ils d'être dénoncés par elles à la postérité? C'est une véritable terreur panique : pourquoi avoir peur d'un tribunal où ils ne compâroîtront pas ?

Les ministres sont-ils eux-mêmes les hommes d'autrefois? Le projet de loi est-il l'ouvrage de leurs intérêts, de leurs préjugés, de leurs souvenirs, de leurs mœurs? N'ont-ils fait que céder à des influences étrangères ? Ont-ils été trompés par le bruit que l'on a fait autour d'eux, bruit qu'ils auroient pris pour les réclamations de la

France? N'ont-ils simplement cherché que la sûreté de leurs places? Tout ce que nous savons, c'est que le projet de loi est devant nous. Il étoit difficile de rendre palpable aux générations présentes ce songe du passé. En évoquant cette idée morte, il falloit l'envelopper de quelque chose de matériel, afin qu'elle pût nous apparoître : on l'a donc revêtue d'une loi ; on a pourvu ce corps des organes propres à exécuter tout le mal que l'esprit pensoit. Il est résulté de cette création on ne sait quel fantôme : c'est l'ignorance personnifiée dans toute sa laideur, revenant au combat contre les lumières, pour faire rétrograder les sociétés, pour les refouler dans la nuit des temps et dans l'empire des ténèbres.

Mais cette ignorance, messieurs, a compté trop tôt sur la victoire. Elle va vous rencontrer sur son chemin, et ce n'est pas chose facile pour elle que de subjuguer tant d'esprits éclairés.

Messieurs, c'est peut-être ici mon dernier combat pour des libertés que j'ai proclamées dans ma jeunesse comme dans les derniers jours de ma vie. J'ai soutenu vingt fois devant vous à cette tribune les mêmes doctrines. Le peu de temps que j'ai passé au pouvoir n'a point ébranlé ma croyance ; on n'est point venu vous demander, pour favoriser les victoires de M. le Dauphin pendant la dangereuse guerre d'Espagne, le sacrifice qu'on sollicite aujourd'hui pour amener des triomphes que j'ignore. Avant le ministère, pendant le ministère et après le ministère, je suis resté dans mes doctrines : mon opinion tire du moins quelque force de sa constance.

Si l'indépendance m'avoit jamais manqué pour exprimer ce qui me paroît utile, je trouverois aujourd'hui cette indépendance dans mon âge : je suis arrivé à cette époque de la vie où l'espérance ne manque pas à l'homme, mais où le temps manque à l'espérance. Aucun intérêt particulier ne me fait donc ni parler, ni agir ; que m'importent les ministres présents et futurs? Les hommes ne me peuvent plus rien, et je n'ai besoin de personne. Dans cette position, j'oserai dire, en finissant, quelques vérités que d'autres craindroient peut-être de faire entendre : c'est mon devoir comme citoyen, comme pair de France et comme sujet fidèle.

Messieurs, on ne peut se le dissimuler, le gouvernement représentatif est attaqué dans sa base : on cherche à enlever la publicité à ces débats ; les aveux que l'on a faits, la haine qu'un certain parti a manifestée contre la Charte, tout annonce qu'une fois plongé dans le silence, on s'efforceroit de détruire ce que l'on déclare ne pas aimer. On ne réussiroit pas, je le sais ; mais on prépareroit de grandes douleurs à la France.

Quel que soit le sort du projet de loi, ce projet, par sa seule apparition, a fait un mal qu'une longue administration dans le sens de la Charte pourroit seule maintenant effacer. Il a démontré qu'il existoit des hommes ennemis décidés de nos institutions, des hommes déterminés à les briser aussitôt qu'ils en trouveroient l'occasion. Jusqu'ici, on avoit soupçonné ce fait, mais on n'en avoit pas acquis la preuve. Aujourd'hui, tout est à découvert : le projet a tout révélé.

Non, messieurs, on ne veut point de la Charte lorsqu'on prétend violer le principe même du gouvernement représentatif. Jetant tous les masques, déchirant tous les voiles, les partisans du projet de loi ont montré le fond de leur pensée ; ils n'ont fait aucun mystère de leur opinion. Cette certitude acquise de l'existence d'un parti qui a l'horreur de l'ouvrage de Louis XVIII ; d'un parti qui, d'un moment à l'autre, peut se faire illusion au point d'entreprendre tout contre nos libertés ; cette certitude, dis-je, attriste profondément les hommes dévoués au monarque et à la monarchie.

Les désaveux ne rassureront personne. En vain on voudra faire passer pour le cri des intérêts privés le cri de réprobation qui s'est élevé contre le projet de loi, d'un bout de la France à l'autre.

Ou il faut compter la Charte pour rien, le gouvernement représentatif comme une chose transitoire, les changements arrivés dans la société comme non-avenus; ou il faut maintenir la liberté de la presse; sans elle il n'y a plus rien qu'une moquerie politique. Combien de temps les choses pourroient-elles aller de la sorte? Tout juste le temps que la corruption met à se dissoudre, et la violence à se briser.

La légitimité, ainsi que la religion, est toute puissante; elle peut, de même que la religion, tout braver dans la monarchie constitutionnelle, mais avec ses conditions nécessaires, c'est-à-dire avec les autres légitimités, et au premier rang de celles-ci se trouve la liberté de la presse.

Sous la République, sous l'Empire, auroit-on pu vendre publiquement dans les rues les bustes de Louis XVIII et celui de son héritier, comme on vend au milieu de nous, sans dommage pour la race royale, le portrait de Buonaparte et de son fils? Non sans doute : les deux usurpations auroient péri. Pour se mettre à l'abri, elles tuoient les distributeurs de tout ce qui rappeloit le pouvoir légitime; elles égorgeoient ou déportoient les écrivains et établissoient la censure.

Le fils de Cromwel passa tranquillement ses jours en Angleterre, sous le règne des deux fils de Charles Ier. Le jeune homme de Vienne viendroit aujourd'hui s'établir en France, qu'il ne seroit qu'un triomphe de plus pour le trône légitime, qu'une preuve de plus de la force du droit dans la couronne, et de la magnanimité dans le souverain.

Mais il en seroit tout autrement si vous violiez les conditions naturelles de la monarchie représentative. Détruisez la liberté de la presse; faites que des défenseurs indépendants ne puissent plaider la cause de la légitimité, qu'ils ne puissent surveiller, dénoncer par l'opinion publique les manœuvres des partis; alors les conseillers mal habiles de la légitimité se trouvent dans une condition de soupçon, de tyrannie, de foiblesse, pareille à celle des conseillers de l'usurpation. Un ministre qui croiroit avoir besoin de silence, qui sembleroit avoir des raisons de cacher la légitimité, réconnoîtroit la nature de cette puissance.

Une gloire immense, des malheurs presque aussi grands que cette gloire, le bien rendu pour le mal, voilà ce qu'offre l'histoire de notre Famille royale : et cette triple légitimité pourroit être troublée par quelques misérables pamphlets qui n'atteindroient pas même les existences les plus obscures!

Il y a une France admirable en prospérité et en gloire avec nos institutions. Il y a une France pleine de troubles, privée de nos institutions.

Pour arriver à la première, il suffit de suivre le mouvement naturel de l'esprit de la Charte ; chose d'autant plus facile aujourd'hui que toutes les préventions personnelles ont disparu, que toutes les capacités, dans quelque opinion qu'elles aient été placées, se réunissent dans des principes communs.

Pour arriver à la seconde France, à la France troublée, il faut apporter chaque année des mesures en opposition aux mœurs, aux intérêts, aux libertés du pays. Après s'être rendu bien malheureux soi-même par des efforts si déraisonnables, on gâteroit tout, et les imprudents promoteurs d'un système funeste achèveroient leurs jours dans de douloureux, mais d'inutiles regrets.

Il me semble, messieurs, entendre votre réponse : « Le Roi, me direz-vous, n'est-il pas là pour nous sauver, si jamais quelque danger menaçoit la France ? La Charte périroit que le Souverain resteroit encore. On retrouveroit en lui non tous les pouvoirs comme dans la monarchie absolue, mais quelque chose de mieux et de plus, toutes les libertés. »

Je le sais, un Prince religieux n'a pas en vain

juré de maintenir l'œuvre de son auguste frère il auroit bientôt puni quiconque oseroit y porter la main. Mais s'il est facile à ce monarque, modèle de loyauté, de franchise et d'honneur, s'il lui est facile de calmer les orages, j'aime encore mieux qu'il vive en paix, heureux du bonheur qu'il donne à ses peuples dans la région pure et sereine où sont placées ses royales vertus.

En donnant mon vote contre la loi en général, je ne renonce point au droit d'en combattre et d'en discuter les articles, puisqu'il faut en venir à cette lamentable discussion. Je vote à présent contre l'ensemble d'un projet de loi qui met la religion en péril, parce qu'il fait calomnier cette religion; je vote contre un projet de loi destructeur des lumières, et attentatoire aux droits de l'intelligence humaine; je vote contre un projet de loi qui proscrit la plus précieuse de nos libertés; je vote contre un projet de loi qui, en attaquant l'ouvrage du vénérable auteur de la Charte, ébranle le trône des Bourbons. Si j'avois mille votes à donner contre ce projet impie, je les donnerois tous, croyant remplir le premier de mes devoirs envers la civilisation, la religion et la légitimité.

MARCHE ET EFFETS

DE

LA CENSURE.

AVERTISSEMENT.

Lorsqu'en 1820, la censure mit fin au *Conservateur*, je ne m'attendois guère à recommencer sept ans après la même polémique, sous une autre forme et par le moyen d'une autre presse. Les hommes qui combattoient alors avec moi, réclamoient, comme moi, la liberté de penser et d'écrire : ils étoient dans l'opposition comme moi, dans la disgrâce comme moi, et ils se disoient mes amis.

Aujourd'hui, arrivés au pouvoir, encore plus par mes travaux que par les leurs, ils sont tous contre la liberté de la presse ; de persécutés, ils sont devenus persécuteurs ; ils ont cessé d'être et de se dire mes amis. Qui a changé ?

Tel que le temps m'a laissé, tel il me retrouve : soutenant les mêmes principes, et n'ayant point rencontré au poste éminent où j'ai passé, les lumières qui ont obligé mes ci-devant amis à abandonner leurs doctrines. Il faut même que les ténèbres qui m'environnent se soient étendues sur eux lorsque j'étois ministre, car ils soutiennent que la licence de la presse n'a commencé que le 6 juin 1824.

Leur mémoire est courte : s'ils relisoient les opinions qu'ils ont prononcées, les articles qu'ils ont écrits contre un autre ministère et pour la liberté de la presse, ils seroient obligés de convenir qu'ils étoient au moins, en 1818 et 1819, les sous-chefs de la licence.

D'une autre part, mes anciens adversaires sont revenus au principe de la liberté de la presse ; ils se sont rapprochés de moi : cette marche est naturelle ; celle de mes premiers compagnons est contre nature. Qu'on se soit éclairé par l'usage même du gouvernement constitutionnel, rien de plus simple ; mais que de purs royalistes, sans doute attachés de cœur à l'ancien régime, aient rompu de grandes lances pour la Charte et pour les libertés publiques, dans un temps où ces libertés, peu connues, sembloient avoir des périls ; qu'aujourd'hui, lorsque tout est calme et qu'ils sont puissants, ils s'épouvantent en pleine paix de ces mêmes libertés, la chose est étrange. S'élever du mal au bien est ordre ; descendre du bien au mal est désordre.

Vieux capitaine d'une armée qui a déserté ses tentes, je continuerai, sous la bannière de la religion, à tenir d'une main l'oriflamme de la monarchie et de l'autre le drapeau des libertés publiques. Aux antiques cris de la France de saint Louis et de Henri IV, *vive le roi ! Montjoie ! saint Denis !* je joindrai les cris nouveaux de la France de Louis XVIII et de Charles X, *tolérance ! lumières ! liberté !* Peut-être rattacherai-je avec plus de fruit au trône et à l'autel les partisans de l'indépendance, que je ne ralliai à la Charte de prétendus serviteurs du trône et de l'autel.

L'honneur et mon pays me rappellent sur le champ de bataille. Je suis arrivé à l'âge où les hommes ont besoin de repos ; mais si je jugeois de mes années par la haine toujours croissante que m'inspirent l'oppression et la bassesse, je croirois avoir rajeuni.

LES AMIS
DE LA LIBERTÉ
DE LA PRESSE.

J'ai publié, le 30 du mois dernier, une brochure intitulée : *Du rétablissement de la Censure au 24 juin* 1827.

Dans l'avertissement de cette brochure on lit ce passage : « La presse non périodique doit ve-
» nir au secours de la presse périodique : des
» écrivains courageux se sont associés pour don-
» ner une suite de brochures. On compte parmi
» eux des pairs, des députés, des magistrats.
» Tout sera dit ; aucune vérité ne restera cachée.
» Si certains hommes ne se lassent point de
» nous opprimer, d'autres ne se fatigueront pas
» de les combattre. »

En effet, une société d'hommes de bien, également attachés à la religion, au roi, à la patrie, s'est formée dans le dessein de venir au secours de la première de nos libertés.

Les brochures qu'ils vont publier seront répandues *gratis* à Paris et dans les départements : ainsi elles n'auront pas besoin d'être annoncées pour être connues. Le public apprendra par elles et les vérités que la censure enlève aux feuilles indépendantes et les mensonges qu'elle laisse dans les journaux ministériels.

Les amis de la liberté de la presse placent leurs ouvrages sous la sauvegarde et sous la censure des tribunaux. De bons citoyens, des sujets fidèles, de vrais François, des hommes religieux qui veulent la liberté et non la licence, qui désirent la paix et non le désordre, n'ont rien à redouter des lois. Les uns signeront leurs écrits, les autres garderont l'anonyme. Taire son nom, ce n'est pas le cacher.

Tel est le plan dont les amis de la liberté de la presse commencent l'exécution dès ce moment même. On ne peut s'empêcher de reproduire une réflexion devenue vulgaire : après cinq ans de pleine et entière jouissance de la liberté de la presse, il est triste d'être revenu aux moyens de défense employés dans les premiers temps de la Restauration : le pas rétrograde est effrayant. Quand on marche à reculons, il est difficile d'éviter les précipices.

MARCHE ET EFFETS

DE LA CENSURE.

L'ÉCRIT déjà cité plus haut étant le premier, dans l'ordre des dates, de tous ceux qui ont été publiés jusqu'à ce jour sur l'ordonnance du 24 juin, c'est de cet écrit qu'il faut partir pour continuer l'histoire de la censure.

On a vu que des mutilations avoient été faites aux journaux, que ces journaux avoient été obligés de rejoindre les tronçons des articles coupés, sous peine d'être exposés à toutes sortes de vexations. Le *Journal des Débats* ayant eu l'audace de laisser dans sa feuille un blanc accusateur, on le priva le lendemain de l'honneur du *visa*, de manière qu'il se trouva dans la nécessité ou de paroître avec un nouveau blanc, ou de ne pas paroître du tout, ou de paroître non-censuré, ce qui entraînoit la suspension provisoire. *La France chrétienne* étoit dans un cas semblable; on lui dénioit aussi le bâillon, on lui refusoit l'amnistie de la censure, on la mettoit hors la loi, pour avoir occasion de la punir comme une esclave révoltée. M. Pagès, dans une *lettre* adressée à M. *Lourdoueix*, fait connoître de hideux détails après lesquels il ajoute :

« M. Deliège déclara à M. Marin, directeur de
» *la France chrétienne*, qu'on ne vouloit pas de
» *blancs*, que *le Constitutionnel*, le *Journal des*
» *Débats*, que tous les journaux déféroient à
» cette volonté, et que *la France chrétienne* ne
» seroit à l'avenir ni approuvée ni rejetée. De-
» puis ce moment, les épreuves, chaque jour
» envoyées à deux heures après midi, sont chaque
» jour renvoyées à minuit, sans approbation et
» sans rejet.

» Je vis alors que tous les journaux s'étoient
» laissé prendre au traquenard de la police ; et
» il importait non certes à la prospérité de notre
» journal, mais à la dignité de l'opposition, mais
» aux libertés publiques, qu'une feuille protes-
» tât contre ces violences illégales, contre ces
» piéges grossiers, qu'elle parût telle qu'elle étoit
» mutilée par vous, et que chaque lecteur pût
» se dire : *La censure a passé par là.*

» Or, si vous êtes de mauvais censeurs pour
» les autres journaux, pour nous vous ne voulez
» pas être censeurs, et il faut que l'autorité vous

» force à remplir vos devoirs ou qu'elle nous
» rende notre liberté.

» Or, votre inertie s'oppose à ce que *la France*
» *chrétienne* puisse paroître; elle est donc un
» attentat à la propriété, une véritable spolia-
» tion; et ce genre de confiscation, ce vol véri-
» table ne peut être sanctionné par une ordon-
» nance. »

Constantinople a-t-il donc d'administration plus despotique que celle de la censure, de muets plus arbitraires que les censeurs? Ces messieurs vous tuent en vous appliquant la loi; ils vous tuent encore mieux en ne vous l'appliquant pas. Si vous prétendez les poursuivre devant les tribunaux, il faut en obtenir la permission de l'autorité supérieure administrative, ou les huissiers refusent de porter vos assignations[1]. Si de son côté l'autorité supérieure suspend pro-

[1] C'est ce qui est arrivé à MM. les membres composant la société du journal *la France chrétienne*. Ils ont voulu constater une infraction à l'ordonnance de censure; l'huissier a décliné sa compétence jusqu'à obtention de l'autorisation de M. le ministre de l'intérieur, qui sans doute ne laissera pas attaquer son commis et son compère.

Il faut lire le *Mémoire à consulter sur les actes arbitraires de la censure*, signé par MM. les propriétaires du *Constitutionnel*, et les résolutions du conseil, M. Dupin. Paris, 8 juillet 1827.

visoirement votre feuille, et vous fait elle-même un procès, plusieurs mois s'écoulent avant que vous puissiez être jugé; votre journal est perdu. Voilà la douce censure, l'équitable censure, la libérale censure, la constitutionnelle censure, la censure qui a produit la véritable liberté de la presse!

Lorsque la censure fut établie en 1814 et dans les années suivantes, il y avoit une sorte d'excuse à cette dérogation de la loi fondamentale: les troupes alliées occupoient la France; elles demandoient des sommes considérables; des articles indiscrets pouvoient blesser ces étrangers. Dans l'intérieur du royaume la vieille France et la France nouvelle se trouvoient en présence pour la première fois, et elles avoient des comptes à régler; les partis étoient animés, les passions exaltées par l'aventure des cent jours; des conspirations éclatoient de toutes parts : on pouvoit craindre que la parole, si long-temps contenue par le despotisme de Buonaparte, ne fît explosion en se dégageant tout à coup.

Il étoit possible encore que sous des institutions nouvelles dont on ignoroit le mécanisme, on abusât d'abord de la presse; à peine savoit-on ce que c'étoit que la Charte. Il faut même rendre justice aux ministres de cette époque : en prenant des précautions contre la licence, ils se soumirent à la liberté de l'opinion, puisqu'ils se retirèrent, et peut-être trop tôt, devant la puissance de cette liberté : c'étoit un hommage que, dans leur sincérité, ils offroient au principe vital de la Charte.

Enfin, lorsque cette Charte fut donnée, elle déclara par son article 8 que *les François ont le droit de publier et de faire imprimer leurs opinions, en se conformant aux lois qui doivent réprimer les abus de la liberté de la presse.* Or ces lois n'étoient pas faites. La censure, à laquelle les François étoient façonnés, et qui étoit le droit commun, fut provisoirement maintenue. On ne passoit donc pas de la liberté de la presse à la censure, on restoit comme on étoit; on ne détruisoit pas un droit acquis, on ajournoit seulement un droit accordé. Il n'y avoit pas secousse dans les esprits, changement, révolution dans la législation : on pouvoit se plaindre qu'une promesse n'étoit pas remplie, mais on ne pouvoit pas dire qu'un bienfait étoit retiré, en violation de la foi jurée.

Aujourd'hui, existe-t-il une seule des raisons qui servirent au maintien de la censure dans les premières années de la restauration? Toutes les lois de répression sont faites. Habitués à la liberté de la presse, familiarisés même avec ses écarts, nous avons traité de ses principes sous tous les rapports et dans toutes les formes ; nous connoissons ses affinités avec le gouvernement représentatif ; nous savons qu'elle est le prix et la consolation de tous les sacrifices ; nous savons qu'excepté l'honneur, elle remplace tout chez un peuple : nous l'ôter à présent, c'est nous enlever une possession prescrite, c'est arrêter violemment le cours de nos idées, le mouvement de nos mœurs. La censure a tellement vieilli pour nous qu'elle nous paroît ce qu'elle est en effet, une loi caduque, ressuscitée du double despotisme féodal et impérial : elle a quelque chose de risible, comme les droits de *queuage* et de *remuage*, et d'odieux comme l'oppression militaire.

Un règne a déjà fini, un règne a commencé sous l'empire de la Charte ; des générations entières se sont formées sous cet empire. La liberté de la presse a glorieusement traversé une guerre étrangère et une crise de finances ; la paix règne au dehors et au dedans du pays. Il y a si peu de prétexte apparent à la censure, qu'on est forcé de supposer des desseins à ses fauteurs et de chercher dans l'avenir ce qu'on ne trouve pas dans le présent.

Nous avons pu faire cette apologie de la première censure, parce que nous nous sommes opposés même à cette première censure. Il n'y a jamais; selon nous, une raison suffisante de suspendre la liberté : celle-ci est plus forte que la servitude pour écarter les dangers d'un État.

Mais il ne s'agit pas de tout cela, dira-t-on : c'est pour sauver la religion que l'on a imposé la censure, c'est pour se délivrer des impiétés des journaux : la censure, dans le cas présent, est une pure affaire de conscience.

D'abord, il faudroit être fixé sur ce mot de *religion*, savoir si ceux qui l'emploient ne confondent pas les choses divines, ne cachent pas les intérêts de l'homme dans les intérêts du ciel. Aucun doute que si la religion est véritablement attaquée, il ne faille la défendre à tout risque et à tout prix; mais nous nions la majeure, et nous disons ensuite : les tribunaux sont là pour punir les outrages au culte; les peines sont sévères; elles n'ont jamais manqué d'être appliquées, quand le délit a été prouvé. Cette manière de toujours raisonner comme s'il n'existoit pas de justice, comme s'il n'y avoit pas de magistrats, comme si l'on n'avoit d'autre défense que l'arbitraire, montre à quel point la raison est détériorée chez les hommes dont nous subissons le système.

En second lieu, si vous ne cherchez à défendre que la religion, votre censure ne s'exerce sans doute que sur les articles irréligieux, que sur les journaux *impies;* or elle frappe également tous les genres d'articles et toutes les espèces de journaux : expliquez-nous donc cette *affaire de conscience.*

Enfin vous prétendez soutenir la religion par la censure, et vous lui faites un tort irréparable. Aujourd'hui on accuse publiquement les ecclésiastiques d'être la première cause de la perte de notre première liberté ; on les rend responsables de tout ce qui peut arriver à la Charte ; on accumule sur leurs têtes des haines d'autant plus dangereuses qu'elles semblent appuyées sur un fait réel, et non sur des déclamations vaines. Qu'est-ce que quelques articles de journaux qui n'alloient point au fond de la question, quelques mots sur les missionnaires et sur les jésuites, auprès d'une accusation, calomnieuse sans doute, mais généralement crue, laquelle représente le clergé catholique comme incompatible avec l'existence d'un gouvernement constitutionnel? Voilà pourtant où votre censure a amené les choses. Vous vous réjouissez, parce que rien n'éclate encore; attendez : les générations vont vite. Souvenez-vous que si jamais les autels étoient brisés de nouveau, les ennemis des libertés publiques seroient les véritables auteurs de la catastrophe.

La plus haute des folies pour des hommes

aveuglés seroit de soutenir que la religion catholique adopte une forme de gouvernement plutôt qu'une ⁎autre, qu'elle s'oppose aux vérités de la science et aux progrès de l'esprit humain, lorsqu'elle est au contraire l'ordre universel, la raison par excellence, la lumière même : quiconque aujourd'hui prétendra défendre la religion catholique en la séparant de la société, telle que le temps l'a modifiée, conduira les peuples au protestantisme.

La religion catholique fait des progrès rapides aux États-Unis ; la cour de Rome se met en communication avec les républiques espagnoles ; pourquoi donc, nous autres catholiques de France, ne pourrions-nous vivre sous une monarchie constitutionnelle ? Élevez notre jeune clergé dans l'amour des lois du pays, il les défendra et en tirera sa puissance. En sommes-nous toujours aux regrets du passé, aux calomnies du présent ?

Dans une brochure de M. de Salvandy, qui vient de paroître, nous lisons cette très-belle page :

« Les générations de l'ancien régime, élevées
» on sait par qui et comment, ont égorgé les
» nobles et les prêtres, tué Louis XVI, tué Ma-
» rie-Antoinette, tué madame Élisabeth, tué.....
» Ce siècle a été une longue orgie commencée

» dans la débauche et finie dans le sang. Les
» générations nouvelles, nées sur les marches
» des échafauds, grandies à la lueur des incen-
» dies et des batailles, ont relevé les autels, ré-
» tabli le trône, rappelé à ce trône vénéré le
» vieux sang des comtes de Paris, reconstitué
» l'ordre social, reconnu le légitime empire des
» noms, des richesses, des talents, des vertus,
» consacré une aristocratie politique investie de
» privilége et d'hérédité[1]. »

Quoi qu'il en soit, si l'administration de la première censure eut des motifs plausibles, elle fut aussi moins capricieuse et moins rude que l'administration de la censure actuelle.

L'ordonnance pour la mise à exécution de la loi de 1820 établissoit douze censeurs; cinq étoient nécessaires pour signer l'arrêt.

A cette époque aussi les *blancs* et les *noirs* étoient permis; les journalistes alloient quelquefois jusqu'à mettre le portrait d'une paire de ciseaux dans les endroits supprimés. Le noble duc de Richelieu avoit trop de franchise pour souffrir que la censure employât les moyens haineux et faux, violents et hypocrites dont elle se sert aujourd'hui.

Plus tard, lorsque la censure fut rétablie avec

[1] *Lettre à M. le rédacteur du Journal des Débats sur l'état des affaires publiques.*

insulte à la magistrature, on eut des censeurs secrets de la police, *un Saint-Office d'espions;* mais tels qu'ils étoient, ils ne firent point la guerre aux *blancs*, ils ne se crurent jamais le droit de dénier la censure, de refuser leur petit ministère aux journaux qui se présentoient de bonne grâce. Il étoit réservé à la censure libérale du bon M. Tartufe de se porter en moins d'un mois à des excès jusqu'ici inconnus, tout en nous déclarant *que les résultats de la censure paroissent si peu incertains aux vrais amis de la liberté de la presse, que pour eux le triomphe de celle-ci ne date que de ce jour.*

Aujourd'hui il n'y a que six censeurs; et la signature d'un seul secrétaire, pris en dehors de leur confrérie, suffit pour rendre valide la maraude censoriale. Sur ces six censeurs, deux, on le sait, M. Caïx et M. Rio, ont courageusement donné leur démission; un troisième, M. Fouquet, a siégé, dit-on, deux ou trois fois, mais on assure qu'il se retire, après avoir vu et entendu sans doute de belles choses.

Il n'a pas été permis aux journaux d'annoncer la non-acceptation de MM. Caix et Rio : la censure proscrit un homme pour son honneur comme on proscrivoit un Romain pour sa fortune. Et tout cela sous la légitimité ! sous le règne de l'honneur et de la vertu!

Une ordonnance du roi, du 4 de ce mois, annonce que M. de Silans et M. Lévêque ont été nommés en *remplacement* de MM. Caïx et Rio. La censure, pour être conséquente, auroit dû biffer l'ordonnance royale, puisqu'elle trahit le secret qu'on vouloit garder. Pourquoi ne l'auroit-elle pas biffée, cette ordonnance? Dans un article[1] que le bureau de censure a laissé sans censure se trouvoit l'ordonnance du Roi pour la convocation des conseils généraux.

La censure s'arroge aussi le droit de supprimer jusqu'aux actes du gouvernement; elle se permet encore d'altérer les détails judiciaires, comme on le verra dans l'instant.

Remarquons toutefois une chose : le *Moniteur* annonce bien que MM. de Silans et Lévêque ont été nommés en *remplacememt* de MM. Caïx et Rio, mais il ne dit pas de MM. Caïx et Rio *démissionnaires;* de sorte que d'après le journal officiel on pourroit croire que ces deux honorables professeurs ont été *destitués*. On ne sait ce qu'on doit le plus admirer, ou de la justice que se rend la censure en essayant de cacher les sentiments qu'elle inspire, ou de l'obstination des ministres à laisser sur la victime qu'ils ont touchée la tache de leurs mains.

[1] *Journal des Débats*.

Il a fallu enfin avouer la retraite de M. de Broé et de M. Cuvier ; ils ont été remplacés par MM. de Blair et Olivier[1]. M. de Broé avoit, dit-on, motivé son refus sur des raisons tirées de la pureté de la magistrature ; M. Cuvier a senti que la science séparée de l'estime perd sa tranquillité naturelle : l'étude ne console que du malheur.

Quant à M. le marquis d'Herbouville, on avoit prétendu qu'il s'étoit retiré ; il n'en est rien : nous nous empressons de réparer le tort que ce bruit a pu faire au noble pair.

On a demandé si le conseil de surveillance étoit rétribué. La pudeur publique a répondu négativement. La calomnie insiste ; elle va jusqu'à prétendre que tel membre de ce conseil reçoit pour sa place nouvelle un traitement de 1500 fr. par mois. Un démenti public sera sans doute donné à la calomnie. En effet, quelques membres du conseil de surveillance jouissent de plusieurs pensions à divers titres, il n'est pas probable qu'ils aient eu besoin de nouveaux secours : il y a d'ailleurs des places où le zèle suffit.

Dans la brochure qui sert de point de départ à celle-ci, j'ai prouvé que des pairs et des dépu-

---

[1] Il paroît certain que cet honorable magistrat a aussi donné sa démission.

tés n'étoient pas aptes à remplir des fonctions de censeurs. J'aurois pu appuyer cette opinion de l'autorité même et du jugement de la Chambre des pairs.

Le 14 février 1820, fut apporté à cette Chambre un projet de loi relatif aux journaux. Les articles 5 et 6 de ce projet, qui devint loi après avoir éprouvé des amendements, étoient ainsi conçus :

« Art. 5. Une commission composée de trois
» pairs et de trois députés nommés par le roi, sur
» une liste double de candidats présentés par leur
» Chambre respective, et de trois magistrats ina-
» movibles également nommés par le roi, choi-
» sira et révoquera à volonté les censeurs.

» Art. 6. Cette commission sera renouvelée
» chaque session des Chambres : ses membres
» pourront être indéfiniment renommés. »

L'art. 8 accordoit à la commission le droit de suspendre provisoirement un journal, lorsque ce journal auroit publié un article non communiqué ou non approuvé.

L'art. 11 déclaroit que la censure cesseroit de plein droit d'avoir son effet au 1er janvier 1825.

On voit combien cette commission légale étoit supérieure de tous points à la commission de surveillance actuelle : c'étoient les Chambres, et non les ministres, qui devoient en présenter

DE LA PRESSE. 255

les candidats au choix du roi, sur une liste double. Cette commission devoit être renouvelée à chaque session des Chambres. La commission (et non le garde-des-sceaux, sous la protection du fameux *nous*, de l'ordonnance du 24 juin dernier), cette commission seule pouvoit suspendre un journal en contravention. Enfin cette loi d'exception avoit un terme fixe ; elle devoit expirer au 1er janvier 1825.

Eh bien ! malgré ces apparents avantages, la commission nommée par la Chambre des pairs pour faire un rapport sur le projet de loi proposa le rejet pur et simple de ce projet. Le rapporteur de la commission étoit M. le duc de La Rochefoucauld, cet homme des bonnes œuvres dont nous avons vu profaner les cendres. Voici comme il s'exprima sur les articles 5 et 6 du projet de loi; du fond de son cercueil fracassé, ses paroles serviront encore les libertés de la patrie.

« Le projet de loi propose, il est vrai, la for-
» mation d'une commission composée de pairs,
» de députés, et de magistrats, pour surveiller
» la censure. Cette pensée a le caractère de mo-
» dération de la part du gouvernement; elle a
» sans doute pour intention de porter un remède
» à la censure et à l'influence ministérielle, tant
» redoutée en fait de censure, et à si juste titre ;
» mais le bien qu'elle voudroit promettre n'est

» qu'illusoire. Qui pourra s'imaginer qu'une com-
» mission ainsi formée passera des journées en-
» tières à recevoir et à vérifier les jugements des
» censeurs, à écouter les plaintes de trente jour-
» nalistes plaidant pour l'insertion de l'intégrité
» de leurs articles? et si elle ne se livre pas à ces
» longs et fastidieux travaux, elle ne sera qu'un
» nom. Peut-être pourroit-elle, dans quelques
» cas, empêcher quelque grande injustice[1]; peut-
» être pourroit-elle, parfois, donner quelques
» conseils généraux sur la manière d'exercer la
» censure. Mais le ministère de son côté n'au-
» roit-il pas son but à remplir, sa tendance
» à faire prévaloir? Et, disons-le franchement,
» de quelque manière qu'une censure soit orga-
» nisée, il est toujours à craindre qu'elle ne soit
» plus ou moins sous l'influence ministérielle.

» Ce projet de commission est plus qu'illu-
» soire et qu'incomplet, il est évidemment in-
» constitutionnel. Le projet de loi fait intervenir
» des pairs et des députés, pour leur donner une
» participation active à l'exécution d'une loi, et
» pour leur faire exercer des fonctions au moins
» moralement responsables. Les Chambres elles-
» mêmes devroient nommer les pairs et les dépu-

---

[1] Que n'oblige-t-elle aujourd'hui les censeurs à exécuter leur loi, à *censurer?*

DE LA PRESSE. 257

» tés : elles prendroient donc part à l'action du
» gouvernement quand nos principes constitu-
» tionnels s'opposent, dans l'intérêt même du
» trône, à la confusion des pouvoirs. Cette com-
» mission seroit chargée de prononcer des peines
» graves, de suspendre des journaux, de les in-
» terdire même dans certains cas, de prononcer
» ainsi des jugements correctionnels frappant
» sur les biens et sur les personnes ; elle distrai-
» roit ainsi les sujets de l'État de leurs juges na-
» turels : elle est inadmissible [1]. »

Les pairs furent frappés de ces hautes considérations, et retranchèrent du projet de loi les
articles 5 et 6. A plus forte raison la noble
Chambre se fût-elle récriée, s'il eût été question
d'une simple commission de surveillance à la
présentation des ministres.

Le ministère n'insista pas : M. le baron Pas-
quier déclara « qu'il savoit tout ce qu'on pouvoit
» dire sur la création d'une commission spéciale
» pour l'exercice et la juridiction de la censure ;
» qu'il ne se dissimuloit point la force des objec-
» tions qu'on avoit élevées contre son existence [2]. »

---

[1] Séance des pairs, 23 février 1820.
[2] Séance des pairs, 28 février 1820. L'ordonnance qui fut faite pour l'exécution de cette loi établissoit (art. 9) un conseil de neuf *magistrats*, pour surveiller cette censure d'un *an* de durée, à l'exclusion des *pairs* et des *députés*.

Le projet de loi fut voté avec le notable amendement qui rejetoit les articles 5 et 6 relatifs à l'établissement d'une commission de censure, et avec un amendement plus notable encore qui bornoit à la fin de la session de 1820 la durée de cette loi. Encore le projet amendé ne passat-il qu'à la majorité d'une voix.

Il est probable, d'après ces débats, que la même question sera agitée à l'ouverture de la session prochaine, et que messieurs les pairs, membres du conseil de surveillance, seront invités à ne plus faire partie à l'avenir d'une commission de censure. Si les fonctions de préfet ont paru incompatibles avec la dignité de la pairie, à plus forte raison les fonctions de censeur sont-elles une déchéance de cette dignité. La noblesse d'extraction peut dormir sans se perdre; celle de caractère ne peut sommeiller sans périr.

Étrange anomalie! dans la discussion du code militaire à la Chambre haute, on a voulu soustraire les pairs portant les armes à la juridiction des conseils de guerre, tant la dignité de la pairie a semblé respectable! Et un pair pourroit être censeur!

On a soutenu qu'un conseil de surveillance placé hors des attributions de la police, composé de personnes graves et d'un rang élevé dans l'État, étoit une espèce de tribunal qui témoignoit de la considération que l'on avoit pour la liberté de la presse, et du désir de rassurer les amis de cette liberté.

Les faits ont mal répondu à cette déclaration. La censure s'est exercée d'une manière intolérable et contre les hommes, et contre les choses, en violation même de la loi qui la constitue. D'ailleurs, il est démontré qu'un conseil de surveillance de censure est une chose ou impossible ou illusoire.

Impossible : pour que le conseil de surveillance devînt réellement une magistrature, il faudroit que les membres en fussent inamovibles; or un tribunal inamovible, maître absolu de l'opinion, seroit le *vrai souverain*, il domineroit le Roi et le peuple; l'article 62 de la Charte disparoîtroit; les citoyens distraits de leurs juges naturels, comme le remarquoit M. le duc de La Rochefoucauld, seroient traduits, sans appel, devant cette formidable magistrature de l'opinion, qui ne connoîtroit d'autre amovibilité que celle de la mort.

Le conseil de surveillance avec une autorité indépendante est donc impossible; il est illusoire si les membres en sont amovibles : ceux-ci, exposés aux violences et aux caresses du pouvoir, ne sont plus dans les mains de ce pouvoir qu'un instrument ministériel. Tout ou rien, trop ou trop peu, tel est le conseil de surveillance, selon qu'il est amovible ou inamovible.

Les pairs et les députés peuvent-ils être les exécuteurs des lois qu'ils votent, et surtout des lois d'exception? Des membres de la législature ravalés au rang de censeurs, eux qui, en jurant la Charte, ont nécessairement juré les libertés qu'elle renferme! Pourroit-on concevoir que le magistrat qui plaide ou qui juge dans un procès pour délit de la presse devînt le *censeur* sous les yeux duquel seroient altérées le *soir* les paroles que lui ou le défendeur auroient prononcées le *matin* devant le tribunal?

A ce propos je rappellerai ce qui s'est passé dans l'affaire de M. de Kératry. M. Alexis de Jussieu, dans une brochure écrite d'un ton ferme, raconte le fait de la manière suivante :

« Aujourd'hui même, au moment de livrer cet
» écrit à l'impression, j'apprends que la censure
» vient de supprimer quelques lignes dans la
» défense de M. de Kératry. » Ce sont celles-ci (il s'agissoit du magistrat censeur, M. de Broë) :

« *Pourquoi même ne pas croire qu'à l'exemple d'un savant célèbre en Europe, et de deux estimables professeurs d'histoire, il aura compris que faire taire n'est pas répondre, et qu'attenter*

aux droits d'une nation, c'est en démériter ? »
La censure viole ainsi l'article 64 de la Charte qui dit : « Les débats sont publics en matière « criminelle, » et elle viole cet article dans l'intérêt de sa propre cause. Si la censure est bonne et honorable, pourquoi tant de précautions afin de cacher que quelques individus ont refusé des places de censeurs?

La censure crée une société factice, substitue la fiction à la réalité. La magistrature, maintenant les franchises nationales, acquitte sans blâme et sans dépens M. de Kératry ; elle établit par son arrêt qu'il n'y a rien de répréhensible, rien de contraire aux lois dans le passage incriminé; elle permet devant elle un développement de principe, une plaidoirie grave en faveur de la liberté de la presse, en réprobation des hommes qui ont asservi cette liberté.

Supposez à présent que le passage dénoncé, que la plaidoirie de M. de Kératry et de son défenseur fussent de simples articles envoyés par *le Courrier françois* à la censure, la censure en laisseroit-elle passer deux lignes? Où se trouve donc le véritable esprit de la France? Est-il représenté par des juges inamovibles, assis sur les fleurs de lis, en présence du public assemblé, ou par des censeurs amovibles, assis sur les escabelles de M. de Corbière, dans un abattoir où l'on assomme à huis clos l'opinion [1] ?

Au reste, il paroît évident que six censeurs ne peuvent suffire à l'exécution de tant de journaux; aussi donne-t-on pour certain qu'au-dessous de ces hommes se trouvent au pied de l'échelle des aides d'offices. Si ces faits sont exacts, nous aurions à la fois la censure publique et la censure secrète : on ne peut réunir plus d'éclat à plus de modestie.

Les poids et les mesures varient selon les journaux et selon l'humeur de messieurs de la censure. Ainsi le *Journal des Débats* a vu mutiler un article qui proposoit M. Delalot aux électeurs d'Angoulême, et il a été permis au *Constitutionnel* de louer et d'offrir M. Chauvelin aux mêmes électeurs : petite ruse facile à pénétrer. Les agents du pouvoir veulent avoir quelque chose à dire à la tribune en faveur et en défense

---

[1] La censure vient de commettre une nouvelle prévarication du genre de celle dont nous nous plaignons dans ce moment même. *Le Constitutionnel* et le *Courrier* étoient en appel à la Cour royale d'un jugement rendu contre eux en première instance. La cause d'un de ces journaux étoit défendue par M. Dupin. Son plaidoyer révéloit tous les méfaits de la censure; la censure n'a pas permis, même aux journaux intéressés, de publier la défense de leur avocat.

La censure ne tient aucun compte de la Charte; mais la Charte fera bientôt raison de la censure.

de leur censure ; ils permettent en certains cas un peu de liberté, afin de tuer plus sûrement un jour la liberté. Quelques phrases tolérées sont des arguments ministériels en réserve, et non des franchises laissées au public. Quand on aura obtenu la censure pour un quart de siècle ou pour un demi-siècle, on ne fera pas tant de compliments, et l'on resserrera la muselière.

Heureusement les journaux ministériels sont naïfs ; au lieu de dissimuler la pensée de leurs maîtres, ils la dévoilent.

Si vous ne voulez pas croire à la liberté de la presse sous la censure, voyez, nous disent-ils, tel journal citant des passages des journaux anglois pour et contre M. Canning ; tel autre s'expliquant sur le Brésil ; tel autre parlant des fêtes données à MM. Bourdeau et Gautier, députés de l'opposition.

Le Moniteur et les journaux de préfectures éclatent en mêmes jubilations : nous pouvons être sûrs qu'on nous répétera mot pour mot à la tribune les raisonnements des gazettes stipendiées. On aura beau dire que les journaux indépendants ont expliqué leurs pensées, qu'ils ont protesté contre la censure ; leur protestation tournera contre eux, comme une preuve de plus de leur *liberté* ; c'est même la raison pour laquelle on leur permet de protester. En définitive, puisqu'on proscrit des noms et des ouvrages, puisqu'on interdit les *blancs*, puisqu'on veut le martyre sans stigmates, la prétendue tolérance de la censure n'est qu'un piége et une jonglerie.

Ce que cette censure désire surtout, c'est que l'on ferraille avec elle, que l'on parle de principes, de liberté, de constitution, de Charte. Elle dit avec un touchant intérêt aux journaux qui se sont retranchés dans la littérature : « Vous
» vous faites tort; vous ennuierez vos lecteurs;
» vous perdrez vos abonnés. Qui vous empêche
» de publier de vigoureux articles de doctrine?
» nous vous les passerons tous sans en retran-
» cher une seule ligne. »

Que ces messieurs sont bons! *Allons! ferme!* soutenons une thèse sur la liberté, mais cachons bien nos mains, de peur qu'on ne voie les petits anneaux des gendarmes. Les maîtres ès-jeux de la censure nous distribueront des couronnes, et les Pindares de la police célébreront nos victoires.

En politique extérieure la censure ne nous fait connoître que ce qui convient à l'autorité : elle ne permet pas surtout que l'on traduise les articles des gazettes angloises, où elle est traitée comme elle le mérite, mais avec des outrages à notre patrie. Ministres, rendez-nous compte de l'honneur françois!

Que reste-t-il à la presse périodique pour organe *libre* de l'opinion? les journaux ministériels, qui sans doute ont leur franc-parler : à la vérité ils sont réduits à deux ; car le ministérialisme est une fièvre jaune dont meurent tour à tour les gazettes qui en sont attaquées. Ces deux journaux donnent à leurs maîtres des éloges qui doivent les embarrasser. Dernièrement un ministre n'étoit rien moins que *Fabius cunctator*, à l'arme ardente, à la décision froide, se préparant à fondre du haut de la montagne sur les soldats d'Annibal. Comme il n'étoit question dans tout cela que de finances, on se demandoit si la montagne étoit l'hôtel Rivoli, la Bourse le Capitole, la rue Notre-Dame-des-Victoires le champ de bataille, et quelque banquier le général carthaginois. De terribles défis que personne n'accepte, des monologues que personne ne lit, sont consignés le matin dans une des gazettes de l'autorité, et répétés le soir par l'autre. On n'oseroit peut-être pas avouer les principaux écrivains de ces gazettes, jadis rédacteurs des *Correspondances privées* où le prince, aujourd'hui Roi, étoit chaque jour insulté. Voilà les soutiens du trône, les interprètes des doctrines du ministère !

En politique intérieure, la censure interdit ce qui blesseroit les projets et les intérêts de sa coterie. Elle sépare les citoyens des lois, les rend étrangers à leur gouvernement, les prive de l'instruction nécessaire à l'exercice de leurs droits, devient une espèce de rouille qui empêche le jeu de la machine, ou plutôt qui ne laisse tourner que les rouages du pouvoir.

Les censeurs, si dangereux, comme on le voit, en politique, deviennent des critiques en littérature : ils ont leurs coteries, leurs haines, leurs amours; ils coupent et tranchent à leur gré, permettent ou refusent d'annoncer les nouveaux et les anciens écrits, effacent certains noms, biffent les éloges de certains ouvrages : ils interdiroient le feu et l'eau à Racine, et accorderoient le droit de cité à Cotin. Peut-on espérer autre chose, lorsqu'on donne à la médiocrité tout pouvoir sur le génie, à l'obscurité toute autorité sur la gloire? Si vous introduisiez l'Envie et la Sottise dans le temple de la Renommée, n'en briseroient-elles pas les statues?

Les nouveaux censeurs empruntent à l'administration supérieure l'urbanité qui la distingue. Les journaux politiques n'ont qu'une heure (de sept à huit heures du soir) pour être marqués et fouettés. Avant sept heures il n'y a personne au bureau; après huit heures on n'admet plus rien à la censure du jour : c'est le cercle de Popilius pour l'opinion. Il semble pourtant que des commis à 6000 francs de gages pourroient traiter un peu plus poliment le public qui les paie, à la vérité bien malgré lui. Des feuilles périodiques, dont le tirage est considérable, sont cruellement embarrassées lorsqu'on n'a qu'un moment pour remanier une composition mutilée. La haine de l'intelligence humaine et le mépris des lettres se devroient mieux masquer.

On raconte que des fiacres et des gendarmes viennent tous les soirs chercher les censeurs et les reconduisent chez eux : on pense que les gendarmes sont là en guise de gardes d'honneur[1].

Une partie des travaux de la censure a lieu après le coucher du soleil; il y a des ouvrages qui ne se font que de nuit. Cela se passe pourtant assez loin de M. le ministre de l'intérieur pour que son sommeil n'en soit pas troublé.

Voyons maintenant dans quel état la presse périodique demeure lorsque les censeurs, ayant achevé leur besogne, ordonnent de *laisser passer leur justice*.

Un étranger a quitté la France depuis une vingtaine de jours; par un hasard quelconque il a ignoré l'imposition de la censure, et il est revenu hier à Paris.

[1] M. A. de Jussieu.

A son départ de cette capitale, il avoit lu dans les feuilles indépendantes des articles politiques et littéraires sur les sujets les plus dignes d'occuper l'esprit humain. Accoutumé à ce mouvement de la pensée qui annonce les progrès d'un peuple dans la carrière de la raison et de la liberté, il demande les journaux du matin, il les ouvre avec empressement; il court à ce que les Anglois appellent le *leading article*, l'article principal. Il voit écrit en grosses lettres dans une feuille, ce titre : LA GIRAFE; une autre feuille contient une annonce de *chien perdu*; une troisième parle d'une scène de *Bobèche* ou d'une *danse de singes*; une quatrième raconte la pêche d'un *énorme esturgeon*.

Notre voyageur cherche en vain dans les matières littéraires les noms qu'il avoit coutume d'y trouver; les ouvrages importants dont on lui donnoit l'analyse, tout a disparu. Il se frotte les yeux; il ne sait s'il rêve; il se demande si la France n'a pas été frappée tout à coup d'une paralysie à la suite de laquelle elle seroit tombée en enfance. Il ne se peut figurer que ce soit là la nation qu'il avoit laissée si saine, si grande, si spirituelle, et qu'il retrouve si cacochyme, si petite, si idiote.

Telle est pourtant, dans l'exacte vérité, la dégradation subite où nous a plongés la censure.

Un peuple peut-il consentir long-temps à cet amoindrissement forcé, à cet abandon de toutes ses facultés morales et intellectuelles ? S'imagine-t-on que l'on peut passer sans transition des mâles travaux de l'homme aux occupations puériles de l'enfant, des jouissances de la liberté aux plaisirs de l'esclavage, et du spectacle de la gloire aux gambades de Fagotin?

C'est tenter l'impossible ; il seroit plus aisé de nous ramener au mode de la régence que de réduire nos esprits à la mesure des censeurs.

Aussi les effets de la censure ne sont pas moins effrayants qu'ils ne sont inévitables ; le dégoût, le mépris, la haine, s'augmentent au fond de tous les cœurs pour un système d'administration qui exploite au profit de quelques hommes quarante années de révolutions, de victoires et de malheurs. On se demande si c'est pour arriver à l'ovation de tels et tels ministres que la république a brisé le trône et élevé l'échafaud de Louis XVI, que la Vendée a versé son sang, que Buonaparte a vaincu l'Europe, que Louis XVIII a donné la Charte ? Sommes-nous punis par où nous avons péché ? Devons-nous expier l'extrême grandeur par l'extrême petitesse ?

Des nains ministériels, montés sur les débris de nos libertés, ont osé attacher un bandeau sur les yeux de la France, imitant la gloire qui seule étoit de taille à atteindre le front de la fille aînée de l'Europe. Prétendent-ils tuer cette France quand elle ne les verra plus ? Mais ne pourroit-elle pas étendre son bras dans l'ombre ? Malheur à ceux sur qui s'abaisseroit sa main !

Chaque jour on nous effraie du bruit de quelques projets sinistres. Les ministres, nous dit-on, n'en resteront pas là : enivrés de la victoire remportée sur Paris par le licenciement de la garde nationale, sur la France entière par la censure, ils songent à de nouveaux triomphes. Leurs créatures sollicitent une nombreuse nomination de pairs, pour obtenir, si elles le peuvent, des mesures selon leurs vœux; elles méditent une nouvelle circonscription des tribunaux, afin de dompter l'esprit indépendant de la magistrature; elles parlent d'une loi de censure perpétuelle, d'une loi d'élections plus flexible, d'une suspension de la Charte, etc. etc.

De quoi les ennemis du roi et de la patrie ne parlent-ils pas ! Mais ils comptent sans le temps, sans les événements, sans la force du siècle, sans l'esprit des peuples. Ne confondons pas le génie qui rêve avec la médiocrité qui extravague : quelques idées vieillies, cantonnées dans des têtes étroites et usées, peuvent-elles régir une nation, où les lumières sont entrées de toutes parts ? Une garnison d'invalides, retranchée dans un donjon délabré, fait-elle la loi aux assiégeants, lorsque la place est prise et le pays occupé ?

La France avoit montré une joie extrême du retrait du projet de loi contre la presse ; si elle ne pouvoit supporter ce projet, même en pensée, est-ce pour la satisfaire qu'on lui impose la censure ? Est-il sage, est-il politique de narguer ainsi, de fouler aux pieds l'opinion ?

Après cinq années de possession de la liberté de la presse, cette liberté n'est plus pour la France un simple principe abstrait, c'est un fait pratique qu'il n'est donné à personne de détruire. La censure loin de calmer les esprits n'a fait que les irriter : elle les a confirmés dans l'idée que les ministres cherchoient à ravir à la France les institutions que leur a octroyées Louis XVIII.

Dans l'ancienne monarchie, le pouvoir n'avoit pas en lui-même son principe modérateur ; il ne rencontroit de résistance que dans ses limites ; clergé, noblesse, états provinciaux, droits et priviléges municipaux, lui faisoient obstacle.

Dans la monarchie nouvelle, le pouvoir n'a point de bornes, mais il est retenu par un principe renfermé dans son propre sein, *la publicité*.

Détruisez celle-ci, il ne reste qu'un despotisme orageux. « La monarchie légitime, a dit un » esprit profond, la monarchie légitime si né- » cessaire à la France, cette monarchie qui est à » nous aussi bien qu'à nos adversaires, seroit » amenée par leur imprudence au seul risque » véritable qu'elle ait à courir, celui d'être re- » gardée comme incompatible avec les libertés » qu'elle a promises [1]. »

Ces libertés ont pénétré nos institutions et nos mœurs : attaquer la plus précieuse de toutes, c'est blesser nos intérêts essentiels. Ajoutons que la censure, telle qu'elle existe aujourd'hui, est absurde, parce qu'elle est impuissante.

Lorsque à côté d'une presse esclave il existe une presse libre, et que celle-ci raconte ce que l'autre est obligée de taire, le pouvoir tombe dans la désaffection et dans l'impopularité, sans arriver au but qu'il se propose : il se donne à la fois les embarras de la liberté de la presse et les inconvénients de la censure.

Nous avons maintenant les chansons et les noëls satiriques de la vieille monarchie, et les brochures politiques de la monarchie nouvelle. Avant un mois le public commencera à connoître ces brochures; elles seront d'autant plus

[1] M. Royer-Collard, séance du 22 janvier 1822.

lues, demandées, recherchées, que la presse périodique est moins indépendante.

Lorsqu'un écrit a la faculté de paroître sous le régime de la loi, que l'auteur de cet écrit ne peut pas être arrêté, jugé et fusillé dans vingt-quatre heures, une petite violence administrative à la publicité est une bouderie à laquelle ne se laissera jamais aller un véritable homme d'État. La censure, glaive tranchant de l'arbitraire, s'émousse aux mains de l'autorité légale : il ne coupe pas, il meurtrit; l'arme de la légitimité est la liberté de la presse.

La légitimité revint de l'exil nue et dépouillée : elle réclama la puissance en offrant la liberté; l'échange fut accepté avec transport. De mâle en mâle, par une succession non interrompue, on arrivoit de Robert-le-Fort à Louis XVIII : les fils de ceux qui fondèrent la monarchie, et qui gardèrent le passé pendant mille ans, demandoient à garder l'avenir. Ce miracle d'antiquité étoit une grandeur qu'on ne pouvoit méconnoître : les François se soumirent à l'autorité de leur roi, comme à l'autorité de leur histoire.

Le souverain eut donc en partage le pouvoir, et le peuple la liberté. Les deux parties, satisfaites l'une de l'autre, sont sincères et loyales; mais entre elles se sont glissées de petites gens qui cherchent à brouiller. Elles ont réussi jusqu'à un certain point ; on s'en étonne, et l'on a tort.

La médiocrité individuelle n'est pas forte parce qu'elle est en elle-même, mais par le corps nombreux des médiocrités qu'elle représente. Plus l'homme en pouvoir est petit, plus il convient à toutes les petitesses : il donne à la foule l'espérance de réussir ; les courtisans le préfèrent, parce qu'ils peuvent dédaigner sa première condition ; les rois le conservent comme une preuve de leur toute-puissance. Non-seulement la médiocrité parvenue a tous ces avantages, mais elle a encore un bien plus grand mérite ; elle exclut du pouvoir la capacité. Ce député des infirmes aux affaires caresse deux passions du cœur humain : l'ambition du vulgaire, et l'envie de tous.

Mais enfin cela n'a qu'un temps, et un temps fort court dans la forme de nos institutions ; elles ramèneront les vraies supériorités, ou bien il faudroit tenter des coups d'État, qui viendroient échouer contre le refus de l'impôt.

Si nous voulons remporter la victoire, agissons toujours de concert, et soyons attentifs aux manœuvres des ennemis de nos libertés. C'est principalement des élections prochaines que nous devons attendre notre salut. Les élections partielles qui ont eu lieu dernièrement n'ont laissé passer qu'un seul candidat de l'autorité. M. Delalot vient d'être nommé à Angoulême, à la haute satisfaction des royalistes constitutionnels et au mortel déplaisir de leurs adversaires ; ce qui prouve, ce que l'on savoit depuis long-temps, que la censure est un mauvais moyen d'obtenir aux élections des votes ministériels. Mais prenons garde à une chose.

La dernière loi sur le jury est excellente : faite de sorte à empêcher, dans l'avenir, les fraudes électorales, elle pourroit cependant avoir dans ce moment le plus grand danger, si la France étoit surprise par une dissolution subite de la Chambre des députés, après le 1er octobre prochain.

On commence à exécuter cette loi ; les listes où les citoyens iront s'enregistrer seront closes le 1er octobre de cette année. Il est naturel que toutes les créatures, que tous les agents du ministère soient portés immédiatement sur ces listes.

Malheureusement l'institution du jury n'est pas encore bien entrée dans nos mœurs ; il est probable que dans les départements on se montrera tiède à placer son nom sur le rôle des jurés ; on croira qu'il sera toujours temps d'en venir là ; on ne se souviendra pas qu'en négligeant de se faire inscrire on perd ses droits d'électeur. Souvenons-nous bien que LES LISTES DU JURY SONT LES LISTES ÉLECTORALES. Personne ne viendra vous en avertir dans votre domicile; les autorités ne diront rien; les journaux, sous le joug de la censure, se tairont : le 1er octobre arrivera. Si la Chambre des députés est dissoute, alors que fera-t-on? on courra aux colléges électoraux : inutile empressement! on n'est point inscrit sur la liste du jury, on a perdu ses droits d'électeur! On réclamera : les réclamations seront accueillies *pour l'année* 1828. Tout sera parfaitement légal; il n'y aura pas lieu à la plus petite plainte; mais, comme les initiés le disent déjà trivialement, en se frottant les mains, *on aura manqué le coche;* une Chambre des députés sera élue pour *sept ans.* Les ministres, riant des dupes et de la véritable opinion de la France, recueilleront le fruit de la censure.

Je recommande ceci à l'attention la plus sérieuse des citoyens : qu'ils se hâtent de se faire inscrire sur la liste du jury avant le 1er octobre; il y va de leurs droits électoraux, il y va de la prospérité et de la liberté de la France. Je répéterai plusieurs fois cet avertissement, et tous les écrivains amis de leur pays se feront un devoir de le rappeler.

Il est déplorable d'en être à ces craintes de surprise, d'avoir sans cesse à se défier, à se défendre du pouvoir administratif comme d'un ennemi, de ce pouvoir qui devroit être le premier à instruire les citoyens, à les inviter à l'exercice de leurs droits. Malheureusement les défiances ne sont que trop justifiées par les anciennes tromperies électorales, par tout ce que l'on a fait pour acheter d'abord l'opinion, et ensuite pour l'étouffer. Serrons nos rangs, oublions nos petites dissidences. Ne nous laissons pas décourager, parce que le temps nous semble long. On a sans cesse à la bouche cette phrase banale : Il y a bien loin d'ici à telle époque ! Bien loin ? Et la vie, combien dure-t-elle ?

Charles X entendra nos plaintes : c'est de lui surtout que viendra notre salut. Si sa piété est vive, elle est éclairée; elle ne lui a point été donnée en diminution de ses vertus ; il ne se met point humblement à genoux au pied des autels, pour marcher ensuite avec orgueil sur la tête de ses sujets; il n'est pas de ces princes qui se croient le droit de frapper leurs peuples, quand ils se sont frappé la poitrine. Il descend de ce Louis IX qui disoit : « J'aimerois mieux que *le peuple de mon royaume fust gouverné bien et loyaument par un Ecossoys venu d'Écosse* ou *par quelque loingtain estrangier, que par un roy de France qui ne fust pas aymé de son peuple et qui gouvernast mal à point et en reproches.* »

Vrais sentiments d'un roi, d'un saint et d'un grand homme !

POST-SCRIPTUM.

Les journaux nous donnent le traité conclu, disent-ils, entre la France, l'Angleterre et la Russie, pour la pacification de la Grèce. Ces négociations, commencées sous mon ministère, me paroîtroient dans ce cas avoir eu une triste fin. Il seroit difficile de comprendre que les Ottomans, vainqueurs presque partout, abandonnassent les forteresses qu'on leur a laissé prendre, livrassent toutes les propriétés turques à des rayas rebelles, et que les Grecs de leur côté reconnussent le sultan comme leur *seigneur suzerain*, lui payassent un *tribut annuel*, et consentissent à laisser à la Porte une *voix déterminante dans la nomination des autorités qu'ils se choisiront.*

Je disois dans ma Note sur la Grèce qu'il étoit déjà trop tard, il y a deux ans, de demander pour celle-ci une sorte d'existence semblable à celle de la Valachie et de la Moldavie, les Grecs paroissant être au moment de chasser les Turcs ou d'être exterminés par eux.

Je remarquois toutefois qu'il étoit encore possible de délivrer les Hellènes sans troubler le Monde, sans se diviser, sans mettre même en danger l'existence de la Turquie, par une seule dépêche collective souscrite des grandes puissances de l'Europe : ce sont là, ajoutois-je, de ces pièces diplomatiques qu'on aimeroit à signer de son sang.

On en est venu à cette résolution, mais quand? quand des flots de sang ont été versés, lorsque les Turcs sont rentrés dans les ruines d'Athènes, et que la torche de Mahomet, plantée dans les débris des monuments de Phidias, semble éclairer les dernières funérailles de la Grèce.

La France qui devoit prendre l'initiative dans cette question ; la France qui auroit pu avoir dans ce moment vingt-cinq mille volontaires en Morée, a été placée, par la foiblesse des ministres, à la suite des autres puissances. Les peuples ont traîné les gouvernements à la remorque dans une affaire où la religion, l'humanité et les intérêts matériels bien entendus réclamoient l'intervention de ces gouvernements.

On a déclamé contre les comités philhellènes; mais en quêtant du pain, ils ont nourri des veuves, des orphelins, une poignée de héros, et laissé le temps à la chrétienté de rougir.

La Russie vouloit agir, qui l'a arrêtée? S'il est juste de secourir aujourd'hui les Grecs, eût-il été injuste de les secourir il y a quatre ans? S'étoit-on flatté qu'ils seroient anéantis? Ils ont malencontreusement résisté au-delà de l'espérance. Maintenant leur renommée embarrasse : qu'en faire? ne pourroit-on pas les en punir, en les rejetant sous la suzeraineté des Turcs? On n'a pas pu leur ôter la vie; ôtons-leur la gloire : ce sera toujours se venger de la liberté. Si la Porte n'accepte pas une médiation proposée avec tant de ménagements et des paroles si modestes, combien de temps encore les massacres dureront-ils, puisque le traité ne porte pas une condition expresse d'armistice? Pendant les échanges de notes diplomatiques, les Turcs continueront-ils à égorger les Grecs sous les yeux des médiateurs?

Si vous regardez ces Grecs comme des sujets rebelles, pourquoi vous occupez-vous d'eux? Si vous les considérez comme un peuple qui mérite d'être libre, quel droit avez-vous de fixer les conditions de sa liberté ou plutôt de prolonger véritablement son esclavage? Laissez-le mourir : la postérité lui rendra les derniers honneurs; il n'a pas besoin que votre pitié de parade et votre admiration dérisoire viennent promener vos pavillons en deuil sur les mers qu'il illustra, et tirer des coups de canon à poudre sur sa tombe.

Si les Grecs, comme ils l'ont décrété, érigent

une monarchie constitutionnelle et se choisissent un prince étranger, c'est donc le Grand-Turc qui, avec sa voix déterminante, nommera ce roi vassal?

Si les Grecs n'acceptent pas les chefs désignés par la Porte, qui décidera la question? Les puissances médiatrices, réunies en conseil de censure? Prendront-elles à tout moment les armes?

Il falloit éviter des détails où l'on a tout réglé sans consulter les parties contendantes. On devoit, selon moi, se contenter de dire : « La guerre » cessera à l'instant; nous l'exigeons dans l'in- » térêt de la religion et de l'humanité, dans l'in- » térêt de nos sujets et du commerce. Nous re- » connoissons l'indépendance de la Grèce, et nous » offrons notre médiation pour les arrange- » ments qui seront la suite de cette reconnois- » sance. »

L'Angleterre a reconnu l'indépendance des colonies espagnoles, la France l'indépendance d'une république de noirs, et l'on en est à parler d'un *rapprochement éventuel* avec les Grecs! La France et l'Angleterre ne soutiendroient-elles des principes généreux que lorsqu'elles n'ont à craindre aucune résistance! Les Turcs sont-ils si formidables? Il suffit que nos gens d'État se mêlent de quelque chose pour que tout avorte : leur administration pauvrette n'amène rien à terme.

Si de tant de désastres on sauve quelques familles, on devra sans doute s'en réjouir; mais qu'on ne vienne pas réclamer, au nom d'une mesure incomplète et tardive, une popularité qu'on n'a pas méritée. Faut-il croire à un article secret devenu un article public ? Dans tous les cas, cet article n'engageroit pas beaucoup les puissances, car il y est dit qu'on établiroit avec les Grecs des relations commerciales, *aussi long-temps qu'il existera parmi eux des autorités en état de maintenir de telles relations.*

Or, n'est-il pas évident qu'on pourra toujours déclarer aux Grecs qu'on désiroit établir avec eux des relations, mais *qu'ils ne sont pas en état de les maintenir?* Cette grande négociation finiroit ainsi par une misérable moquerie. En tout le ton du traité, si ce traité est authentique, est timide, vague, embrouillé, sans franchise, très peu digne du langage de trois grandes puissances de l'Europe. On y sent l'amour des Turcs, les défiances de l'Autriche, la peur de la guerre, la mercantille de la cité de Londres, et l'agiotage de la Bourse de Paris : on ne peut échapper au trois pour cent.

NOTES.

Il est impossible de tenir le lecteur au courant de toutes les prévarications comme de toutes les niaiseries de la censure. Un journal, dans une annonce des OEuvres de M. Désaugiers, avoit dit *qu'il étoit le plus gai et le plus spirituel de nos chansonniers :* la censure a biffé cette phrase, parce qu'un chansonnier est aujourd'hui censeur.

Un autre journal avoit cité un mauvais couplet de ce même censeur : aussitôt le couplet est retranché, et *sans blanc.*

Un ancien article d'un autre censeur, naguère opposant au ministère, avoit été oublié dans un carton d'un journal indépendant; cet article oublié est présenté malicieusement à la censure : le père reconnoît son enfant et l'étouffe. La censure a aussi ses Brutus.

M. Charles Dupin avoit adressé à un excellent journal littéraire un morceau qu'il a fait depuis imprimer à part, et qui s'intitule *Hommage aux habitants de la France méridionale ;* l'article entier a été retranché sans qu'on puisse deviner pourquoi, sinon que M. Dupin invite les habitants de la France méridionale à apprendre à lire, et qu'il cite malencontreusement deux pairs de France.

Voilà un échantillon des niaiseries de la censure : on peut en voir beaucoup d'autres dans un écrit piquant intitulé : *Lettres de la Girafe au Pacha d'Egypte.* Voici maintenant ce que nos voisins pensent de cette censure; les journaux ne nous le diront pas.

Il me semble inutile de répéter ici l'article du *Courier anglois* cité dans ma brochure *sur le Rétablissement de la*

Censure, et l'article du *Times*, cité par l'auteur de la *Lettre de la Girafe au Pacha d'Égypte.*

Je reçois à l'instant d'un de mes nobles collègues les pièces suivantes, que je m'empresse de mettre sous les yeux du public.

A M. le Rédacteur de

« Monsieur,

» Permettez-moi de me servir de votre journal pour
» exprimer ma profonde et sensible reconnoissance des
» nombreux témoignages d'estime et d'amitié que j'ai reçus
» de mes honorables frères d'armes de l'ancienne garde
» nationale parisienne. Étant dans l'impossibilité de ré-
» pondre aux lettres multipliées et aux marques de bien-
» veillance dont chaque jour ils daignent m'honorer, depuis
» l'opinion que j'ai prononcée le 19 juin à la tribune de la
» Chambre des Pairs, souffrez, monsieur, que je leur
» adresse ici les remerciements et l'hommage des sentiments
» que leur approbation m'inspire, et que je les supplie
» de croire que mon dévouement et ma reconnoissance
» égalent mon respectueux attachement et mon admiration
« pour cet illustre corps, dont la patrie garde le souvenir
» avec gloire et douleur.

» Agréez, monsieur, l'assurance de mes sentiments et de
» ma considération très-distinguée.

» LE DUC DE CHOISEUL.

» Le 7 juillet 1827. »

M. Armand Bertin, par une lettre en date du 8 juillet, apprend à M. le duc de Choiseul que la lettre ci-dessus a été rayée à la censure dans le *Journal des Débats.*

Lettre de M. le duc de Choiseul à M. le vicomte de Bonald.

« Monsieur le vicomte,

» *Pair de France*, vous avez accepté des fonctions dans
» le comité supérieur de la censure; permettez-moi, comme
» votre collègue *à la Chambre des Pairs*, d'avoir l'honneur
» de vous consulter sur un fait qui m'est personnel.

» Je dois d'abord avoir celui de vous informer que, depuis
» le licenciement de la garde nationale parisienne, j'ai reçu,
» après mon discours du 19 juin à la Chambre haute, une
» multitude de lettres et de témoignages de reconnoissance
» de la part des personnes que j'ai eu l'honneur long-temps
» de commander.

» Ne pouvant répondre à chacune d'elles en particulier,
» j'ai adressé avant-hier la lettre dont copie est ci-jointe,
» à MM. les rédacteurs des *Débats*, du *Courrier* et du *Cons-*
» *titutionnel.*

» J'apprends à l'instant que ma lettre a été *biffée* et son
» insertion *refusée à la censure,*

» Sans entrer ici dans la discussion des droits d'un pair
» et des supériorités de la censure, discussion qui pourra
» trouver sa place ailleurs, j'ai cru devoir d'abord m'adres-
» ser à vous, monsieur le vicomte, pour vous prier de faire
» cesser ce scandale, bien persuadé que le sentiment de
» votre dignité et celui des convenances vous engageront à
» donner les ordres nécessaires, ordres que je réclame
» comme pair de France et comme citoyen françois.

» Agréez, monsieur le vicomte, l'assurance de ma haute
» considération.

» LE DUC DE CHOISEUL.

» Paris, le 9 juillet 1827. »

Réponse de M. le vicomte de Bonald à M. le duc de Choiseul.

« MONSIEUR LE DUC,

» Je mettrai sous les yeux du conseil la lettre que vous
» m'avez fait l'honneur de m'écrire, et la réclamation qu'elle
» contient, et j'aurai celui de vous faire part de sa déci-
» sion.

» Agréez, monsieur le duc, l'assurance de ma haute
» considération.

» LE VICOMTE DE BONALD.

» 9 juillet 1823. »

Le lendemain ou surlendemain de la réponse ci-dessus de M. de Bonald à M. le duc de Choiseul, la censure effaça l'article ci-après qui avoit été inséré dans le *Constitutionnel* :

« M. le duc de Choiseul a écrit, comme pair de France, à M. de Bonald, son collègue et président de la commission de censure, pour se plaindre du refus fait par la censure de laisser insérer une lettre qu'il a adressée au *Constitutionnel*, relativement à la garde nationale parisienne. M. de Choiseul insiste sur tout ce qu'a d'étrange l'interdiction faite à un pair de France de la presse périodique pour manifester des sentiments qui n'ont rien que d'honorable et de patriotique. »

Enfin, le 15 juillet, M. le duc de Choiseul reçut la lettre suivante de M. le vicomte de Bonald :

Paris, le 14 juillet 1827.

« MONSIEUR LE DUC,

» Le conseil de surveillance de la censure, vu la lettre
» que vous avez fait à son président l'honneur de lui écrire,
» et dans laquelle Votre Seigneurie réclame contre la radia-
» tion faite par le bureau de censure de sa lettre à messieurs
» de la ci-devant garde nationale parisienne, envoyée aux
» journaux des *Débats*, du *Courrier* et du *Constitutionnel*,

» Arrête à l'unanimité que le jugement du bureau de
» censure est maintenu, et charge son président de le com-
» muniquer à Votre Seigneurie.

» Agréez, monsieur le duc, l'assurance de ma haute
» considération.

» *Le président du conseil de surveillance de la censure,*

» LE VICOMTE DE BONALD, *pair de France,*

» *A M. le duc de Choiseul, pair de France.* »

Réponse de M. le duc de Choiseul à M. le vicomte de Bonald.

Paris, 15 juillet 1827.

« MONSIEUR LE VICOMTE,

» Je reçois la lettre que vous m'avez fait l'honneur de
» m'écrire, comme président du conseil de surveillance de
» la censure.

» Vous m'y annoncez la confirmation *à l'unanimité du*

» *jugement du bureau de censure*, sans m'en faire connoître
» un seul motif.

» L'inconvenance de cette forme est la suite naturelle de
» celle du premier procédé.

» Ne pouvant, comme *pair de France*, reconnoître un
» tribunal dans un bureau de censure; ne pouvant me
» soumettre à *d'autres Jugements* que ceux de la Cour des
» pairs dans les cas extraordinaires, et dans les cas ordi-
» naires que ceux des tribunaux, il est de mon devoir de
» ne point laisser avilir notre haute dignité et de protester
» contre cette coupable violation de nos droits.

» Agréez, monsieur le vicomte, l'assurance de ma haute
» considération.

» LE DUC DE CHOISEUL, *pair de France.* »

Il faut espérer que tant de scandale finira avec la censure, et qu'on ne s'obstinera pas à prolonger un état de choses si révoltant.

DERNIER AVIS
AUX ÉLECTEURS.

DERNIER AVIS
AUX ÉLECTEURS [1].

Paris, le 5 septembre 1827.

Il n'y a qu'une chose qui doive fixer dans ce moment l'attention publique; qu'une chose dont nous puissions entretenir nos lecteurs : la formation des listes pour le jury. Ces listes, on le sait, sont aussi les listes électorales; quiconque négligeroit de s'y faire inscrire avant le 30 de ce mois perdroit son droit d'électeur pendant une année. Si une élection générale avoit lieu dans le cours de cette année, le mauvais citoyen, car il faut tran-

---

[1] Mon tour de tenir la plume n'étoit pas revenu. Prévenu trop tard que j'aurois à remplacer momentanément un homme de talent et de mérite, il m'a fallu dicter, revoir et livrer cette brochure à l'impression dans quelques heures. Au reste, il ne s'agit ici ni de l'écrit, ni de l'écrivain; il s'agit de remplir un devoir : *Faites-vous inscrire sur les listes du jury!* voilà tout ce que j'avois à dire, et ce sera toujours bien dit.

cher le mot, qui se seroit tenu à l'écart, deviendroit coupable de tout ce qu'une Chambre des députés, dévouée à l'administration du jour, pourroit faire de mal à la France.

Remarquez que vous avez contre vous deux chances de dissolution, à deux époques différentes. Une fois close le 30 septembre, la liste du jury est valable pour un an ; le ministère peut déterminer la couronne à dissoudre la Chambre des députés avant la session prochaine ou après cette session ; que l'élection précède seulement de quelques jours le 1ᵉʳ octobre 1828, c'est la liste arrêtée le 30 septembre 1827 qui servira. De sorte que, s'il plaît au ministère de faire encore une campagne avec la Chambre actuelle des députés, il le peut, réservant sa *bonne* liste (si elle étoit bonne à ses fins) pour des élections qu'il placeroit au mois d'août ou de septembre 1828 ; il gagneroit ainsi une année d'existence ; il ajouteroit l'année qui va s'écouler aux sept années qu'il se donneroit ensuite. Y a-t-il en France un seul homme, autre qu'un serviteur extrêmement humble, à qui l'arrangement puisse convenir ? Encore huit années de la chose ministérielle ! c'est un peu long. Voilà néanmoins ce qui arriveroit si les électeurs non serviles renonçoient à se présenter à leur préfecture avant le 30 septembre. Et qu'ils se dépêchent, car nous sommes au cinquième jour de ce mois fatal.

Déjà dans les bureaux on se réjouit des retards d'inscription ; on se vante que, ces retards continuant, les quatre cinquièmes, ou tout au moins les trois cinquièmes des voix, seront acquis à l'autorité. On va jusqu'à marquer le nombre des membres dont l'opposition future seroit composée : soixante députés de la minorité de gauche, huit députés de la minorité de droite, c'est tout ce que le ministère accorde *aux besoins de l'opposition*.

L'outrecuidance ministérielle est connue ; elle a souvent annoncé des succès qu'elle n'a point obtenus. Elle se disoit sûre de faire repousser M. Delalot à l'élection d'Angoulême, et M. Delalot a été nommé. (Il en a été ainsi de quelques autres élections partielles.) Elle se regardoit comme certaine du vote de plusieurs lois, et ces lois ont été rejetées ou refaites. Nous croyons même, et nous avons nos raisons pour cela, que dans les voix que le ministère s'attribue déjà sur les listes du jury, il aura de grands mécomptes. Ne nous effrayons donc pas des vantcries, mais qu'elles nous servent d'admonition : souvenons-nous qu'un seul suffrage peut décider de la nomination d'un député, et la boule de ce député, du sort d'une loi ou d'un ministère.

Mais si le ministère a l'intention de procéder à des élections, comment se fait-il qu'il soit le premier à solliciter l'inscription sur les listes? Voyez les avertissements des préfets, les articles de journaux ; n'est-il pas évident que la censure ne laisseroit pas passer ces articles, s'ils contrarioient les plans des hommes du pouvoir? Il est donc clair que ces hommes ne veulent pas renouveler la Chambre des députés, ou qu'ils désirent que l'élection soit sincère, que les opinions soient libres.

Nous aimerions à donner ces éloges au ministère; mais il a trop appris à la France à le juger autrement. Il diroit aujourd'hui la vérité qu'on ne le croiroit pas : c'est peut-être ce qu'il y a de plus déplorable dans sa position, pour lui-même et pour le pays.

La défiance est poussée au point que nous avons vu des électeurs, au moment de commencer les démarches nécessaires, reculer devant l'invitation des autorités. « On nous presse, » c'est pour nous prendre dans un piége que » nous ne voyons pas. Le ministère n'a pas » envie que nous votions contre lui : or il nous » appelle, donc il nous trahit. » On ne pouvoit les tirer de ce raisonnement.

Il est aisé d'expliquer la contradiction apparente entre ce qui peut être le vœu secret de l'administration et le langage public des autorités et des journaux censurés.

Les raisons de *principe* agissent peu sur les hommes; il n'y a que les raisons de *fait* qui frappent et qui soient entendues. Ainsi, quand vous crieriez du matin au soir : « Rien n'est si
» beau que la fonction de juré, rien de si admi-
» rable que le pouvoir électoral! Si vous vous
» exposez à le perdre, vous vous montrerez in-
» digne du gouvernement représentatif et de la
» liberté constitutionnelle : indépendant, vous
» renoncerez à votre indépendance; royaliste,
» vous méconnoîtrez le bienfait de la Charte
» octroyée par le roi votre maître. Sortez de
» votre apathie, et assurez votre double droit
» d'électeur-juré. »

Ce langage est fort convenable; mais déterminera-t-il à s'inscrire vingt électeurs de ceux qui ne s'inscrivent pas naturellement? nous ne le pensons pas. Il n'y a donc aucun danger pour l'administration à laisser proclamer ces théories; elle sait très bien que ce n'est pas avec de la métaphysique politique qu'on fait mouvoir les électeurs; elle se donne ainsi, à bon marché, un air de candeur; ses partisans viendront vous dire à la tribune, en apologie de la censure, et après des réélections favorables pour eux : « Cette
» Chambre nouvelle où le ministère a une ma-

» jorité acquise, démontre que l'opinion réelle
» de la France est toute en faveur du système
» que l'on suit. Soutiendrez-vous que l'on a agi
» déloyalement, que l'on a écarté des colléges
» électoraux nos adversaires ? Loin de là, on les
» a appelés de toutes parts; les préfets les ont
» instruits de ce qu'ils avoient à faire. Quelle opi-
» nion a été enchaînée ? Le journal royaliste
» n'a-t-il pas désigné le candidat royaliste, le
» journal libéral le candidat libéral ? »

Et l'orateur, en prononçant ces paroles, auroit sous sa main une liasse de journaux censurés et d'arrêtés de préfets, et, comme dans *les Plaideurs*, il en montreroit les pièces; et Perrin Dandin, réélu, diroit avec attendrissement : *Vraiment il plaide bien !*

Voulez-vous savoir si tout cela est franchise ? sortez des théories, venez au fait; dites aux électeurs qu'ils doivent se faire inscrire pour mettre un terme au système ministériel; pour prévenir le retour de ces projets de lois qui désolent et irritent la France; pour empêcher la perpétuité de la censure et la détérioration de la pairie; pour renvoyer les receveurs généraux dans leurs départements, et dissoudre un syndicat dangereux; pour rendre la caisse d'amortissement à sa destination primitive; pour cesser d'être humiliés par des pirates dont nous bloquons inutilement les ports; pour que le commerce refleurisse; pour que des injustices soient réparées: voilà ce que tout le monde comprendra; voilà ce qui amènera la foule aux listes de jurés ; mais voilà aussi ce que la censure ne vous permettra pas d'écrire dans les journaux; voilà ce dont les préfets n'auront garde de vous instruire; voilà ce qui prouve que la sincérité de l'appel ministériel aux électeurs est une déception de plus.

Dans un pays où l'administration ne se sépareroit pas du peuple, ne regarderoit pas l'opinion publique comme une ennemie, tout se passeroit dans l'ordre; au lieu de chercher à profiter des difficultés et des lacunes qui peuvent exister dans une loi, au lieu de s'en tenir rigoureusement à la lettre de cette loi, une autorité paternelle attendroit avec patience les citoyens et leur aplaniroit les voies.

La loi actuelle sur le jury a oublié de commander aux autorités locales de délivrer un récépissé des pièces qu'on doit leur fournir. Comment prouvera-t-on que ces pièces ont été remises en temps utile, si par hasard elles s'égaroient dans les bureaux, ou s'il convenoit à quelque Séide ministériel de nier les avoir reçues ?

Des électeurs arrivent de la campagne; ils ont

fait plusieurs lieues afin de remplir le vœu de la loi. L'heure est trop avancée ; les bureaux ne sont plus ouverts : ces électeurs pourront-ils revenir ?

Les percepteurs des impositions des communes rurales ne manquent pas de prétextes pour retarder quelquefois la remise des extraits qu'on leur demande.

L'article 3 de l'ordonnance de 1820 veut que tous les dix jours, pendant que les listes électorales restent affichées, les préfets fassent publier un relevé des noms ajoutés ou retranchés. Les électeurs-jurés jouiront-ils du bénéfice de cette ordonnance ?

Puis viennent les dégrèvements, les chicanes sur les pièces produites, les erreurs volontaires ou involontaires des percepteurs, maires, sous-préfets et préfets.

Il est dur d'énumérer les moyens que sauroit bien trouver le pouvoir ministériel de fausser une excellente loi ; mais ce pouvoir a été vu à l'œuvre : le personnel de ce pouvoir n'est pas changé, son esprit l'est encore moins ; ce pouvoir a fait, sans rougir, des professions publiques de son despotisme. Les mêmes hommes qui dirigèrent les dernières élections, seront chargés de travailler celles qui pourroient avoir lieu. Qu'attendre de leur justice ?

Nos craintes paroîtront peut-être prématurées. L'administration, répliquera-t-on, n'est pas d'humeur à jouer le certain contre l'incertain ; elle peut encore se traîner deux ou trois ans comme elle est : que chaque année elle emporte le budget et remette la censure, elle n'en demande pas davantage. Elle tient la considération publique pour niaiserie, les discours à la tribune pour néant. Vous lui direz que la censure a tout perdu, elle vous répondra que la censure a tout sauvé : sur ce, clôture, ordre du jour ; le compte des boules règlera l'affaire. A chaque jour suffit sa peine : dans trois ans il arrive tant de choses ! et puis quand on sera là, on verra. Pourquoi les ministres se troubleroient-ils le cerveau de toutes ces prévoyances ? On leur dit dans le *Moniteur* qu'ils sont les premiers hommes du monde, qu'ils ont fait des choses magnifiques, étonnantes ; on suppute, par le menu, toutes ces belles choses que la censure environne de son inviolabilité. Le patenté-politique est bien payé des deniers publics, et chacun s'endort. On n'est pas assez fou pour lâcher ce qu'on tient, pour risquer sur un coup de dés une fortune acquise. Il n'y aura pas le plus petit changement ; les choses resteront comme elles sont : rien ne presse donc de se faire inscrire.

Nous en conviendrons, c'est là l'esprit de l'administration : pourvu qu'elle vive, elle est satisfaite. Devenue insensible à tout reproche, elle garderoit certainement sa position si elle suivoit les habitudes de sa misère. Vous ne la toucheriez pas davantage en lui disant que dans deux ou trois ans les élections pourroient être dangereuses par l'exaspération toujours croissante des esprits. Qu'importe au ministère tout intérêt qui n'est pas le sien ? Mais dans les circonstances où nous sommes, les agents de l'autorité suprême ne sont pas libres de s'abandonner au penchant de leur caractère ; ils seront forcés d'agir.

Il est probable qu'après la session prochaine il y aura de nombreuses démissions : beaucoup de députés pensent que leurs pouvoirs légaux expirent au bout de cinq années. L'année 1828 peut donc amener des réélections partielles: voudroit-on laisser ces réélections au profit de qui de droit ? De plus, tout ne fait-il pas présumer que ces démissions multipliées entraîneront une dissolution complète ? Or que des élections partielles, ou des élections générales aient lieu avant le 1er octobre 1828, notre précédent raisonnement subsiste.

Enfin, si l'on est déterminé à s'inscrire dans un temps quelconque sur la liste des électeurs-jurés, pourquoi ne pas le faire à présent, pourquoi ne pas prévenir les chances défavorables? La Chambre des députés ne sera pas dissoute : eh bien! l'on sera en règle, et l'on attendra paisiblement l'avenir.

Quant à ceux qui pourroient craindre d'exercer les fonctions de juré, ils doivent maintenant être rassurés. Il est prouvé que leur tour ne peut guère revenir, dans les départements, qu'une fois tous les huit ans. Voudroit-on renoncer aux plus beaux des droits, aux droits électoraux, pour éviter une aussi petite peine? Mais alors même on n'y réussiroit pas; *on ne seroit plus électeur, et on resteroit juré* : le préfet peut toujours vous inscrire d'office, et les citoyens dont vous n'auriez pas voulu partager l'honorable labeur seroient les premiers à vous dénoncer, comme étant apte à faire partie d'un jury.

Ne cherchons pas dans le pouvoir ministériel, dans son amour du repos, dans son imprévoyance accoutumée, dans sa difficulté à pousser ses calculs au-delà des besoins du moment, ne cherchons pas un prétexte pour autoriser notre paresse et notre négligence. L'administration pourroit sortir inopinément de sa nature : il n'y a personne qui ne démente une fois dans sa vie ses propres défauts. On veut sans doute du silence et de l'immobilité au dehors; on sacrifieroit la dignité de la France à une hausse de fonds de quelques centimes; jamais la prospérité de la patrie ne sera mise en balance avec la prospérité du trois pour cent. Mais s'agit-il de conserver une place de ministre, il n'y a pas de coup d'État qui coûte : garde nationale, libertés publiques, pairie, tout y passeroit.

Audacieux avec légèreté, timides sans prudence, violents contre tout ce qu'ils sentent enchaîné par la loyauté, foibles contre tout ce qui oseroit pousser au dernier terme la vengeance d'un outrage, ingrats comme des nécessiteux, se figurant que leur colère épouvante et que leur faveur est quelque chose, des hommes ont creusé un abîme sous nos pas : eux seuls méconnoissent les symptômes alarmants d'une crise que leurs fautes ont préparée. Au lieu d'arrêter le mal, la censure l'a prodigieusement augmenté. Qu'a-t-elle empêché cette censure? le ministère a-t-il vu se tempérer pour lui l'animadversion publique? Les journaux étoient accusés de donner des ordres, de dicter des lois, d'ameuter la foule autour des cercueils. Eh bien! les gazettes sont demeurées muettes : les cendres de M. Manuel ont-elles été moins accompagnées à leur dernier asile? qu'a-t-on entendu à ces funérailles où la censure devoit joindre son silence à celui des tombeaux? N'y avoit-il rien de plus qu'à l'inhumation du général Foy, accomplie sous les auspices de la liberté de la presse? Tout devient résistance quand tout blesse; tout est opposition aujourd'hui, les vivants et les morts.

La religion, nous l'avions prévu, souffre particulièrement de cet état de choses. On ne parle plus dans les journaux, de missionnaires et de jésuites, mais écoutez ce que l'on répète autour de vous : c'est le clergé tout entier que l'on accuse. Au dire de ses ennemis, c'est pour favoriser son ambition, c'est pour cacher ses fautes que l'on a mis la censure; il veut la ruine de nos institutions; la Charte est incompatible avec son existence. Telles sont les calomnies qu'a fait naître le système ministériel, calomnies indignes et absurdes sans doute, mais populaires; or les mensonges ont produit plus de troubles sur la terre que les vérités.

Il est malheureusement trop vrai que des ressentiments profonds fermentent dans les cœurs. Les petits Machiavels du temps s'imaginent que tout marche à merveille dans une société quand le peuple a du pain et qu'il paye l'impôt. Ils ignorent, ces prétendus hommes d'État, qu'il y a chez les nations des besoins moraux plus impérieux que les besoins physiques. Lorsque ces nations sont offensées dans leurs libertés, dans leurs opinions, dans leurs goûts, dans leur orgueil; en vain les champs se couvrent de moissons; un malaise général se fait sentir, et des désordres sont à craindre. Dans l'ordre politique les maux physiques causent les soulèvements et les souffrances morales font les révolutions. Une nation ne manque de rien; elle jouit de toutes les richesses de la terre, de tous les trésors du ciel, et voilà qu'elle tombe tout à coup dans le délire. Pourquoi cela? c'est qu'elle portoit au sein une blessure secrète que son gouvernement n'a su guérir. Rome est patiente aux plus cruelles disettes, et s'émeut pour l'honneur de Virginie; Paris tout entier se laisse mourir de faim plutôt que d'ouvrir ses portes à Henri IV. C'est la liberté, c'est la gloire, c'est la religion qui arment les hommes; les bras ne servent que les intelligences.

On a voulu nous donner la censure pour mille raisons personnelles, et peut-être pour favoriser des élections dans le sens du pouvoir administratif. Elle ne produira point ce qu'on désire qu'elle produise; mais elle aura d'autres effets, effets funestes si l'on ne s'empresse d'en détruire la cause : on a pris pour des circonstances graves beaucoup de sottises faites : la médiocrité a eu peur de son ombre, et on lui a immolé la liberté.

DE LA PRESSE. 305

Quand on verra réunies, à la prochaine session, toutes les rognures des journaux, toutes les méchancetés et toutes les absurdités de la censure, toutes les destructions causées par les intérêts personnels, par les petites passions politiques et littéraires, on restera stupéfait. Force sera d'écouter à la tribune l'histoire des *blancs*, des dénis même de censure, des permissions accordées à tel journal, refusées à tel autre. Comment a-t-on pu mettre en tutelle l'âge viril d'un grand peuple? Comment s'est-on figuré que ce peuple oublieroit tout ce qu'il avoit appris, qu'il se soumettroit sans indignation à ne parler de ses plus chers intérêts qu'avec licence et privilége, qu'il consentiroit à encadrer son génie dans les bornes de l'esprit étroit qu'on lui a donné pour mesure, à rétrograder jusqu'à l'enfance, à balbutier, dans des lisières, l'imbécille langage de la Mère-l'Oie? Une nation qui, depuis quarante années, s'instruit au gouvernement représentatif; une nation qui a payé de son sang et de ses sueurs ce rude apprentissage; une nation qui, depuis cinq ans, a joui de l'indépendance entière de sa pensée; une nation dont le droit écrit se retrouve dans la Charte et les serments de deux rois, une telle nation souffrira-t-elle long-temps les flagellations d'une censure famélique, qu'on pourroit nourrir de tout autre chose que des libertés de la France?

> J'aime bien mieux ces honnêtes enfants
> Qui de Savoie arrivent tous les ans,
> Et dont la main légèrement essuie
> Ces longs canaux engorgés par la suie.

Voulez-vous faire cesser toutes les divisions, calmer toutes les inquiétudes, rendre la France prospère, calme au dedans, invulnérable au dehors? exécutez franchement la Charte, non parce qu'elle est *charte, constitution, code, principe;* mais parce qu'elle est l'expression des besoins du temps. Tout gouvernement qui méconnoît la vérité politique dans laquelle il doit vivre marche à sa perte. Dans l'ordre illégitime même, Buonaparte n'a péri que parce qu'il a été infidèle à sa mission : né de la république, il a tué sa mère. Il s'est hâté de jouir et d'abuser de sa gloire comme d'une jeunesse fugitive; il paroissoit sur tous les rivages; il inscrivoit précipitamment son nom dans les fastes de tous les peuples; il jetoit en courant des diadèmes à sa famille et à ses soldats; il se dépêchoit dans ses monuments, dans ses lois, dans ses victoires. Penché sur le Monde, d'une main il terrassoit les rois, de l'autre il abattoit le géant révolutionnaire; mais en écrasant l'anarchie il étouffa la liberté, et finit par perdre la sienne sur son dernier champ de bataille.

Et nous, du milieu de notre infirmité, du fond de nos chères ténèbres; nous, vieux malades d'un autre âge, presque oubliés dans celui-ci, nous aurions la prétention de repousser ces principes, que Buonaparte, tout vivant, tout éclatant, tout enfant de son siècle qu'il étoit, n'attaqua pas impunément; principes qui laissèrent ce géant sans force lorsqu'il s'en fut séparé!

On ne peut se délivrer d'un système qui compromet les choses saintes, qui nuit à la couronne, qui tue les libertés, qui opprime les opinions, qui divise les esprits, qui punit les services, qui détruit l'industrie, qui paralyse le commerce, qui persécute les lettres, qui ne sympathise avec aucun des sentiments de la France; on ne peut se délivrer de cet ignoble système que par des élections indépendantes; il ne tient qu'à nous d'obtenir le triomphe : remplissons les formalités de la loi du 2 mai. Si nous négligeons de conserver nos droits électoraux, la politique à la fois mesquine et oppressive sous laquelle nous gémissons se perpétuera. Cette politique prolongée amèneroit tôt ou tard une catastrophe. Nous faire inscrire sur la liste du jury, c'est sauver l'avenir, c'est défendre le trône, l'autel, nos libertés, nos propriétés, nos familles.

Tel est le sentiment des *Amis de la liberté de la presse;* telle est en particulier l'opinion de celui dont la devise sera toujours : *le Roi, la Charte et les honnêtes gens.*

DISCOURS

PRONONCÉ

A LA CHAMBRE DES PAIRS,

DANS LA SESSION DE 1827,

SUR LA LOI DES POSTES.

DISCOURS

PRONONCÉ

A LA CHAMBRE DES PAIRS,

DANS LA SESSION DE 1827,

SUR LA LOI DES POSTES.

MESSIEURS,

Il y a bientôt une douzaine d'années que la loi sur les *cris* et *écrits séditieux* m'obligea de me placer à regret dans les rangs de l'opposition, et j'eus l'honneur de prononcer devant vous mon premier discours en faveur de la plus précieuse de nos libertés. Depuis cette époque, les autorités successives m'ont retrouvé au même poste. Le temps a marché : les uns, par un mouvement progressif et naturel, sont mieux entrés dans l'esprit de la charte, et ont reconnu la nécessité de la liberté de la presse; les autres, au contraire, par un mouvement rétrograde, après avoir défendu cette liberté, ont découvert qu'il n'y avoit rien de plus funeste. Ainsi tout le monde s'est corrigé; il n'y a que quelques entêtés comme moi, qui, répétant toujours les mêmes vérités, sont restés incorrigibles.

Il a fallu qu'un malheureux article 8 se rencontrât dans un projet de loi sur les postes, pour me forcer à monter de nouveau à la tribune. En vérité, messieurs, je ne sais trop que vous dire, car je ne veux pas même effleurer aujourd'hui des questions que je me propose d'examiner plus tard, lorsque nous discuterons le projet de loi relatif à la police de la presse [1]. Il m'auroit beaucoup mieux convenu de me taire jusqu'à l'arrivée de ce projet; mais enfin il ne sera pas dit que j'aie laissé passer un article vexatoire pour la liberté de la presse, sans avoir au moins protesté contre.

Je déclare ne porter aucune inimitié secrète au présent projet de loi, considéré dans sa généralité : mon instinct de voyageur me rend plutôt favorable à l'institution des postes. Que l'on retranche l'article 8 du projet de loi, et

---

[1] *Voyez* précédemment l'Opinion de l'auteur sur ce projet de loi. Le Discours sur la loi des postes, quoique prononcé auparavant, n'a été placé qu'après pour ne pas intervertir l'ordre des discours consacrés spécialement à la défense des intérêts de la presse.

je suis prêt à voter pour ce projet. Afin de ne rien perdre, on pourra transporter, si l'on veut, cet article dans le projet de loi sur la presse; il en est tout-à-fait digne, et lui appartient par ordre de matières. En effet, messieurs, cet article 8 se trouve dans le projet de loi actuel, on ne sait trop pourquoi : c'est un paquet dont on aura mal mis l'adresse, et que le courrier aura porté à une fausse destination.

J'ai néanmoins entendu dire que le projet de loi sur le tarif des postes a été conçu avant le projet de loi sur la presse. Ainsi l'article 8, innocent d'intention et d'origine, se trouveroit par le plus grand hasard du monde avoir un air de complicité et de parenté avec un étranger qui me paroît fort suspect. Si cela est, il faut plaindre la loi des postes d'être arrivée aux Chambres avec la loi de la presse, comme nous avons gémi de voir l'indemnité des émigrés accolée aux trois pour cent : rien ne montre mieux le danger des liaisons.

On assure qu'il n'y a rien d'hostile dans l'article 8 contre la liberté de la presse : c'est, dit-on, une mesure purement fiscale. Les journaux gagnent beaucoup d'argent : n'est-il pas juste qu'ils en rendent quelque chose? D'ailleurs, ne pourront-ils pas accroître la dimension de leur papier? Ces bonnes raisons, et mille autres encore meilleures, ont engagé à produire l'état commercial des journaux, ou le bilan de l'opinion publique : on a vu à qui cette opinion avoit fait banqueroute.

Ainsi, messieurs, les journaux, moyennant la somme de 600,000 fr. qu'ils payeront de plus au trésor, auront l'inappréciable avantage de pouvoir s'enfler à la grosseur du *Moniteur :* ils pourront, en élargissant leur *justification* et en grossissant leurs *caractères*, transformer le petit in-folio dans le grand in-folio sans plus de dépense d'esprit, et sans augmentation de frais de rédaction. Ils en seront quittes pour payer le papier plus cher, et une taxe plus élevée : bénéfice certain pour les propriétaires de ces feuilles; et si, par contagion, en atteignant la taille du *Moniteur*, les journaux partageoient les autres destinées du journal officiel, ils auroient alors, en vertu de la loi des postes, un avant-goût des joies que la loi de la presse leur prépare.

Cependant, ce nouveau droit sur les journaux est-il réparti comme il devroit l'être, pour produire, indépendamment du résultat fiscal, la conséquence morale que sans doute on en espère? Non, messieurs, car cet article frappe également tous les journaux, quel que soit leur contenu. Des personnes habiles en matières de douanes ont très-bien distingué les différentes grandeurs de papier, afin de leur faire payer un tarif proportionnel : espérons que l'on finira par inventer pour la pensée ces espèces de petits instruments avec lesquels on s'assure du nombre des fils qui composent un tissu, afin de l'assujétir à un droit plus ou moins élevé. Si les idées sont généreuses, elles payeront une surtaxe ; on sera plus indulgent pour une autre espèce d'idées, marchandises dont il est bon que le peuple jouisse à vil prix, et dont même la contrebande sera tolérée.

En attendant ce perfectionnement, le gouvernement percevra-t-il les 600,000 fr. qu'il espère ? J'en doute.

On a calculé cette somme sur le nombre des journaux existants ; mais, pour lever des contributions, il ne faut pas tuer les contribuables. Si la loi sur la presse venoit malheureusement à être adoptée, combien resteroit-il de journaux ?

Il est donc plus que probable que les 600,000 fr. qu'on espère obtenir par la taxe sur les journaux n'entreront point dans les coffres publics; on aura nui à la liberté de la presse sans retirer aucun avantage pécuniaire de la mesure. Les trois-quarts et demi des journaux périront : si même ils devoient survivre, il suffiroit, comme on l'a remarqué, qu'ils s'abstinssent de paroître le dimanche pour que l'impôt ne rendît pas une obole. Je sais que les compagnies formées pour l'amortissement des journaux s'écrieront : « At-» trapez-nous toujours de même! Nous consen-» tons volontiers à dédommager le gouverne-» ment à perdre 600,000 fr. pour qu'il n'y ait pas » de journaux le dimanche, 600,000 autres francs » pour qu'il n'y en ait pas le lundi, et ainsi de » suite toute la semaine. Combien faut-il de mil-» lions pour retourner au temps où l'on faisoit » une croix au bas d'un acte, déclarant ne savoir » signer? Parlez, nous nous cotiserons. » Ne prenez pas ceci, messieurs, pour une mauvaise plaisanterie ; il y a telles personnes qui achèteroient de toute leur fortune la ruine de la liberté de la presse pour arriver à la destruction de la Charte; elles ne s'aperçoivent pas que la Charte est la seule chose qui les mette à l'abri :

> . . . . . . Le cerf hors de danger
> Broute sa bienfaitrice.

Il me semble, messieurs, que l'on pourroit trouver dans un budget d'un milliard les 600,000 fr. nécessaires à l'exécution du projet de loi que nous examinons, sans prélever cette somme sur les canaux où coule la principale de nos libertés. L'article 8 a l'inconvénient d'introduire une disposition politique dans une loi d'administration, et une disposition fiscale dans une loi qui n'est pas une loi de finances. Pour être conséquent, il faut renvoyer cet article au budget ou au projet de loi sur la police de la presse. Au reste, en attaquant l'art. 8 comme ne remplissant pas son but, et comme anomalie dans le projet de loi, ce n'est pas la grande raison pour laquelle je le repousse.

Que les journaux soient embarrassants à porter par leur poids et leur volume; qu'ils coûtent plus à l'administration qu'ils ne lui rapportent; qu'il y ait justice à leur faire payer quelque chose de plus pour avoir l'avantage d'un départ quotidien, peu m'importe : je veux bien ne rien contester de tout cela; car ce n'est pas là pour moi la question; ces petits détails administratifs sont dominés par un intérêt supérieur : au fait matériel se trouve mêlé le fait moral et politique. Il s'agit moins de connoître les poids et les distances, les embarras des commis et le prix des transports, que de savoir s'il faut gêner ou encourager la circulation de la presse périodique dans une monarchie constitutionnelle. Ainsi posée, la question doit être résolue autrement que par des additions de kilomètres et des multiplications de décimes. Mais cette question se lie à un système général dont les développements ne seroient pas à leur place dans la discussion d'une loi sur le tarif des postes. Je me contenterai donc de dire en peu de mots les motifs de mon vote; ces motifs, les voici :

Dans une législation où la liberté de la presse n'existe que par privilége, mon devoir est de refuser mon assentiment à tout ce qui donneroit de nouvelles entraves à cette liberté; si la presse étoit libre en France comme en Angleterre et aux États-Unis, je serois moins opposé à la chose qu'on me demande; mais ajouter un anneau à une chaîne déjà trop pesante, pressurer encore une propriété dont on vient de rendre les conditions doublement onéreuses; c'est à quoi je ne puis consentir.

Je ne puis consentir davantage à ce dernier paragraphe de l'article 8, qui prive les recueils consacrés aux lettres de l'avantage accordé aux bulletins périodiques consacrés aux arts, à l'industrie et aux sciences. Et comment distinguerez-vous ce qui appartient aux lettres de ce qui appartient aux sciences? Où sera la ligne de démarcation? Aurez-vous à chaque bureau de poste un commis-priseur de l'intelligence humaine, un écrivain-juré à la police qui décidera que ceci est du domaine de Newton, et cela du ressort de Montesquieu?

Il y a là-dedans quelque chose à la fois de puéril et de sauvage qui fait véritablement rougir. La France est-elle donc redevenue barbare ? Quoi ! c'étoit sous la restauration qu'une pareille haine des lettres devoit éclater ! Les poursuivre partout où elles se rencontrent, les aller chercher jusque dans les paquets de la poste, c'est joindre l'ingratitude à la déraison. Les amis de la royauté ne doivent pas oublier que cette royauté a été long-temps absente ; que lorsqu'elle étoit sans soldats, les écrivains étoient restés seuls pour elle sur le champ de bataille. Et ici il n'y a point d'hyperbole : la mort, la déportation, les cachots, voilà ce qui attendoit le dévouement des gens de lettres. Ils ne demandoient aucune récompense, mais ils ne pouvoient pas deviner qu'ils méritassent d'être punis de leurs sacrifices. Que faisoient dans les jours d'oppression les accusateurs des anciens serviteurs du roi ? Ces nouveaux défenseurs de la religion rétablie et du trône relevé osoient-ils écrire ? Dès ce temps-là ils avoient une telle horreur de la liberté de la presse, qu'ils se donnoient bien garde d'en user pour l'infortune et pour la légitimité.

Pourquoi proscrire les lettres ? Si elles se rendent coupables, manquons-nous de lois à présent pour les punir ? N'a-t-on pas vu déjà un écrivain accouplé à des galériens, et renfermé dans les cachots de la plus basse espèce de scélérats ? Il y a des esprits austères qui approuvent ces choses; moi, je ne saurois m'élever à tant de vertu. Partisan de l'égalité des droits, je ne vais pas jusqu'à désirer l'égalité des souffrances. Je n'ai jamais aimé l'anarchie politique; je ne me saurois plaire à celle des crimes et des douleurs.

J'ai à peine le sang-froid nécessaire pour achever ce discours, lorsque je viens à songer qu'au moment où je vous parle on recueille peut-être dans une autre Chambre les suffrages sur un projet de loi qui, dans un temps donné et assez rapproché de nous, doit nécessairement faire tomber le monopole de la presse périodique entre les mains du pouvoir administratif, quel qu'il soit. Si ce n'est pas là un péril, et un péril de la nature la plus menaçante, j'avoue que je ne m'y connois pas. C'est vous, messieurs, qui achèverez de décider une question d'où peut dépendre l'avenir de la France. Des hommes qui, comme vous, joignent au savoir et au talent le respect pour la religion, le dévouement pour le trône, l'amour pour les libertés publiques; des hommes qui, comme vous, sont placés si haut dans l'opinion, sauront se maintenir à ce rang élevé, également inaccessibles à un esprit d'hostilité ou de complaisance. Le calme de nos discussions apaisera les passions agitées; vous saurez réprimer les abus de la liberté de la presse sans violer les principes de cette liberté, et sans déroger aux droits de la justice.

Je vote contre le projet [1].

[1] On sait que le projet de loi a été adopté.

DISCOURS

PRONONCÉ A LA CHAMBRE DES PAIRS

CONTRE LE BUDGET DE 1828.

DISCOURS

PRONONCÉ A LA CHAMBRE DES PAIRS[1]

CONTRE LE BUDGET DE 1828.

MESSIEURS,

L m'a fallu faire un effort sur moi-même pour paroître à cette tribune. La Chambre héréditaire considérablement réduite par le départ d'un grand nombre de ses membres; la Chambre élective à peu près absente tout entière; une attention fatiguée d'une session de plus de six mois, sont des circonstances qui ne laissent aucun espoir raisonnable de succès à l'orateur qui prend la parole.

De plus, si les vérités qu'il se propose de faire entendre sont sévères et vives, elles tombent mal dans un moment où les esprits refroidis sont peu disposés à les écouter. Au milieu d'une session, lorsque chacun est à son poste; que la po-

[1] Ce discours ne paroîtra point déplacé à la suite des divers écrits sur la presse; il s'y trouve plusieurs passages qui se rattachent à cette importante question. (*Voy.* les pages 330, 342 et suiv.)

lémique a toute son ardeur, un pair, un député entouré de ses amis, voit ses arguments repris et développés ; ce qu'il n'a pas assez bien prouvé, d'autres le prouvent mieux que lui ; mais à la fin d'une session, que dis-je ! au dernier jour, à la dernière heure de cette session, l'orateur qui vient seul faire du bruit à une tribune ressemble à un artilleur qui tire un dernier coup de canon quand la bataille est finie.

Enfin, messieurs, quel est mon dessein? De vous engager à rejeter le budget ; je prends bien mon temps ! Chaque année le budget nous arrive trop tard pour être examiné avec soin : nous nous en plaignons, et nous n'en donnons pas moins notre passavant au milliard annuel. Ce n'est peut-être pas aussi bien que possible, mais c'est comme cela.

Au reste, il y a des rencontres d'affaires où, parmi les hommes même qui n'approuvent pas un système d'administration, le défaut de confiance produit le même effet que l'extrême confiance ; ils sentent que la question est en dehors de la loi présente ; peu leur importe alors que cette loi soit ou non discutée : ou ils se retirent, ou ils renoncent à des votes négatifs qui ne leur semblent plus qu'une taquinerie, qu'une petite querelle sur un grand sujet. Le mal poussé à un certain point, comme le bien arrivé à son comble, tue l'opposition. Je ne connois pas de symptôme plus formidable que ce consentement à laisser tout faire, lorsque l'on ne peut rien empêcher.

Telle n'est pas ma politique ; et c'est pour obéir à ma conscience que je parois à cette tribune, quelle que soit d'ailleurs une position dont je sens tous les désavantages.

Maintenant, nobles pairs, regardez-moi comme un annotateur fidèle, qui vient vous présenter l'histoire abrégée de la session, qui vient remettre sous vos yeux le tableau du passé, en essayant de soulever un coin du rideau derrière lequel se cache l'avenir. Les hommes ne sont pas tous des prophètes ; mais, s'ils ne prédisent pas d'une manière rigoureuse l'événement à naître, ils peuvent souvent conjecturer, par la chose qu'ils voient, de la chose qu'ils verront, et procéder du connu à l'inconnu.

C'est en parcourant la série des actes de l'administration, c'est en recherchant dans l'avenir l'influence que de nouveaux actes, dérivés de ceux-ci, pourroient avoir sur nos destinées, que je me vais efforcer de justifier mon vote négatif. Je rejette le projet de loi du budget, non pour des raisons tirées uniquement de ce projet, mais pour une foule d'autres motifs : rien de plus logique ; car, avant de remettre la fortune d'une famille entre les mains d'un régisseur, on veut savoir d'où il vient, ce qu'il est, ce qu'il a fait, et l'on se décide d'après l'enquête.

Depuis l'invention du 3 pour 100, de ce 3 pour 100 qu'on annonçoit être à 80 et à 82 sur diverses places, et qui tomba à 60 presque aussitôt qu'il eut paru; depuis l'établissement de ce fonds contradictoirement créé à l'intérêt réel de l'argent, de ce fonds que soutient à peine à 70 un syndicat, des banquiers intéressés à la hausse, et une caisse d'amortissement détournée de son but; depuis l'invention de ce fonds d'agiotage, un esprit funeste s'est emparé de l'administration. L'humeur que donne une première faute à celui qui la commet détériore le naturel, et l'on ne retrouve plus les hommes que l'on croyoit avoir connus.

C'est ainsi que les agents actuels de l'autorité, après avoir été les plus zélés défenseurs de la liberté de la presse, s'en sont montrés les plus cruels ennemis; c'est ainsi que, sortis des rangs de l'opposition, qu'on appeloit *royaliste*, ils ont frappé les meilleurs serviteurs du roi. Pour n'en citer qu'un exemple, une administration née de la Chambre introuvable devoit-elle faire tomber un seul cheveu de la tête d'un député que je m'honore de compter au nombre de mes amis? Attaquer à la fois l'indépendance de la tribune législative et un dévouement presque fabuleux, n'est-ce pas blesser les choses les plus respectables? .

Que les puissances du jour, avant leur élévation, n'aient donné aucun gage à la légitimité, je ne leur en fais pas un reproche; mais il y auroit eu peut-être plus de convenance à ne pas entrer dans les rangs de ceux dont on vouloit ensuite se déclarer ennemi : il falloit se souvenir que la fidélité est sacrée. Nobles pairs, la couronne communique ses vertus sans en rien diminuer; ainsi qu'elle a donné son hérédité à votre sang, elle a fait part de son inviolabilité aux malheurs supportés pour elle. C'est donc commettre une sorte de sacrilége que de toucher à ces malheurs; c'est abandonner les intérêts moraux; c'est réduire la vie aux intérêts matériels. Et alors, hommes du pouvoir, tenez-vous bien; car dans cette politique de l'ingratitude, on ne vous sert qu'autant que vous sourit la fortune.

Repousser les anciens serviteurs de la monarchie, sans adopter les idées du siècle; punir les services des vieilles générations, et répudier les doctrines des générations nouvelles, n'est-ce pas rejeter tout appui? Il faut être bien riche pour n'avoir besoin ni de dévouement ni de liberté.

Considérez, messieurs, ce qui s'est passé depuis l'ouverture de la présente session ; voyez s'il est possible de voter en-sûreté le budget, si la force des choses ne commande pas, au contraire, d'user du moyen constitutionnel placé entre nos mains, d'en user pour obliger l'administration à modifier son système?

D'abord on présente un projet de loi contre la presse, lequel a pour but de rendre muette la presse non périodique, et de livrer la presse périodique au pouvoir. L'opinion se soulève d'un bout du royaume à l'autre. Le projet vient à votre Chambre; vous n'avez pas le temps d'en faire justice; un pouvoir bienfaiteur entend nos vœux : éclate alors une générale allégresse. Cette liberté de la presse qui intéressoit tout au plus, répétoit-on, une douzaine de journalistes, cette liberté est si populaire que la France entière se trouve spontanément illuminée; que, jusque sur des vaisseaux prêts à mettre à la voile, des matelots saluent de leur dernier cri, au nom de cette liberté, les rivages de la patrie.

L'administration est-elle éclairée? abandonne-t-elle ses voies impraticables après le renversement d'une mesure dont elle avoit déclaré ne pouvoir se passer? Non, messieurs, elle est aussi satisfaite du retrait du projet de loi, qu'elle étoit contente de la présentation de ce projet : défaite ou succès, tout lui est victoire.

Arrive la déplorable affaire du Champ-de-Mars. Un ministre a pris d'abord sur lui la responsabilité de la mesure; le lendemain il a fait entendre qu'une autre autorité avoit *provoqué* cette mesure, puis il a cru devoir expliquer ce mot de *provocation*, et revendiquer la gloire de sa déclaration première.

Un autre ministre, qui ne jugeoit pas les choses de la même façon, s'est retiré. L'opinion publique a entouré de ses respects cet homme de conscience et de vertu; elle a su gré à ceux des autres ministres qui passent pour avoir été opposés à un licenciement qui frappoit en masse une garde aussi dévouée que fidèle. Hier encore on s'affligeoit de chercher vainement à la fête du Dieu de la patrie la protection paisible de ces citoyens dont les femmes et les enfants prioient pour le salut du roi. Des méprises aussi graves ne me forcent-elles pas à rejeter les lois de finances, afin de couper court à des systèmes dont les auteurs seroient un jour les premiers à déplorer les conséquences?

Le 11 mai devoit être témoin d'un changement de scène. Tout le monde a lu dans le *Moniteur* les paroles prononcées le 10 février, lors de la présentation de trois projets de loi concernant le règlement définitif du budget de 1825, les suppléments nécessaires pour 1826, et la fixation du budget de 1828 : il est essentiel de reproduire ces paroles.

Monsieur le ministre des finances, après avoir annoncé un excédant de 22,219,544 francs qu'il propose d'appliquer à la dotation du service, ajoute :

« C'est par l'exposé de ces faits, dont la France
» entière peut apprécier l'exactitude, que nous
» avons dû repousser les efforts sans cesse re-
» nouvelés pour altérer la confiance et la sécu-
» rité sur lesquelles repose le maintien de cette
» heureuse situation.

» Le sens exquis de la nation rend lui-même
» ses efforts moins dangereux...

» Un fait, le dernier que je puisse fournir à la
» Chambre en ce moment, prouvera sans ré-
» plique l'indifférence du pays pour toutes ces
» déclamations mensongères : nous n'en avons
» jamais été plus assourdis que durant le mois
» qui vient de finir. Hé bien, messieurs, les
» produits des taxes sur les consommations et
» les transactions se sont élevés durant ce mois
» à 2,860,000 fr. de plus que ceux du mois cor-
» respondant en 1826. »

Voilà, messieurs, des paroles remarquables.

Le 18 avril, à propos d'une pétition, on disoit encore : « Loin d'être en déficit, il me semble
» que nous nous trouvons dans une position

» aussi forte et aussi heureuse que jamais. La
» discussion du budget le prouvera. »

Hé bien, messieurs, le 11 mai on adhéroit au retranchement de 23,000,000 fr., retranchement proposé par la commission de la Chambre des députés ; on déclaroit que « lorsque la commis-
» sion avoit fait son rapport, il y avoit déjà une
» diminution sur les trois premiers mois de cette
» année (1827); qu'un autre déficit s'étant pré-
» senté sur le mois d'avril, la commission pro-
» posoit de retrancher la totalité des augmenta-
» tions demandées. »

Comment! le 10 février, jour de la représentation du budget, une diminution étoit déjà commencée; le 18 avril, elle avoit continué, et l'on n'en persistoit pas moins à tenir le langage que l'on est forcé de démentir le 11 mai!

Le sens exquis de la nation qui ne prenoit aucune part *aux déclamations mensongères* dont les ministres étoient *assourdis*, ce *sens exquis* qui payoit si bien le 10 février, et qui empêchoit même une perception rétrograde le 18 avril, ce *sens exquis* ne payoit cependant plus, alors même qu'on annonçoit un excédant de revenu dont on se hâtoit de partager les deniers entre tous les ministères! on prétendoit régler en février, et pour toujours, une dépense fixe sur des recettes éventuelles qui déjà ne rentroient plus!

Ou l'administration ignoroit l'état réel des choses le 10 février et le 18 avril, ou elle le connoissoit: dans l'un ou l'autre cas, lui étoit-il permis de l'ignorer ou de le connoître, en s'exprimant comme elle s'exprimoit à ces deux époques?

Je vous demande à présent, messieurs, puis-je voter le budget en étant forcé de reconnoître des contradictions si manifestes, de si notables erreurs? On vous a fait entendre, dans l'exposé des motifs de ce budget, que si l'on étoit embarrassé pour les crédits, on y suppléeroit par le fonds d'un dégrèvement alloué; on avoit déjà dit la même chose le 25 et le 28 mai. C'est un moyen qu'on s'est réservé : mais que deviennent et les justes louanges qu'on s'est données à propos de ce dégrèvement, et les choses qu'on a dites sur le fardeau dont est accablée la propriété foncière?

Nobles pairs, je ne ferai jamais d'un embarras dans nos finances un objet de triomphe, je me réjouirai si le mois de mai a ramené la fortune, s'il offre, comme on l'assure, un excédant qui s'élève à la somme de près de 4 millions; mais la plus-value du mois de mai ne fait rien au déficit du mois d'avril, et le déficit du mois d'avril n'a rien à voir avec la plus-value du mois de mai. La question, quant au système administratif, n'est pas des augmentations ou des diminutions alternatives des recettes; il peut y avoir à ces augmentations et à ces diminutions des causes tout-à-fait indépendantes du ministère; il s'agit de savoir si des ministres doivent tenir à la tribune un langage contradictoire de quinze jours en quinze jours; s'ils doivent apporter en preuve de leur habileté des excédants de produits, alors que ces produits sont en baisse, et demander sur une prospérité présumée des crédits dont la base manque, au moment même où on les demande. A ce compte, puisqu'il y a amélioration dans les recouvrements du mois de mai, pourquoi ne viendroit-on pas réclamer les 23 millions que l'on a cédés? Il est vrai qu'en cas de réduction dans le chiffre de juin, ou de juillet, ou d'août, il faudroit les abandonner de nouveau, et les deux Chambres, déclarées permanentes, passeroient toute l'année à faire et à défaire le budget.

La commission de la Chambre des Députés a trouvé dans le budget de 1825 un déficit de plus de 131 millions; la dette flottante est augmentée de 60 millions. Si les places fortes étoient réparées; si le matériel de la guerre s'étoit récupéré de ses pertes; si nos monuments s'élevoient; si nos chemins n'étoient pas dégradés; si notre marine étoit pourvue de bois et de vaisseaux; si les vénérables pasteurs de nos campagnes avoient le pain suffisant, on auroit quelque consolation ; mais peut-on se rassurer entièrement, lorsque l'accroissement futur de l'impôt est au moins matière de doute, et que les services publics sont en souffrance ?

Il est trop prouvé qu'on s'est trompé quelquefois dans ces matières de finances auxquelles d'anciennes études ne m'ont pas laissé tout-à-fait étranger : on s'est trompé sur les trois pour cent ; on s'est trompé sur l'application exclusive de l'amortissement à cette valeur, puisque, acquise au terme moyen de 68, c'est comme si on avoit acheté du 5 à 113, lorsqu'on pouvoit prendre celui-ci au pair ; on s'est trompé sur le prétendu milliard des émigrés ; on s'est trompé sur l'affaire de Saint-Domingue. Qui payera les colons de Saint-Domingue, si le président Boyer ne remplit pas les conditions du traité ? La France ? Les Chambres ont-elles voté des fonds pour cette dette ?

J'entends dire que le semestre des obligations d'Haïti sera soldé à bureau ouvert chez les banquiers chargés de cette opération ; mais de quel semestre s'agit-il ? De celui qui représente l'intérêt du premier cinquième du capital, ou l'intérêt du premier et du second cinquième échu ? Qu'y a-t-il, en un mot, d'acquitté du prix d'une colonie si étrangement cédée par ordonnance, sans même avoir entre les mains une garantie de l'exécution du traité? Que de choses inconnues vos seigneuries devroient pourtant connoître!

Il y auroit beaucoup à dire sur les bons du trésor, sorte de papier-monnoie à la disposition de M. le ministre des finances. Dans quel état se trouvent les caisses publiques? Possèdent-elles leurs fonds respectifs, ou les ont-elles prêtés sur dépôts de rentes, peut-être sur simples reçus à des maisons de banque qui peuvent, comme les joueurs sur la rente, subir les chances de la bourse?

On conçoit que dans une machine aussi vaste, aussi compliquée que les finances de la France, on soit tenté quelquefois de faire des revirements de parties; des déplacements de fonds spéciaux pour appliquer ces fonds à une nécessité urgente; on vient au secours d'un service en péril; on soutient un capitaliste; on arrête une baisse avec l'intention de remettre toutes choses à leur place par des rentrées qu'on attend : un milliard passe annuellement à travers les coffres de l'État; quelle ressource! on s'y fie.

Mais il faut qu'aucune chance ne vienne déranger les calculs; il faut un repos absolu dans les hommes et dans les choses; il faut du temps, et le temps échappe. Que le plus petit événement arrive, les fonds baissent, les banquiers à qui on a trop sacrifié se retirent; le désordre reste dans l'intérieur des affaires : tout est dérangé, tout est compromis; et, du plus haut point de prospérité financière en apparence, on tombe au fond d'un abîme.

Il est certain que, par suite des emprunts, des services de la guerre d'Espagne, et surtout de l'établissement du trois pour cent, diverses phases ont dû avoir lieu dans les fortunes des capitalistes. Ceux qui peuvent se trouver encombrés de trois pour cent, et qui sont forcés de jouer à la Bourse sur eux-mêmes, auront besoin de pomper long-temps l'amortissement, afin de remplir le vide de leurs coffres. Qu'on désire les soutenir pour empêcher les fonds de fléchir, rien de plus naturel; mais il faudroit nous plaindre si nous en étions à ces sacrifices, à ces fictions de prospérité.

Quel moyen avez-vous, messieurs, de connoître la vérité? Comment éclairciriez-vous la moindre des graves questions que je viens de faire? Ne faudroit-il pas nous contenter des réponses quelconques ou du silence de la partie intéressée?

Si je demandois avant de voter l'impôt quelles sont les sommes réelles engagées dans le syndicat par les receveurs-généraux; si je voulois connoître l'action de ces agens comptables à la Bourse, les gains qu'ils ont faits ou les pertes qu'ils ont éprouvées ; si je m'enquérois de l'état de leurs caisses publiques ; si je soutenois que cette association menaçante fait refluer à Paris les capitaux, en desséchant les provinces, on me répondroit ce que l'on voudroit ; on me diroit que tout va à merveille, que toutes les précautions sont prises, qu'on peut s'en fier à la prévoyance de l'administration : l'administration avoit-elle prévu, le 10 février, la diminution de revenu sur les trois premiers mois de l'année?

La Banque de France est encombrée d'argent mort, le commerce est paralysé, les paiements se font souvent en métalliques transportés par les diligences comme dans les temps de la plus grande stagnation des affaires.

Avons-nous sur le recouvrement des impôts les renseignements nécessaires? Il y a des lois de finances qui s'appliquent en raison ascendante du nombre des individus. Si des recensements inexacts faisoient, involontairement sans doute, monter la population d'une commune au-delà de son taux réel, on pourroit venir vous annoncer un accroissement de recettes qui ne seroit au fond qu'une augmentation d'impôt illégal.

J'appelle fortement l'attention de Vos Seigneuries sur le sujet que je viens de toucher : un déficit plus ou moins contestable ou contesté ne seroit pas la seule plaie de nos finances. Je désire que le temps ne justifie pas mes craintes. Pour quiconque étudie l'opinion, la position politique s'altère; une révolution s'accomplit dans les esprits; nous marchons vers le terme de la septennalité; force sera d'arriver à un dénouement. Je sais qu'un ou deux ans paroissent à bien des gens l'éternité ; mais nous, gardiens héréditaires du trône, nous ne verrons pas d'un œil aussi tranquille un si court avenir.

C'est maintenant de cet avenir que je vais tirer les autres raisons qui m'obligent à repousser les lois de finances.

Ici, messieurs, je le sais, je porte la main à une plaie vive ; tout autre que moi auroit besoin de dévouement pour aborder un pareil sujet. Mais que suis-je! un naufragé, *sævis projectus ab undis*, un homme qui ne dérange rien dans sa vie, en ajoutant quelques vérités à toutes celles dont il s'est déjà rendu coupable.

Avant de m'expliquer, je dois avouer loyalement que je ne crois pas tout-à-fait à l'exécution des projets que je me propose de développer et de combattre : si j'ai trop de franchise pour caresser les foiblesses du pouvoir, je suis aussi trop sincère pour l'accuser d'un mal auquel il ne me semble pas encore participant; mais il peut être entraîné à ce mal, et dans l'appréhension où je suis d'une influence funeste, je dois rejeter le budget pour rejeter à la fois tous les périls.

Des idées malfaisantes sont certainement entrées dans les têtes mal organisées; en se répandant au dehors elles ont effrayé le public : ces idées ont pris une telle consistance, que des députés ont cru devoir en occuper la Chambre élective.

Ce seul fait nous force à nous expliquer. Quand nous aurions voulu nous taire, cela ne nous seroit plus possible; nous ne pouvons rester muets lorsque l'autre Chambre a pris l'initiative sur des desseins dangereux à l'État; nous ne pouvons laisser clore la session sans dire nous-mêmes quelques mots, nous, messieurs, qui sommes les principaux intéressés dans cette affaire. J'ose réclamer votre attention; c'est principalement de la pairie qu'il s'agit. Il est bon que cette matière soit une fois pour toutes éclaircie et traitée à cette tribune. Les ministres de Sa Majesté y trouveront l'avantage de se fortifier dans la résolution où je les suppose, de ne pas se laisser entraîner aux dernières mesures de perdition; mesures qui, tout incertaines qu'elles sont, m'empêchent d'accorder un milliard à des hommes qui peuvent n'avoir plus assez de force pour résister au parti qui les presse et les déborde. Je viens au fait.

On entend répéter, relativement à l'armée, à la magistrature, aux colléges électoraux, des choses si étranges, que je ne les mentionnerai point. Je me renfermerai dans le probable, parce qu'on peut toujours raisonner sur le probable, lorsqu'il est la suite d'une position donnée.

Je vous dirai donc, messieurs, que ceux dont l'esprit d'imprudence inspira le projet de loi contre la liberté de la presse n'ont pas perdu courage. Repoussés sur un point, ils dirigent leur attaque sur un autre, ils ne craignent pas de déclarer à qui veut les entendre que la censure sera établie après la clôture de la présente session.

Mais, comme une censure qui cesseroit de droit un mois après l'ouverture de la session de 1828 seroit moins utile que funeste aux fauteurs du système, ils songeroient déjà au moyen de parer à cet inconvénient : ils s'occuperoient, pour l'an prochain, d'une loi qui prolongeroit la censure, ou d'une loi à peu près semblable à celle dont la couronne nous a délivrés.

La difficulté, messieurs, seroit de vous faire noter un travail de cette nature, si, d'ailleurs, il étoit possible de déterminer les ministres eux-mêmes à l'accepter. Vous n'avez pas de complaisance contre les libertés publiques. Quel moyen auroit-on alors de changer votre majorité? Un bien simple, selon les hommes que je désigne : obtenir une nombreuse création de pairs.

Avant de toucher à ce point essentiel, jetons un regard sur la censure.

Les auteurs des projets que j'examine en ont-ils bien calculé les résultats ? Quand on établiroit la censure entre les deux sessions, si cette censure décriée par les ministres eux-mêmes ne produisoit rien de ce que l'on veut qu'elle produise ; si elle n'avoit fait que multiplier les brochures ; si le ministère avoit brisé le grand ressort du gouvernement représentatif, sans avoir amélioré les finances, sans avoir calmé l'effervescence des esprits ; si au contraire les haines, les divisions, les défiances s'étoient augmentées ; si le malaise étoit devenu plus général ; si l'on avoit donné une force de plus à l'opposition, en lui fournissant l'occasion de revendiquer une liberté publique, comment viendroit-on demander aux Chambres la continuation de cette censure ? On conçoit que du sein de la liberté de la presse, on réclame la censure sous prétexte de mettre un frein à la licence ; mais on ne conçoit pas que, tout chargé des chaînes de la censure, on sollicite la censure, lorsqu'on n'a plus à présenter pour argument que les flétrissures de cette oppression.

L'abolition de la censure, le retrait de la loi

contre la liberté de la presse, sont des bienfaits de Charles X; rien ne seroit plus téméraire que d'effacer par une mesure contradictoire le souvenir si populaire de ces bienfaits. Et quelle pitié d'établir au profit de quelques intérêts particuliers une censure qu'on n'a pas cru devoir imposer pendant la guerre d'Espagne, lorsque le sort de la France dépendoit peut-être d'une victoire! Nous nous sommes confiés à la gloire de monsieur le Dauphin; il n'est pas aussi sûr, j'en conviens, de s'abandonner à toute autre gloire; mais enfin, que messieurs les ministres aient foi en eux-mêmes; qu'ils nous épargnent la répétition des ignobles scènes dont nous avons trop souffert. Reverrons-nous ces censeurs proscrivant jusqu'aux noms de tels ou tels hommes, rayant du même trait de plume et les éloges donnés aux vertus de l'héritier du trône, et la critique adressée à l'agent du pouvoir?

Après avoir été témoin des transports populaires du 17 avril, on ne peut plus nier l'amour de la France pour la liberté de la presse. Dans quels rangs pourriez-vous donc trouver aujourd'hui des oppresseurs de la pensée? Parmi des fanatiques qui courroient à la honte comme au martyre, et parmi des hommes vils qui mettroient du zèle à gagner en conscience le mépris public.

Je suis heureux, messieurs, de pouvoir m'appuyer dans cette matière des témoignages les plus décisifs. J'invoque l'irrécusable autorité de quelques-uns de messieurs les commissaires du roi, présents à cette séance. J'en appelle à mon illustre ami M. de Bonald, à mon noble collègue le marquis d'Herbouville : avec quelle force de raison tous n'ont-ils pas foudroyé la censure! Écoutez, messieurs, des paroles bien plus puissantes que les miennes; ce sont celles de monsieur le président du conseil :

« Un seul exemple prouvera, disoit-il en 1817,
» quel abus un ministre peut se permettre de ce
» pouvoir exorbitant : J'ai tenu, dit un homme
» d'État, j'ai tenu dans mes mains, en 1815, l'é-
» preuve d'un journal dans lequel la réponse faite
» au ministre par mon honorable ami M. de Cor-
» bière, comme rapporteur de la commission
» du budget, avoit été effacée par le censeur,
» dans la partie qui tendoit à laver la commis-
» sion d'une inculpation grave dirigée contre
» elle. »

M. le comte de Corbière, allant encore plus loin que son collègue, s'écrie dans toute la puissance de sa conviction : « N'a-t-on pas vu na-
» guère que les journaux, tombés sous le joug
» du despotisme, étoient devenus des instru-
» ments d'oppression et de servitude? C'est la

» meilleure preuve du danger de subjuguer les
» journaux. »

Qu'ajouter, messieurs, à de telles paroles ? Qu'on le dise ; sont-ce là les doctrines que l'on professe encore ? Je vote le budget.

Dans les provinces où il n'y a presque aucun moyen de vérifier les faits, de réparer les omissions du journal censuré, la défiance et le mécontentement se prolongent ; qu'une brochure paroisse alors, cette brochure, lue et oubliée dans vingt-quatre heures à Paris, occupe et agite un département pendant six mois. Plus elle est proscrite, plus elle est recherchée ; elle remplace et vaut, dans un moment décisif, cent articles de journaux. On en fait des copies à la main ; elle devient, pour ainsi dire, le manuel des élections. Je parle, messieurs, d'après mon expérience. Vous me pardonnerez, en faveur de la cause importante que je plaide devant vous, de me laisser aller à un mouvement d'amour-propre. Je garde précieusement une lettre dans laquelle on a l'extrême bonté de m'apprendre l'effet produit à Toulouse par la publication de *la Monarchie selon la Charte* ; lettre par laquelle on veut bien me féliciter d'avoir contribué au succès de quelques nominations dont la France a retiré de si grands avantages.

L'opinion publique étoit-elle plus hostile au

ministère de cette époque qu'elle ne l'est au ministère actuel? Non, messieurs, elle l'étoit beaucoup moins. Cette opinion publique, saisie toute vive aujourd'hui par la censure, seroit conservée et transportée telle qu'elle est aux élections prochaines.

Ou je me trompe fort, ou les véritables ennemis des ministres se réjouissent au fond du cœur de l'établissement présumé de la censure. Il est de fait que la liberté de la presse périodique s'affoiblit chaque jour, faute de pouvoir trouver de nouvelles formules de plaintes. Imposez la censure, et à l'instant l'opposition reprendra sa première vigueur; elle sera justifiée de tout ce qu'elle a dit contre le pouvoir ministériel; placée sur cet excellent terrain, elle attendra une victoire certaine.

Pour moi, messieurs, je ne voterai jamais le budget tant que j'aurai à craindre qu'un ministère, ou par calcul, ou par foiblesse, consente à supprimer la liberté de la presse périodique; je voterai encore bien moins ce budget si l'établissement même de la censure doit, par une conséquence forcée, et pour prolonger légalement la censure, amener la tentative d'un dérangement dans la majorité de la Chambre héréditaire.

Nous voici revenus, nobles pairs, à la grande

question, question telle à mes yeux qu'elle domine toutes les autres. Il est bien temps de s'occuper de loi de finances, quand on sait que des hommes influents sur les décisions du pouvoir vont jusqu'à rêver des mesures destructives de la pairie !

Vous vous en souvenez, messieurs, lorsqu'une nombreuse nomination de pairs eut lieu autrefois, un de vos collègues, courageux à cette tribune, comme il l'avoit été à Quiberon, un noble vicomte dont vous avez entendu prononcer dernièrement l'éloquente oraison funèbre, vous proposa une humble adresse au Roi, afin de le supplier de choisir d'autres ministres.

Que seroit-ce en effet qu'une assemblée où, pour faire passer les lois les plus désastreuses, des ministères successifs pourroient tour à tour, au gré de leurs passions, de leurs intérêts et de leurs systèmes, introduire de nouveaux pairs ?

Où seroit le terme de ces créations, tantôt pour des lois déjà en partie discutées, tantôt pour de simples amendements ! Ne ressembleroient-elles pas à des commissions contre les choses, comme on nommoit autrefois des commissions contre les hommes ?

Mais dans le cas même où l'on prétendroit étouffer, au sein de cette noble Chambre, la première de nos libertés, ne seroit-on pas déçu ? Les nouveaux pairs auroient-ils cet esprit de docilité dont on les gratifie d'avance ? Se chargeroient-ils de la responsabilité qu'on eût désiré leur imposer ? Se voudroient-ils laisser soupçonner d'avoir acheté, aux dépens des libertés de la France, la première dignité de la monarchie ? Enfin, j'ose croire que si de pareils projets pouvoient jamais s'accomplir, mes nobles collègues actuels, ceux dont j'ai le malheur de ne pas partager aujourd'hui l'opinion, déserteroient les drapeaux des ministres : l'honneur nous rendroit la majorité qu'auroit voulu nous enlever la violence.

Si je traite du principe, il me sera facile de prouver qu'augmenter la Chambre des pairs, de manière à changer la majorité des suffrages, c'est violer la Charte.

La Charte n'admet point la dissolution de la Chambre des pairs : or, des accroissements démesurés de cette Chambre, ayant pour but d'en briser la majorité, ne seroient autre chose qu'une dissolution sous une autre forme; ainsi, l'on violeroit réellement la Charte en donnant à la Chambre héréditaire la constitution de la Chambre des députés; et on lui donneroit cette constitution, puisqu'elle deviendroit, par le fait, dissoluble et élective.

Mais cette espèce d'anéantissement de la Chambre héréditaire auroit les résultats les plus funestes, résultats que n'a pas la cassation de la Chambre élective. Celle-ci, rappelée, revient avec le nombre fixe de ses membres, dans ses proportions légales. La Chambre haute, renouvelée par une accession de pairies, reparoîtroit considérablement augmentée. Poussez les choses à leur dernière conséquence, et vous arriverez par différentes dissolutions, c'est-à-dire par différentes augmentations de la Chambre des pairs, à former dans l'État un corps aristocratique si puissant, ou si impuissant, qu'il usurperoit les autres pouvoirs, qu'il tomberoit dans le plus profond avilissement. La pairie seroit tout, ou ne seroit rien; la Charte seroit anéantie.

D'un autre côté, les deux Chambres pouvant être dissoutes, l'équilibre des trois pouvoirs se trouveroit rompu; on seroit menacé ou de la dictature ministérielle, ou du retour de la monarchie absolue.

Et pourquoi joueroit-on ce terrible jeu? Pour obtenir un succès dans une loi! Succès bien court, car enfin il n'est pas dit que tous les pairs nouvellement nommés voteroient éternellement avec un ministère qui ne seroit pas lui-même éternel. C'est donc pour le triomphe d'un moment que l'on vicieroit à jamais un des premiers éléments de la Charte; c'est à la nécessité d'une heure, à l'ambition d'un jour, que l'on sacrifieroit l'avenir.

Il y a des ressources contre la censure; faussez l'institution de la pairie, où est le remède?

Supposez qu'on nous envoyât soixante pairs à la session prochaine pour faire passer un projet contre la liberté de la presse : voilà ce projet devenu loi. Un an, deux ans après, peu importe, vient un autre ministère; celui-ci trouve que la loi dite salutaire à la France la met au contraire en péril; vite soixante autres pairs pour défaire l'ouvrage des soixante premiers. Ce second ministère tombe; un troisième arrive dans des opinions opposées : vite soixante autres pairs pour remettre les choses en bon état. Un quatrième... Je m'arrête, messieurs, l'absurdité et l'abomination de ces procédés ont-elles besoin d'une plus longue démonstration ?

Qu'on ne dise pas que ces lois contradictoires sur la presse, ou surtout autre sujet, n'auroient pas lieu : depuis la restauration vous avez eu quinze lois et fragments de lois concernant la presse, et sept ou huit ministères.

Le résultat de ces exagérations seroit qu'un jour la Chambre héréditaire périroit, comme je l'ai déjà dit, ou qu'on seroit obligé de la réformer par un déplorable coup d'État. On se trouveroit dans la monstrueuse nécessité de priver arbitrairement de la dignité de la pairie ceux ou les enfants de ceux à qui on l'auroit conférée légalement, mais aux dépens de l'institution. On verroit peut-être la législature par des lois, la pairie par des règlements, essayer de se mettre à l'abri, et faire revivre contre des ministres, pour abus de conseil, le crime de lèse-majesté.

Sans recourir à des mesures désastreuses, il y a, messieurs, un moyen sûr de dominer vos suffrages; c'est de ne vous proposer que des choses approuvées par la raison. Je ne sache pas une seule loi utile qui n'ait passé dans cette Chambre, je ne dis pas à la majorité, mais à la presque unanimité des votes. Est-ce là une majorité factieuse? Parler d'altérer cette majorité par une création nombreuse de pairs, seroit presque avouer l'intention de nous présenter des projets pour lesquels on auroit à craindre les impartiales investigations de votre sagesse. Les ministres de Sa Majesté seroient sans doute les premiers à repousser cette supposition.

Remarquez bien que tout ce que je dis pour la Chambre des pairs s'applique dans des proportions correspondantes à la Cour des pairs, de sorte que des ministres puissants et coupables seroient libres d'augmenter les juges de cette Cour suprême dans des procès criminels;

ils auroient la possibilité, s'ils étoient accusés par la Chambre élective, d'assembler un tribunal de nature à déclarer leur innocence : leur responsabilité disparoît. On sent dans des temps de trouble, de minorité, de successions à la couronne, jusqu'où cela peut aller.

Mais la Chambre héréditaire ne peut-elle donc être augmentée? La Chambre des lords en Angleterre n'est-elle pas plus nombreuse que la Chambre des pairs en France, bien que la population de ce dernier royaume surpasse d'un tiers la population des trois royaumes-unis? Ai-je la coupable prétention de borner l'exercice de la prérogative de la couronne?

La constitution de la pairie dans la Grande-Bretagne est, messieurs, toute différente de la constitution de la pairie actuelle en France. Les pairs d'Angleterre, qui dérivent leur puissance de la *Loi normande*, représentent la propriété foncière, que vous ne représentez pas; ils la représentent d'origine, par usurpation ou conquête, comme petits souverains jadis féodaux. En cette qualité, ils peuvent être nombreux, parce qu'ils sont primitivement les députés du sol, tandis que les Communes sont, du moins en théorie, les députés de la liberté et de l'industrie nationale.

Vous, messieurs, vous n'avez rien usurpé,

vous êtes un corps aristocratique fait pour balancer l'autorité de la couronne et du peuple; vous êtes nés non d'un fait accompli, la possession, non de votre propre pouvoir, mais d'une combinaison politique, d'une volonté placée hors de vous, abstraction faite de vos propriétés territoriales. Vous représentez un principe plutôt qu'un intérêt; sous ce rapport, le resserrement de votre nombre est une nécessité presque absolue pour augmenter le prix d'une institution que le temps n'a pas encore consacrée.

Vous pouvez sans doute être augmentés, mais lentement, mais avec mesure, si l'on veut que la pairie soit une institution utile et non pas nuisible à l'État.

Voilà pour le principe : voici pour l'histoire.

Le nombre des pairs en Angleterre a-t-il toujours été ce qu'il est aujourd'hui ? Jugez-en, messieurs.

En 1215, douze évêques et vingt-huit barons seulement sont témoins de la concession de la grande Charte.

En 1265, le parlement appelé *Leicester*, où l'on remarque le premier modèle de la division du parlement en deux Chambres, ne donne que cinq comtes et dix-huit barons.

En 1377, un duc, treize comtes, quarante-sept barons, des évêques, vingt-deux abbés et deux prieurs composent toute la Chambre haute.

En 1539, après la réforme religieuse, vous ne trouvez que quarante et un lords temporels, vingt lords spirituels, en tout soixante et un pairs.

Ainsi, messieurs, pendant trois siècles, de 1215 à 1539, la pairie angloise ne s'est composée que de quatre-vingts à cent pairs, et il a fallu trois siècles pour qu'elle arrivât au nombre où nous la voyons aujourd'hui. Et nous, nous prétendrions créer en six ans autant de pairies que les Anglois en ont institué en six siècles!

Mais, je conteste donc à la couronne le droit de créer des pairs? j'attaque donc à la fois la prérogative royale et l'article 226 de la Charte?

Je contesterois à la couronne elle-même le droit de cesser d'être, si des conseillers imprudents l'exposoient au suicide politique : tout pouvoir peut se donner la mort par l'usage abusif de son droit, comme on se tue en se jetant sur la pointe de son épée. La royauté peut se détruire par la royauté, la constitution par la constitution. N'est-il pas possible de confisquer la Charte au profit de l'art. 10, comme je l'ai dit autrefois? Si l'on créoit un million, deux millions, trois millions de pairs, y auroit-il une Chambre des pairs, bien que le droit de plusieurs millions de pairs soit implicitement dans l'article 26 de la Charte?

Qu'on abandonne l'argumentation tirée du droit rigoureux contre le droit possible, laquelle mène d'abord à l'absurde, ensuite à la destruction. C'est précisément cette même argumentation qui a fait dire : Périssent les colonies plutôt qu'un principe !

Quant à ceux qui me pourroient répondre : « Tant mieux si la Charte périt ! Il est bon d'en » fausser les institutions, pour la rendre im- » possible » à ceux-là, je n'aurois rien à répliquer.

Me résumant sur ce point, je ne conteste rien de légal à la couronne dans les limites de sa propre sûreté; mais je disputerois aux ministres le droit de faire nommer des pairs pour conserver des portefeuilles, pour changer une majorité, pour corrompre et pour renverser finalement nos institutions. Une simple création de douze pairs fit mettre en accusation lord Oxford, la première année du règne de Georges Ier. Les communes accusèrent ledit comte « d'avoir enfreint les droits » et l'honneur des seigneurs, en faisant créer » douze pairs pour s'en servir à ses fins. »

Un grand exemple est dans ce moment même sous vos yeux. Le ministère anglois semble avoir perdu la majorité dans la Chambre haute; songet-il, ose-t-il songer à une nombreuse nomination de pairs?

Quel sujet de réflexions si l'on voyoit parmi nous les hommes qui ont le plus blâmé une précédente mesure, comme attentatoire aux droits et à l'existence même de la pairie, recourir à une mesure semblable !

A tout ceci que me dira-t-on, si toutefois ce discours vaut la peine d'une réponse? Me dira-t-on que j'ai entretenu la Chambre de bruits de salons, de nouvelles des rues, qu'il n'est question ni de censure, ni de nominations de pairs? Plût à Dieu que je fusse ainsi confondu! Avec quelle joyeuse humilité je confesserois mes erreurs!

Me feroit-on une autre réponse qu'on a déjà faite, savoir, qu'on mettra ou qu'on ne mettra pas la censure, selon les circonstances; qu'on créera ou qu'on ne créera pas de pairs, selon qu'il sera avisé; qu'on ne doit pas venir ainsi au devant des desseins du Roi; qu'après tout on n'a rien à démêler avec mes paroles, puisque je me suis écarté de la question du budget, et que l'on ne répond pas à des déclamations?

Aujourd'hui, messieurs, les chiffres même sont des déclamations, quand ils ne disent pas ce qu'on veut qu'ils disent : le cinq pour cent déclame contre le trois. Je ne suis point sorti de la question du budget, puisque c'est de l'ensemble des faits et des craintes que je déduis les raisons qui m'obligent à rejeter les lois de finances. J'ai assez répété ce refrain pour qu'on l'ait compris si on a voulu le comprendre.

Quant à l'impropriété de venir au devant des desseins de la couronne, nous avons ici des idées trop précises du gouvernement constitutionnel pour supposer jamais qu'on puisse mettre un nom sacré, comme un bouclier impénétrable, au devant de la responsabilité des ministres. Dans la monarchie absolue, le bon plaisir royal étoit tout; dans la monarchie représentative, le bon plaisir ministériel ne seroit rien : permis à chacun d'en rire ou de s'en indigner.

Si quelque chose me sembloit appuyer le système que j'ai combattu dans les faits du passé et dans les craintes de l'avenir, je pourrois croire que je me trompe; un *j'ai eu tort* ne me coûtera jamais; mais quand je jette les yeux sur la France, je ne puis m'empêcher de voir le commerce et les manufactures en détresse, la propriété foncière écrasée et menacée du retrait du dégrèvement, dans le cas possible d'un déficit; j'aperçois des tribunaux dont l'indépendance fatigue, une Chambre des pairs, objet, dans un certain parti, de desseins plus ou moins hostiles; une opinion publique qu'on a d'abord voulu corrompre, ensuite étouffer; une capitale en deuil, la tristesse dans le présent, l'incertitude dans l'avenir. Les hommes que leurs places rattachent au système que l'on suit sont-ils satisfaits? Interrogez-les en particulier : excepté le petit nombre qui, par caractère ou par besoin, est tombé dans la pure domesticité, tous vous exprimeront des alarmes.

Au reste, il est naturel que tout souffre, parce que tout est dans une position forcée. Le gouvernement représentatif tend à amener les capacités au pouvoir, et le système que l'on suit les repousse. Il arrive de là qu'il n'y a pas une véritable supériorité sociale, pas un talent de quelque valeur qui ne soit en opposition ouverte ou secrète avec l'administration.

Les songes ont bien leur mérite; mais ce n'est pas à nous, émigrés, qu'il faut venir raconter des songes. Nous avons assez déraisonné dans notre jeunesse, pour que la raison nous soit venue dans nos vieux jours. Et nous aussi nous disions en 1789 que personne ne vouloit de la révolution, comme certaines gens disent aujourd'hui que personne ne veut de la Charte; et nous aussi nous nous vantions d'avoir pour nous l'argent et l'armée; et nous aussi nous ne parlions que d'être fermes, que de frapper des coups d'état, pour sauver malgré eux les insensés qui ne pensoient pas comme nous. Un matin nous nous réveillâmes exilés, proscrits, dépouillés; nous cherchâmes nos chimères dans notre havresac; elles n'y étoient plus; mais nous y trouvâmes l'honneur qu'un François emporte toujours avec lui.

Ceux qui voudroient regarder comme une tranquillité née de la force et de l'habileté de l'administration le repos actuel, ou plutôt le sang-froid de la France, ignorent les temps où ils vivent : ils voient toujours ce qui s'est passé en 1789; ils comptent pour rien les leçons qu'on a reçues, les expériences qu'on a faites, les lumières qu'on a acquises, la raison politique qui est entrée dans tous les esprits, et surtout le déplacement qui s'est opéré dans les générations et dans les intérêts. Ce n'est plus le peuple qui, ému des passions turbulentes, se forme une idée confuse de ses droits; c'est la partie éclairée de la nation qui sait ce qu'elle veut avec autant de fermeté que de modération. Les mœurs de la société instruite, si j'ose m'exprimer ainsi, sont entrées dans la politique, et l'on prend la patience et le calme de ces mœurs pour de l'impuissance d'action.

Tout se réduit à ce point : Veut-on l'établissement paisible des libertés publiques, en les dirigeant, en se plaçant soi-même dans le mouvement du siècle, ou veut-on faire que ces libertés triomphent par leur propre force, en essayant de les détruire ? Elles emporteroient alors aussi facilement ce qui seroit devant elles qu'un torrent emporte une digue impuissante.

Quoi qu'il en soit de l'avenir, si jamais, ce qu'à Dieu ne plaise, des fautes répétées engendroient de nouveaux malheurs, ces malheurs me rencontreroient encore, malgré les années, aux pieds du Roi : y trouverois-je ceux qui prétendent aujourd'hui si bien servir la couronne, en frappant les plus fidèles sujets de Sa Majesté, et en attaquant les libertés publiques? Je l'espère pour eux.

Je vais voter, messieurs, contre le budget. Si la Chambre prenoit ce parti, dans quelques jours tout seroit fini ; ou les ministres changeroient de marche, ou ils seroient forcés de s'éloigner. L'application du grand moyen constitutionnel dénoueroit sans effort ce que le temps peut briser avec violence. En montant à cette tribune, je ne me suis pas flatté un seul moment d'obtenir un pareil résultat de mes efforts; aussi n'ai-je eu pour but que de remplir un devoir.

On s'irrite contre ces esprits indisciplinés qui viennent troubler un repos agréable, qui se croient le droit de dire tout haut ce que tant d'autres pensent tout bas; contre ces hommes qui sacrifient les succès de leurs personnes à l'utilité de leurs paroles; mais enfin ce qu'ils peuvent avoir avancé de bon par hasard demeure, et l'avenir en profite.

Au surplus, les contradicteurs du système ministériel sont-ils donc si exigeants? Ils ne disent pas même à leurs adversaires : « Faites quelque chose pour les libertés publiques. » Ils savent bien qu'ils ne seroient pas écoutés. Ils se contentent de leur dire : « Ne faites rien contre ces libertés.
» Cessez d'attaquer tous les ans ce que la nation
» a de plus cher. Revenez sur quelques actes de
» colère qui ne vous ont été bons à rien. Voilà
» ce qui suffira pour rendre la couronne légère à
» cette tête auguste trop long-temps courbée sous
» le poids de l'adversité, ce qui suffira pour nous
» donner des élections monarchiques et consti-
» tutionnelles, pour dissiper tous les nuages. »

Je ne descendrai pas de cette tribune sans dire le bien avec autant d'impartialité que j'ai dit ce qui m'a paru de mal. J'adresserai des remercîments à monsieur le ministre des affaires ecclésiastiques, pour la tolérance de ses opinions politiques. (Il y a toujours de la générosité dans le talent.) J'offrirai les mêmes remercîments à monsieur le ministre de la marine, pour ses instructions humaines aux chefs de nos escadres dans les mers du Levant; à monsieur le ministre des affaires étrangères, pour les bruits d'un traité favorable à la délivrance d'un peuple. C'est avec un plaisir sincère que j'apprendrois que le noble baron a été plus heureux que moi; qu'il a pu achever l'édifice dont on m'avoit à peine laissé le temps de poser la première pierre.

Il est un peu tard, il est vrai, de s'apercevoir du danger d'enseigner la discipline militaire à des hordes mahométanes; le cri de la religion et de l'humanité auroit pu monter plus tôt à l'oreille des rois; il étoit parvenu au cœur des peuples; mais enfin il faut encore s'en féliciter, si, après cinq années de dévastations et de massacres, on a trouvé que la Grèce étoit assez dépeuplée, que les Arabes y avoient suffisamment établi leurs tentes et leur désert! Dieu veuille seulement qu'on arrive avant les funérailles !

Messieurs, joignez-vous à moi pour solliciter la prompte conclusion d'un traité de miséricorde : les infortunés Hellènes sont devenus vos clients, puisque vous êtes le seul corps politique en Europe qui ait exprimé le vœu de la pitié. Mais il n'y a pas un instant à perdre; de nouveaux gémissements se font entendre; ils ne viennent pas du Péloponèse, où il n'y a plus personne; ils s'élèvent des rivages de l'Attique. La Providence a amené le combat au pied de la cité *magna parens virum!* comme pour donner ce grand témoin à ce grand effort d'une gloire qui lutte avec la puissance d'un simple nom contre les barbares de trois parties de la terre.

Mais Athènes chrétienne, trop long-temps abandonnée par les chrétiens, la mère de la civilisation trahie par la civilisation elle-même, ne succombera-t-elle point avant d'être secourue? Le coup qui peut tuer la Grèce moderne peut détruire ce qui reste de la Grèce antique. La même explosion qui feroit sauter la garnison héroïque de l'Acropolis disperseroit dans les airs les ruines du temple de Minerve : mémorable destinée! Le dernier souffle de la liberté de la Grèce seroit-il attaché aux derniers débris de ses chefs-d'œuvre ? Est-il écrit qu'il s'évanouira avec eux ?

Les peuples comme les individus ont leur jour fatal. Puisse ma belle patrie conserver la liberté et le génie de la Grèce, dont elle semble fille, et puisse-t-elle en éviter les malheurs ! Mais qui ne trembleroit en nous voyant sortir des routes faciles qui mènent au salut pour nous jeter dans des chemins scabreux qui aboutissent à l'abîme! Cet aveuglement surnaturel tient-il à quelque dessein caché de la Providence ? Je l'ignore; mais je ne puis me défendre pour le trône, pour les libertés publiques, pour mon pays, pour vous-mêmes, messieurs, d'un sentiment d'inquiétude dont je vous prie de ne voir la source que dans le cœur d'un bon François et d'un honnête homme.

RÉPONSE
A UN AMENDEMENT.

RÉPONSE

A UN AMENDEMENT [1].

Je viens combattre, messieurs, l'amendement de l'honorable préopinant, non par des raisons particulières, mais par des raisons générales, qui vous sembleront peut-être de quelque poids, et que j'étendrai par un examen rapide sur tout le chapitre 10 du budget du ministère de l'intérieur : à son tour, mon honorable collègue répondra aux spécialités.

Loin de penser que des diminutions pourroient être faites à ce chapitre, il eût été heu-

---

[1] M. de Chateaubriand étoit alors ministre des affaires étrangères. Dans cet amendement, M. le baron de Puymaurin avoit proposé de supprimer, dans un des chapitres du budget : 1° l'article intitulé *École des beaux arts*, 110,000 fr.; 2° l'article *Reconstructions au bâtiment de l'institution des sourds-muets*, 50,000 fr.; 3° celui de l'*École royale vétérinaire d'Alfort*, porté pour 70,000 francs; 4° la réduction à 10,000 fr. de l'article intitulé : *Constructions non terminées et édifices provisoires*, portés à 22,000 fr.; 5° une réduction de 10,000 fr. sur les 23,000 fr. demandés pour l'achèvement de l'éléphant de la place de la Bastille.

reux, suivant moi, qu'on eût pu augmenter les allocations. Si nous en avions les moyens, nous achèverions du moins quelques uns de ces monuments commencés, qui affligent les yeux dans Paris. Les ennemis de la légitimité voient avec un malin plaisir ces demi-ruines; ils affectent de gémir sur l'abandon de ces monuments; ils ne disent pas qu'il a fallu payer les dettes des Cent-Jours, et réparer d'autres ruines de l'usurpation !

Il est fâcheux que les travaux urgents que demanderoit la Bibliothèque du Roi restent en suspens jusqu'en 1827. Je regrette moins pourtant ce délai; car, tôt ou tard, si l'on veut faire quelque chose digne de la France, il faut que la Bibliothèque soit établie au Louvre avec les statues et les tableaux. Notre économie pour le Jardin du Roi est vraiment déplorable : 22,000 fr. affectés pour veiller seulement à la conservation de l'arc de triomphe de l'Étoile, de l'hôtel du quai d'Orsay, du piédestal de la statue de Louis XIII, nous rappellent combien il serait utile d'achever ces beaux monuments. Que de raisons, je dirai presque de devoirs, nous commandent de finir l'église de la Madeleine!

En général, messieurs, il faut améliorer le sort des gens de lettres, des savants et des artistes ; il faudroit leur donner cette indépendance sans laquelle l'esprit préoccupé ne peut arriver à la perfection qu'il entrevoit, et qu'il n'a pas le temps d'atteindre. Aujourd'hui on demande un retranchement sur la somme fixée pour l'École des beaux arts; hier on a fait des observations sur le logement des artistes; mais, messieurs, n'allons pas croire que ce soit une prodigalité, une suite de nos innovations. Il faut toujours remonter à nos rois quand il s'agit des arts et des lettres : c'est Charles V qui a établi la Bibliothèque du Roi; c'est François Ier qui a reçu dans ses palais le Primatice, Benvenuto, Léonard de Vinci; c'est Louis XIII qui a fondé l'Académie françoise; c'est Louis XIV qui a établi à Rome l'École des beaux arts; et l'Opéra même d'aujourd'hui n'est qu'une tradition de ses fêtes.

Je sais qu'il y a des esprits peu touchés des arts; ils voudroient nous reporter à des époques où la gravité des mœurs tenoit lieu de tout, et où les plaisirs de la famille remplaçoient les pompes publiques : mais, messieurs, il faut prendre les siècles tels qu'ils sont; le temps ne s'arrête ni ne recule. On peut regretter les anciennes mœurs, mais on ne peut pas faire que les mœurs nouvelles n'existent pas. Les arts ne sont pas la base de la société, mais ils en sont l'ornement; chez les vieux peuples, ils remplacent souvent les vertus, et du moins ils reproduisent l'image au défaut de la réalité. Les arts et les lettres ne sont plus, comme autrefois, confinés dans un petit nombre d'hommes qui ne se mêloient pas à la société : les savants, les gens de lettres, les artistes, forment aujourd'hui une classe immense que l'on retrouve partout, et qui exerce un grand empire sur l'opinion. Rien de plus facile que de vous attacher ces hommes qui font tant d'honneur à la patrie; car enfin, messieurs, c'est autant à la supériorité de nos arts, qu'à la renommée de nos armes, que nous devons notre prépondérance en Europe. Il est juste, convenable et politique d'environner d'estime, de bienveillance et de considération des hommes dont les noms connus des étrangers font une partie de la richesse de notre pays. Honorons-les, recherchons-les, montrons-leur la gloire; ils se laisseront prendre à cette amorce à laquelle ils n'ont jamais su résister. Que nous en coûtera-t-il? pas grand'chose; un peu d'admiration, qu'il est si naturel d'accorder aux talents et au génie.

Vous pardonnerez, messieurs, ces observations; il m'étoit impossible d'oublier mes anciens amis, et de ne pas plaider leur cause à votre tribunal.

TABLE DES MATIÈRES

CONTENUES DANS CE VOLUME.

	Pages
Préface.....................................	j
De la Censure que l'on vient d'établir.............	3
Avertisements.....	5
De l'abolition de la Censure....................	39
Lettre à M. le Rédacteur du *Journal des Débats*, sur le projet de loi relatif à la Police de la Presse........	53
Du Rétablissement de la Censure par l'ordonnance du 24 juin 1827.............................	69
Opinion sur le projet de loi relatif à la Police de la Presse...................................	127
Marche et effets de la Censure.	235
Dernier avis aux Électeurs.....................	289
Discours prononcé à la Chambre des Pairs, dans la session de 1827, sur la loi des Postes.............	309
Discours prononcé à la Chambre des Pairs contre le Budget de 1828.............................	323
Réponse à un Amendement.....................	365

FIN DE LA TABLE DU VINGT-SEPTIÈME VOLUME.

www.ingramcontent.com/pod-product-compliance
Lightning Source LLC
Chambersburg PA
CBHW050429170426
43201CB00008B/605